LEOPOLD ALTENBURG

DER KAISER UND SEIN SONNENSCHEIN

Die Geschichte meines Großvaters Erzherzog Clemens und meines Vaters Prinz Peter

GOLDEGG VERLAG

Rechte Foto Umschlag: Stefan Ludwig
Rechte Foto Autorenportrait: Janine Guldener
https://janine-guldener.com

Umschlaggestaltung: Alexandra Schepelmann www.donaugrafik.at

ISBN: 978-3-99060-110-5

Friedrichstraße 191 • D-10117 Berlin
Telefon: +49 800 505 43 76-0

Goldegg Verlag GmbH, Österreich
Mommsengasse 4/2 • A-1040 Wien
Telefon: +43 1 505 43 76-0

E-Mail: office@goldegg-verlag.com
www.goldegg-verlag.com

Layout, Satz und Herstellung: Goldegg Verlag GmbH, Wien
Printed in the EU

Inhaltsverzeichnis

Prinz und Clown

Viele Jahre hatte ich mich mit meiner Herkunft und meinen Vorfahren kaum auseinandergesetzt. Als ich mit 27 Jahren im Mai 1998 mein Engagement als Schauspieler beim Theaterlabor Bielefeld antrat, ließ ich meine Funktionen als »Prinz« und »Ururenkel von Kaiser Franz Joseph und Kaiserin Elisabeth« in Österreich zurück.

Dank meines Nachnamens »Altenburg« brachte mich in Ostwestfalen und später in Berlin keiner mit »Aristokratie« und »Habsburg« in Verbindung. Ich hatte nun mein Zuhause in anderen Schubladen eingerichtet.

Ich war der seltsame Österreicher, der beim Bäcker eine »Semmel« statt eines »Brötchens« oder einer »Schrippe« bestellte und der mit »Grüß Gott« und »Servus« statt mit »Guten Tag« und »Tschüss« grüßte.

Ich war der Schauspieler, der in jeder Szene die Komik suchte und mit seinen Scherzen die Konzentration bei den Proben störte.

In der nächsten Produktion war ich der seriöse Regisseur, der genervt war von ständig witzelnden Darstellerkollegen und für deren Verhalten kein Verständnis hatte.

Als ich mit dem Songpoeten Thorsten Wadowski das Musikkabarettduo »Leopold & Wadowski« gründete, fragte sich manch Zuschauer, wie viel von diesem versoffenen österreichischen Lebemann »Leopold«, den ich auf der Bühne darstellte, wohl im realen Leopold steckte.

Als Privatmensch war ich lange Zeit der hoffnungslose Single, und als ich Juliane heiratete und mit ihr in Berlin im Winsviertel eine Familie gründete, war ich der typische spießige Prenzlauer-Berg-Papa, der sich liebevoll um die Kinder kümmerte, mit seinem Smartphone hantierte und im Bioladen einkaufen ging.

Es tut gut, in eine Unzahl von Schubladen gesteckt zu werden, denn ich bin fest davon überzeugt, dass die Summe möglichst vieler Rollen und Klischees, mit denen man in Verbindung gebracht wird, erst ein Gesamtbild ergibt, das der Wahrheit am nächsten kommt.

Doch zur Wahrheit eines Menschen gehören auch die eigenen Ahnen.

Denn wie sagte ein weiser Mann – der Franziskaner Peter Amendt – so schön: »Nur wer die Wurzeln kennt, weiß um die Kraft der Zweige.«

Nun ist es nicht so, dass ich meine Vorfahren verleugnet hätte. Ich wurde einfach, seit ich in Deutschland lebte, nicht mit ihnen in Verbindung gebracht und daher auch nicht zu ihnen befragt. Wenn einer wissen wollte, wie ich aufgewachsen sei, erzählte ich: »Meine Kindheit und Jugend habe ich in Graz verbracht. Mein Vater war Verlagskaufmann. Meine Mutter hat sich um meine vier Geschwister und mich gekümmert. Die Schule war eine Qual für mich als Legastheniker. Mit neunzehn Jahren bin ich nach Wien, habe dort Schauspiel studiert und bin heute freischaffender Künstler als Bühnen- und Filmdarsteller, Regisseur, Kabarettist und Krankenhausclown.«

Ich hielt es nicht für notwendig hinzuzufügen, dass ich als Prinz in einem Haus aufgewachsen bin, das schönbrunngelb gestrichen war und dessen Einrichtung mit all seinen antiken Möbeln und den unzähligen Kaiserbildern mehr an ein Schloss erinnerte. Statt eines Wohnzimmers hatten wir einen Salon. Am Wochenende gab es am Speiszimmertisch eine klare Sitzordnung und wir aßen mit Silberbesteck und tranken aus Gläsern aus dem Korfu-Bestand von Kaiserin Elisabeth. Die österreichischen Adelsfamilien gingen bei uns ein und aus und in den langen Gesprächen bei Zigarre, Zigarette und türkischem Kaffee diskutierten die Erwachsenen über 640 Jahre Habsburggeschichte, und die Biografien unserer allzu menschlichen Vorfahren flogen uns aufmerksam zuhörenden Kindern um die Ohren.

Als ich ein jugendlicher Mann war, meinte einmal mein Vater zu mir: »Wenn du nach deiner Herkunft befragt wirst, verleugne sie niemals. Das meiste Interesse wird deine direkte Linie zu Kaiserin Elisabeth betreffen. Du klärst den Fragenden folgendermaßen auf: Deine Ururgroßeltern sind Kaiser Franz Joseph und Kaiserin Elisabeth. Das vierte Kind nach Erzherzogin Sophie, Erzherzogin Gisela und dem Kronprinzen Erzherzog Rudolf war Erzherzogin Marie Valerie – deine Urgroßmutter. Sie ehelichte Erzherzog Franz Salvator. Deren achtes Kind ist dein Großvater Erzherzog Clemens. Seine Ehe mit Gräfin Elisabeth Rességuier de Miremont wurde als nicht standesgemäß gesehen, und daher änderte dein Großvater seinen Namen in ›Altenburg‹ und nahm den Titel Prinz an. Das vierte Kind deiner Großeltern bin ich, Prinz Peter. Deine Mutter ist, wie du weißt, eine geborene Gräfin Waldstein. Du bist unser drittes Kind, Prinz Leopold. Hast du das alles verstanden?«

»Ja, hab ich«, bestätigte ich wie ein braver Schüler.

»Dann wiederhole bitte noch einmal die Aufzählung.«

»Sisi – Marie Valerie – Clemens – Peter – und ich.«

»Ja, so kann man es verkürzt darstellen. Aber bitte sag nicht ›Sisi‹. Sag stets ›Kaiserin Elisabeth‹. Das gebietet der Respekt.«

In diesem Punkt kannte mein Vater keinen Spaß.

Er gab mir noch einen weiteren Rat mit: »Wie gesagt, verleugne deine Herkunft nie. Aber noch weniger fordere Anerkennung von deiner Umwelt, weil du ein Prinz bist.«

Meine Mutter drückte dasselbe etwas undiplomatischer aus: »Auf Prinz und Prinzessin braucht ihr euch nichts einbilden. Die Klos müsst ihr euch selbst putzen.«

Mit diesen Ratschlägen im Gepäck zog ich mit 27 nach Bielefeld und viereinhalb Jahre später nach Berlin. Ich fand meine Erfüllung im Beruf und nahm dankbar die Aufgabe als Ehemann und Familienvater an.

Es gelang mir, im Hier und Jetzt zu leben, nach vorne zu schauen und aus dem Licht und dem Schatten meiner Ahnen zu treten. Ich wollte die Sonne sein, die aus eigener Kraft strahlt, und nicht der Mond, der um die berühmten Vorfahren kreist.

Erst die Begegnung mit meiner Ururgroßmutter mitten in Berlin brachte mich dazu, mich zu fragen: Wo komme ich eigentlich her? Wie führte der Weg von meinen Vorfahren zu mir?

Tatsächlich war es für mich ein ungewöhnliches Gefühl, plötzlich meiner eigenen Ururgroßmutter gegenüberzustehen. Noch befremdlicher mutete es mich an, da ich doch wusste, dass diese Vorfahrin seit über einem Jahrhundert tot ist. Beim Spazierengehen am wunderschönen Genfer See wurde sie am 10. September 1898 von einem hinterhältigen Anarchisten mit einer zugespitzten Feile, die er ihr ins Herz rammte, ermordet.

Die achtsame Leserin, der aufmerksame Leser wird nun ahnen, von wem hier die Rede ist. Und der nicht so aufmerksame Leser spart sich das »Ahnen« und erfährt nun gleich die Lösung.

Die Rede ist von Kaiserin Elisabeth, welche weltberühmt wurde unter ihrem Spitznamen »Sisi«.

Dieser Sisi, der Kaiserin von Österreich, meiner Ururgroßmutter sollte ich nun plötzlich mitten in Berlin im Januar 2016 gegenüberstehen.

Zwar nicht in Form eines Geistes, wie es vielleicht der eine oder andere vermuten würde, sondern in der Gestalt einer realen Person – einer Musicaldarstellerin.

Wie es dazu kam, liebe Leserin, lieber Leser, möchte ich nun erzählen.

Nur eines vorweg: Das Leben schenkt uns manchmal die absonderlichsten Geschichten.

Elisabeth kommt nach Berlin

Es begann am 26. Oktober im Jahr 2015. An dieses Datum erinnere ich mich so gut, denn es war der Montag nach dem sinnlosen »Zeitumstellungssonntag« zur Winterzeit. Zwar konnten wir an diesem Tag eine Stunde länger ausschlafen und beide Töchter dementsprechend ausgeruhter in die Grundschule bringen, aber abends war mein Biorhythmus aufgrund der verfrühten Finsternis durcheinander und meine Laune folgerichtig im Keller.

Meine Gedanken kreisten um das Thema »sinnlose Zeitumstellungserfindung«, als ich das Abendessen für die Familie vorbereitete – nicht ahnend, dass ich demnächst meine Uhr nicht nur um eine Stunde, sondern gleich um mehr als 120 Jahre zurückstellen sollte.

Die jüngere Tochter spielte mit ihrem Kuschelhund, den sie ein paar Tagen zuvor zu ihrem sechsten Geburtstag geschenkt bekommen hatte, und ihre um eineinhalb Jahr ältere Schwester machte Hausaufgaben am Esstisch. Wir drei warteten auf Juliane. Meine Frau und ich sind Schauspieler und Krankenhausclowns, und als solche war sie an diesem Nachmittag in einem Seniorenheim im Einsatz. Da drehte sich der Schlüssel im Schloss und in der Tür stand Juliane, die im Gegensatz zu mir eine glänzende Laune hatte.

»Leopold, Kinder, es ist großartig!« Mit Elan legte sie Rucksack und Ukulele im Flur ab, hängte den Mantel auf und eilte zu uns ins Wohnzimmer: »Wisst ihr, was ich in der Buszeitschrift gelesen habe?« – wir wussten es natürlich nicht. Dennoch waren die Töchter gleich angesteckt von dieser Euphorie und riefen laut und begeistert, weil sie die Antwort nicht erwarten konnten: »Was denn, was denn, was denn?«

»Elisabeth kommt nach Berlin!« Die Töchter und ich schauten erst Juliane fragend an und dann uns gegenseitig.

»Welche Elisabeth denn?«, fragte ich irritiert. »Meinst du Queen Elisabeth?«

»Nein, nein …«

Und nun machte Juliane mit einer Handbewegung einen Bogen über ihren Kopf, wie um einen großen Schriftzug anzudeuten: »DAS MUSICAL ELISABETH. Im Januar hat es im Admiralspalast Premiere.« Ihre Stimme überschlug sich: »Da müssen wir hin!«

»Schön.« Mehr sagte ich nicht. Aber die Kinder waren sofort Feuer und Flamme, ohne genau zu wissen, wovon es konkret handelte. Jedoch die Idee, gemeinsam ins Musical zu gehen, reichte völlig aus, um sie von ihren Sitzen zu reißen.

»Juhu, wir gehen ins Theater!«, riefen sie wie aus einem Munde.

»Ich ziehe das grüne Kleid an«, entschied die Ältere der beiden und rannte aus dem Wohnzimmer Richtung Treppe, um es im Kinderzimmer gleich anzuziehen.

»Und ich nehme den Jeansrock!«

Nun war auch die Jüngere aus der Tür. Da half es wenig, dass ich noch hinterherbrüllte: »Aber Mädln, erstens ist die Premiere nicht heute, sondern in drei Monaten und zweitens ist das Stück nichts für Kinder, die erst sechs und sieben Jahre alt sind.«

Von der obersten Stufe rief meine jüngere Tochter: »Mami, machst du mir einen Mozartzopf?«, und dann knallte auch schon die Kinderzimmertüre zu, wie um mir mitzuteilen: »Papi, du kannst jetzt sagen, was du willst, wir hören dich sowieso nicht mehr.«

Juliane strahlte mich an: »Wir beide gehen ins Musical.«

»Also ich weiß nicht.« Ich wiegte den Kopf hin und her,

denn ich hatte so meine Bedenken in Bezug auf Musicals. Damit meine ich nicht die Sänger, auf die viele meiner Schauspielerkollegen arrogant herabblicken. Musicaldarsteller sind sehr vielseitige Künstler, die singen, tanzen und schauspielern gleichzeitig können. Mich stört mehr das Monopol, dem viele Musicalproduktionen unterliegen. Vom Logo über das Plakat, Bühnenbild, Kostüme, Inszenierung bis hin zu jedem einzelnen Schritt, den die Darsteller zu tun haben, ist alles genau vorgegeben. Durch diese Zensur nimmt man den beteiligten Künstlern die Seele ihrer Arbeit, und jeder einzelne wird ersetzbar.

»Bei ›Elisabeth‹ ist nur das Logo und das Plakat vorgegeben, alles andere darf von Inszenierung zu Inszenierung variieren«, stellte Juliane fest, die meine Argumente kennt und wahrscheinlich auch meine Gedanken lesen kann. »Bitte, wir müssen da zusammen hin. Du als Nachfahre hast eine Verpflichtung, dir das anzusehen. Es ist sowieso eine Schande, dass du dir in den Neunzigerjahren nicht die Uraufführung angeschaut hast. Du hast sogar in Wien gewohnt und bist nicht hingegangen. Ich bin extra aus Hamburg angereist, um bei ›Elisabeth‹ dabei zu sein. Wärest du damals auch dort gewesen, wären wir uns vielleicht schon früher über den Weg gelaufen. Aber nein, du musstest ja zu Hause bleiben. Was du dadurch alles verpasst hast! Allein diese weltberühmte Arie von der jungen Sisi bleibt mir unvergesslich. So beeindruckend ist sie.«

In diesem Moment setzte ein imaginäres Orchester ein, Juliane breitete die Arme aus, drehte sich einmal um die eigene Achse und fing an, die Arie zu singen und mit theatralischen Gesten zu unterstreichen. Da sie aber den Text nicht ganz auswendig konnte, ersetzte sie die meisten Stellen mit »tararara«. Und das bekam ich nun zu hören:

»Ich will nicht tarara, tarara, tarararah,
Ich will nicht tarara, tarara, tarararah,
Ich will nicht tarararararaha.«

In diesem Augenblick stürmten unsere Mädchen wieder ins Wohnzimmer, die sich tatsächlich ein grünes Kleid und einen Jeansrock angezogen hatten, und fielen in den Chor mit ein:

»Ich will nicht tarara, tarara, tarararah …«

Dabei imitierten sie alle Bewegungen, die ihre Mutter ihnen vormachte.

»So, liebe Familie.« Juliane hielt plötzlich in ihrem Tanz inne und verkündete: »Wir stimmen ab. Wer ist dafür, dass Leopold und ich im Januar ins Musical ›Elisabeth‹ gehen?«

Juliane und beide Kinder rissen gleichzeitig die Arme in die Höhe. Bei solchen demokratischen Entscheidungen war ich als einziger Mann in dieser vierköpfigen Familie meist unterlegen. Das jahrhundertealte Patriarchat meiner Vorfahren war endgültig abgeschafft. Als Oberhaupt der Kleinfamilie hatte ich abzudanken. In diesem Moment rotierten sämtliche meiner männlichen Ahnen in den Särgen der Kapuzinergruft und die meisten weiblichen Vorfahren erhoben sich und starteten einen Freudentanz, angeführt von Elisabeth.

»Einverstanden, wir gehen hin. Aber jetzt lasst uns bitte abendessen.«

Juliane stürmte auf mich zu, umarmte mich und gab mir einen dicken Kuss. Die Töchter riefen gleichzeitig: »Iiiiiiih, ist ja ekelhaft!«

Anfang November feierte Juliane Geburtstag und ich schenkte ihr die Doppel-CD von »Elisabeth«, die von den Kindern gleich in Beschlag genommen wurde. In den nächsten Wochen ertönte direkt nach der Schule ununterbrochen die Musik von Sylvester Levay aus dem Kinderzimmer. Es dauerte nicht lange, da konnten die beiden sämtliche Liedtexte auswendig und »tararah« wurde durch die Originalzeilen von Michael Kunze ersetzt. Widerwillig akzeptierten sie, dass Juliane und ich sie nicht in die Vorstellung mitnehmen würden. Dafür musste ich ihnen erlauben, die eine oder andere Szene im Internet anschauen zu dürfen.

Das Puppenhaus wurde daraufhin zur Bühne umfunktioniert und mit den unterschiedlichsten Figuren spielten sie die Arien und Duette, die sie gesehen hatten, nach. Alle Szenen, die sie nicht kannten, inszenierten sie mit viel Fantasie völlig neu.

Tag für Tag verliebte sich nun Franz Joseph – ein schwarzer Holzritter – aufs Neue in die junge Sisi – eine weiß gekleidete Plastikprinzessin mit viel Schmuck. Elisabeth nahm Abschied von ihrem geliebten Schloss Possenhofen, litt in der Wiener Hofburg, wurde krank, dann gab sie sich dem Schönheitskult hin, entzog sich ihrem Mann, stritt mit der Schwiegermutter, kam nicht über den Freitod ihres Sohnes hinweg und wurde schlussendlich ermordet.

Die CD wurde fleißig vom Laserstrahl abgetastet und das Booklet lag ständig griffbereit neben der Puppenbühne. Freilich gab es auch Gesangspartien, mit deren Inhalt die zwei Mädchen nicht viel anfangen konnten. Doch in solchen Momenten erschien wie Deus ex machina die Fernbedienung in der Szene und eine kleine Kinderhand drückte die Taste »Next«.

Besonders berührt waren die beiden vom kleinen Rudolf – dargestellt von einem Jungen mit glockenheller Stimme –, der einsam in seinem Zimmer ist und Sehnsucht nach seiner Mutter hat. In diesem Duett erscheint der Tod und nimmt den Buben in den Arm.

Meine jüngere Tochter kam zu mir ins Wohnzimmer, drückte mir die Gitarre in die Hand und sagte: »Mama, wo bist du?« Ich verstand nicht, was sie meinte.

»Äh, na ja, die arbeitet doch heute.«

»Wo Mami ist, weiß ich. Das Lied ›Mama, wo bist du?‹ sollst du lernen!«

Und ich, gehorsamer Vater, suchte die Akkorde für dieses Duett heraus und lernte den Text vom Tod. Nun wurde gemeinsam gesungen und musiziert. Die Ältere kam dazu, und so entstand ein Trio. Statt zweier Töchter hatte ich nun zeitweise zwei Kronprinzen, die beide auf den Namen Rudolf hörten.

Die kurzen Tage und die langen Nächte vergingen, der November neigte sich dem Ende zu und auf den Straßen in der Stadt wurde man daran erinnert, dass Weihnachten vor der Tür stand und man noch Geschenke besorgen sollte, um die Gier des Weihnachtsmannes zu befriedigen.

Am ersten Adventsonntag besuchte uns Marco. Er ist einer der wichtigsten Freunde von Juliane, ist groß und schlank, trägt meist einen Dreitagebart und wird aufgrund seines grau melierten Haares von seinen Freunden der »George Clooney von Charlottenburg« genannt. Zwei Jahre hatten sie gemeinsam in einer WG in der Nähe vom Savignyplatz gewohnt. Dort vertraute Juliane ihm die Sorgen mit ihren verpassten Männerchancen und er ihr die Schwierigkeiten mit seinen Männern an. Als Juliane und ich ein Paar wurden, freute sich Marco für seine Mitbewohnerin, die nun endlich ihr Singleleben als vergangen betrachten durfte. Besonders märchenhaft war für ihn die Vorstellung, dass nun eine evangelische Pfarrerstochter, deren Mutter aus einer Künstlerfamilie stammte, durch die bevorstehende Hochzeit mit mir in den österreichischen »Adelsstand« gehoben wurde. Nachdem Juliane und ich in eine gemeinsame Wohnung am Prenzlauer Berg gezogen waren, änderte Marco den Anrufbeantworterspruch in: »Nach dem Signal kann ausschließlich Marco eine Nachricht hinterlassen werden. Juliane: plötzlich Prinzessin.«

Dieser Adventsonntag war nun eine der seltenen Gelegenheiten, Marco, der ein sehr viel beschäftigter Moderator und Synchronsprecher ist, wiederzusehen. Juliane konnte es kaum erwarten, ihm gleich zu Beginn die wichtigste Nachricht zu überbringen. Als unser Gast den Mantel abgelegt und ich ihn ins Wohnzimmer geleitet hatte, verkündete ihm Juliane als Erstes:

»Marco, wir gehen ins Musical ›Elisabeth‹!«

Marcos Enthusiasmus bei diesem Thema war nun kaum zu bremsen, und es sollte sich herausstellen, dass er sich als einer der größten Fans dieses Stückes sah. Er hatte sich alle Inszenierungen, die es bis zu diesem Zeitpunkt gegeben hatte, in Wien, Essen, Stuttgart und Berlin angesehen. Die historische Figur Elisabeth war für ihn eine Ikone. Dass ausgerechnet ich, der Nachfahre von Sisi das Musical »Elisabeth« noch nicht kannte, amüsierte ihn.

»Habt ihr schon Karten?« Mit dieser Frage schloss er seinen Vortrag.

Schlagartig wurde Juliane rot im Gesicht und sie schenkte Marco und mir schnell noch eine Tasse Tee ein.

»Doch ja, wir haben Karten. Also eigentlich müssten sie schon da sein. Ich hab sie bereits im Oktober im Internet bestellt. Nur bis jetzt hab ich keine Bestellbestätigung bekommen. Die Karten sind nie geschickt worden. Und das Geld wurde auch nicht von meinem Konto abgebucht.«

Marco schaute Juliane fragend und gleichzeitig wissend an.

»Wirklich. Ich hab keinen Fehler gemacht. Ich hab alles ausgefüllt«, versuchte Juliane sich zu retten. Marco aber blieb bei seinem fragenden – und wissenden Blick. »Gut, vielleicht habe ich am Ende nicht ›Bezahlen‹ gedrückt. Aber eigentlich schon. Ich bin ja nicht doof.«

Marco legte seiner ehemaligen Mitbewohnerin die linke Hand auf die Schulter, schaute ihr tief in die Augen und sagte in einem väterlichen Ton: »Juliane, es ist alles gut. Du hast alles richtig gemacht. Denn …«, und nun blickte er auch mich an, »ihr braucht keine Karten.« Er legte eine Pause ein, um das nun Folgende noch bedeutender zu machen. Dann sprach er im langsamen Duktus eines Lehrers, dem es wichtig ist, dass seine Schüler auch jede Einzelheit begreifen: »Alles, was ihr tun müsst, ist: Ihr schreibt der Produktionsfirma, dass ihr zur Premiere kommt und fügt hinzu – Achtung, das ist ganz entscheidend – dass Leopold ein Ururenkel von Sisi ist. Der Rest wird sich von selbst ergeben. Man wird euch mit der Kutsche vorfahren lassen und mit Handkuss empfangen.«

»Also ich weiß nicht«, war meine zurückhaltende Reaktion. »Die wollen Promis, die man aus TV und Klatschpresse kennt. Ich bin denen doch vollkommen Blunzen.«

»Leopold meint wurscht ... also egal«, übersetzte Juliane.

Marco blieb bei seinem ruhigen Tonfall: »Kann sein. Glaub ich aber nicht. Einen Versuch ist es wert. Die Entscheidung liegt bei euch.«

Am Abend, kurz nachdem unser Gast sich verabschiedet hatte, holte Juliane ihren Laptop hervor und setzte Marcos Idee in die Tat um. Sie schickte eine E-Mail an die Veranstalter von »Elisabeth« mit folgendem Inhalt:

> Meine sehr geehrten Damen und Herren,
> Hiermit teile ich Ihnen mit, dass mein Mann und ich eine Vorstellung von »Elisabeth« besuchen wollen. Mein Mann geht nicht gerne in Musicals, aber diesmal konnte ich ihn doch überreden, da es schließlich um seine Ur-Ur-Großmutter geht. Ich dachte, Sie fänden es vielleicht interessant, dass ein Ur-Ur-Enkel der Hauptfigur in die Show kommt. Wenn Sie im Internet eingeben: Leopold Prinz von Altenburg finden Sie sofort lauter Informationen über ihn als Nachfahre. Wir leben eigentlich inkognito hier im Norden von Berlin, ganz bürgerlich als Schauspieler und Krankenhausclowns. Aber diesmal hat er mir erlaubt, sein Geheimnis zu lüften. Wir freuen uns auf den Theaterabend!
> Viele herzliche Grüße,
> *Juliane Altenburg*

Sie las die E-Mail noch mal laut durch und nickte zufrieden: »Nur den Schluss muss ich ändern. Das muss förmlicher klingen.« Und sie löschte die letzten zwei Zeilen und ersetzte sie durch: *»Mit freundlichen Grüßen«* und – jetzt kommt's: *»Juliane Prinzessin von Altenburg«*

Dann drückte sie auf »Senden«, wartete das Geräusch ab, das der Computer von sich gibt, wenn die E-Mail zu ihrem Empfänger geschickt wird, dann klatschte sie in die Hände, schaute mich an und sagte: »Ich hab es getan! Ich habe mit Prinzessin unterschrieben. Du wirst sehen, die werden ganz aus dem Häuschen sein. Schon morgen bekommen wir eine Antwort.«

Am nächsten Tag aber kam keine Antwort. Und auch am übernächsten fand sich im Posteingang keine Nachricht von den »Elisabeth«-Veranstaltern. So verging eine Woche, in der Juliane vor und nach der Arbeit erwartungsvoll ihr Notebook öffnete und dann wieder enttäuscht schloss. In diesen Tagen bereute sie, dass sie immer noch ihr altes Handy mit Druckknöpfen hatte und nicht schon längst auf ein Smartphone umgestiegen war, das ihr erlaubt hätte, minütlich die E-Mails zu kontrollieren.

Ich selbst hatte gemischte Gefühle. Auf der einen Seite triumphierte ich, denn ich hatte mit meiner Meinung, dass »ich denen komplett Blunzen bin«, recht. Auf der anderen Seite war ich auch ein wenig in meiner Eitelkeit gekränkt. Wenigstens eine höfliche Absage darf man doch erwarten. Klar, wenn ich mir Hoffnungen auf eine Theater- oder Filmrolle machte, für die ich nach meinem Gefühl richtig toll vorgesprochen hatte, und dann in der Folge von den Machern dieser Produktion ignoriert wurde, war die Ohnmacht und Verzweiflung größer. Und in diesem Fall war meine Enttäuschung, wie soll ich sagen, definitiv kleiner – aber nicht viel.

Als zu Beginn der nächsten Woche immer noch keine Antwort im Postfach war, schlug ich Juliane in einem gespielt gleichgültigen Ton vor: »Schau doch mal bei den Spams nach.«

»Au ja, gute Idee!« Sie loggte sich in ihren E-Mail-Account ein und öffnete den Spam-Ordner. »Leopold, Leopold, Leopold, du hast recht! Hier ist eine E-Mail von einer Frau Claudia Moritz. Soll ich sie dir vorlesen?« Ohne meine Reaktion abzuwarten, fing sie an, die Worte vorzutragen. Zwischendurch unterbrach sie ihre hastige Lesung mit kurzen, emotionalen Mitteilungen an mich.

Liebe Juliane Prinzessin von Altenburg,

Prinzessin, hast du gehört, sie nennt mich Prinzessin! Ich bin noch nie in einer E-Mail mit Prinzessin angeschrieben worden.

mein Name ist Claudia Moritz und ich bin für die PR von »Elisabeth« in Berlin zuständig.

PR, da meldet sich die PR-Abteilung!

Ich habe mich sehr gefreut zu lesen, dass ein Ur-Ur-Enkel von Elisabeth sich das Musical anschauen kommt.
Sie hätten natürlich ohne diese E-Mail das Musical besuchen können. Drum nehme ich an, dass Sie diese Nachricht nicht ohne Grund geschrieben haben.

Oh, wie peinlich. Sie hat uns durchschaut.

Gehe ich richtig in der Annahme, dass der Besuch Ihres Mannes den Medien mitgeteilt werden darf?

Hast du das gehört, Leopold?

> Wenn ja, könnten Sie sich vorstellen, dass wir dazu auch Fotografen/TV einladen? Eventuell auch ein Treffen mit den Hauptdarstellern und Ihrem Mann arrangieren, das ebenso medial begleitet werden darf?

Oh mein Gott, das kommt ja immer dicker!

> Falls Sie dies alles nicht wünschen, respektiere ich das selbstverständlich. Ich freue mich auf Ihre Rückmeldung, was Sie sich diesbezüglich vorgestellt haben.
>
> *Claudia Moritz*
> *Presse- und Öffentlichkeitsarbeit*

Bei mir ließ sich nun ein Lächeln nicht mehr unterdrücken. Juliane stand auf: »Wir müssen reagieren«, stellte sie fest. »Die E-Mail ist schon seit einer Woche im Spam. Wie peinlich. Die Dame wartet auf unsere Antwort. Die muss ja von uns denken, was sind das für arrogante Aristos! Was machst du jetzt, Leopold? Wie entscheidest du dich? Möchtest du ins Fernsehen und in die Zeitung?«

Juliane veränderte ihre Körperhaltung, ihre Stimme wurde tiefer und seriös, und sie verwandelte sich vor meinen Augen von meiner Ehefrau in meine Managerin. Ihr Zeigefinger richtete sich auf mich: »Klar machst du das! Diese Chance lässt du dir nicht entgehen. Wir haben es hier mit einer Win-win-Situation zu tun. Die erhalten durch dich eine größere Werbung für ihr Musical, und du bekommst mehr Publicity für deine Person als Künstler. Vergiss nicht, den

Journalisten zu sagen, dass du Schauspieler und Clown bist! Ich ruf jetzt Frau Moritz an.«

Sie griff zum Telefonhörer und wählte die Nummer, die als Anhang in der E-Mail angegeben war. Aufmerksam beobachtete ich meine frischgebackene Künstlervermittlerin.

»Ja, hallo, guten Tag. Hier ist Juliane Altenburg, was ... ja, richtig, die Prinzessin. Hahaha ...«

Schon nach dem ersten Satz hatte ich nicht mehr den Eindruck, dass hier eine toughe Schauspielagentin und eine ausgefuchste PR-Managerin miteinander verhandelten, sondern dass hier zwei Freundinnen telefonierten, die sich nur aus Gewohnheit nach wie vor siezten.

Im lockeren Plauderton erzählte Juliane von der gefundenen E-Mail im Spam, von ihrer Idee, ins Musical zu gehen, dass die Kinder die Lieder auswendig können, von Marcos Plan und so weiter und so fort. Und weil sie nun so in Fahrt war, berichtete sie auch gleich, wie wir uns bei einem Clown-Workshop kennengelernt hatten, dass sie es anfangs für einen schlechten Scherz gehalten hatte, dass ich ein Nachfahre vom österreichischen Kaiserpaar sei, wie wir uns nach drei Jahren Freundschaft ineinander verliebten und wie auf unserer Hochzeitsfeier Gauklerfreunde und österreichischer Adel aufeinandertrafen.

»Ja, der ist da, Moment.« Ihr Redefluss war jäh unterbrochen, und sie reichte mir den Hörer ...

Der rote Teppich

Und so kam es also, dass ich am 8. Januar 2016 um kurz nach 16:30 Uhr im Admiralspalast im Backstage-Bereich stand und in einer dunklen Gasse auf meinen Auftritt wartete. Von meinem Versteck aus beobachtete ich das Geschehen auf der Bühne. Das Ensemble spielte und sang Schlüsselszenen aus »Elisabeth« für die Presse- und Fernsehleute, die sich im Zuschauerraum verteilt hatten. In die Takte der Musik mischten sich unzählige Klick-Geräusche von den Kameras der mehr als vierzig anwesenden Fotografen. Der Andrang und das Interesse vonseiten der Presse waren enorm. Ich spürte, wie meine Hände zu schwitzen anfingen und versuchte, sie an meinem schwarzen Anzug trockenzuwischen. Hinter der Bühne zu stehen und auf den Auftritt zu warten, war mir als Schauspieler an sich eine sehr vertraute Situation. Nur an diesem Tag war meine Aufgabe nicht, eine Rolle zu spielen, sondern einfach ich selbst zu sein, also das was ich bin, nämlich »Prinz« und »Nachfahre«. Was auch immer das heißen mag.

Eine halbe Stunde zuvor hatten Claudia Moritz und ich uns im Foyer wie vereinbart getroffen.

»Es freut mich, dass wir uns nach den unzähligen Telefonaten nun endlich persönlich begegnen.« Mit diesen Worten kam sie auf mich zu, strahlte mich offen an und reichte mir die Hand. Wir musterten uns gegenseitig. Mit einer schnellen Handbewegung kontrolliere ich, ob der Knoten meiner blauen Krawatte korrekt zugezogen war.

Frau Moritz war klein und zierlich. Ihre braunen Stöckelschuhe machten sie um einige Zentimeter größer. Der beige Anzug betonte ihre Figur und ihre blonden Haare hatte sie zu einem Pferdeschwanz zusammengebunden. Ich schätzte sie auf etwa Mitte dreißig. Sie wirkte auf mich souverän. Ihre Finger jedoch, die sich ständig leicht bewegten, während sie die Pressemappe umfassten, verrieten eine kaum merkliche Anspannung.

»Hier haben wir also etwas gemeinsam«, dachte ich. In stressigen Momenten scheine ich für Außenstehende stets ruhig zu wirken. Innerlich aber – so auch in diesen Minuten – brodelte das Lampenfieber, die positive Erwartung auf den Beginn der Show.

Meine Kopfhaut war an diesem Tag extrem gereizt. Dieses Jucken, so war ich mir sicher, hatte wohl psychosomatische Gründe. Ich wollte gerade unauffällig meinen Kopf kratzen, da forderte Frau Moritz bereits meine ganze Aufmerksamkeit. Sie erklärte mir den Ablauf des heutigen Tages. Noch vor dem Eintreffen des Premierenpublikums werde auf der Bühne eine öffentliche Probe von vier Szenen für die Presse stattfinden. Im Anschluss würden Fotos mit dem »Elisabeth«-Ensemble und mir gemacht werden. Danach folgten Interviews mit namhaften Zeitungen, Radiostationen, Onlineportalen und ein Live-Gespräch im regionalen Fernsehen. Zu guter Letzt komme der Höhepunkt – Frau Moritz lächelte mich an: der Gang über den roten Teppich.

Wenn ich diesen Stress durchgestanden hätte, könne ich die Vorstellung mit meiner Familie genießen.

Nach dieser Einführung geleitete sie mich vom Foyer durch den Zuschauerraum. Über eine Seitentür gelangten wir in den Backstage-Bereich. Dort bat sie mich zu warten.

So stand ich zwischen zwei schwarzen Vorhängen, der »Theatergasse«, und beobachtete ungesehen das Geschehen auf der Bühne. Der weiche Molton-Stoff, das Knarren der Bretter unter meinen Füßen, das blendende Licht vom Scheinwerfer gegenüber und das Spiel der Staubkörner in der Luft, das alles war mir vertraut. In meinem Versteck nutzte ich die Gelegenheit, um mir den Kopf zu kratzen, stets darauf bedacht, meine Frisur nicht durcheinanderzubringen. Bald würden alle Objektive der Kameras und Fotoapparate auf mich gerichtet sein. Auf diesen Augenblick lenkte ich wie einen Laserstrahl all meine Konzentration.

Die Präsentation der Szenen war zu Ende. Ich konnte sehen, wie die Sänger in ihren historischen Gewändern sich in der Mitte der Bühne aufstellten. Es wurden Ensemble-, Trio-, Duo-Fotos geschossen. Nachdem die letzten Bilder ausschließlich mit Elisabeth gemacht waren, ging Frau Moritz auf die Bühne, stellte sich seitlich auf und erklärte den Reportern, dass das ganze Ensemble noch mal auf die Bühne kommen werde.

»Und wir erweitern diese Runde. Ich darf vorstellen: Hier ist unser ›Special Guest‹ des heutigen Tages, er ist der Ururenkel von Elisabeth, Leopold Prinz von Altenburg.«

Ich richtete noch einmal mein Sakko, dann schritt ich auf die Bühne. Das Ensemble wich wie ein Schwarm Neonfische zurück und machte mir Platz.

Die Darstellerin der Erzherzogin Sophie flüsterte mir zu: »Wie sollen wir Sie denn ansprechen? Königliche Hoheit? Prinz?«

Ich lächelte sie an und meinte: »Ihr könnt einfach ›Du‹ sagen. Ich bin Schauspieler wie ihr.«

So stand ich in der Mitte all der Musicalstars und die Fotografen vor dem Orchestergraben in den ersten Zuschauerreihen blitzten uns unablässig. Um auch wirklich in jede Kamera einmal direkt geschaut zu haben, drehten wir gemeinsam die Köpfe langsam von links nach rechts. Da ich in der Mitte stand, gab ich das Tempo vor. Mir begann die Situation Spaß zu machen und ich winkte majestätisch dem »Volke«. Im nasalen, kaiserlichen Ton rief ich den Fotografen zu: »Bravo, bravo. Meine Herrschaften. Ihr macht das sehr gut. Jetzt aber lasst uns zur nächsten Gruppierung kommen.«

Ein Großteil des Ensembles durfte nun gehen und ich befand mich – im wahrsten Sinne des Wortes – in einem Ur-Wald der Ahnen. Da standen meine Ur-Ur-Ur-Großmütter Sophie und Ludovika, mein Ur-Ur-Ur-Großvater Maximilian, mein Ur-Großonkel Rudolf und natürlich meine Ur-Ur-Großeltern Elisabeth und Franz Joseph. Diese Mischung aus verwesender Monarchie und Duft von Theaterschminke, Puder, Bühnenschweiß, Parfums machte mich richtig schwindlig. Meine Kopfhaut fing wieder an zu jucken. Wie erleichtert war ich, als meine »Vorfahren« mich verließen und der »Mörder Lucheni« und »Der Tod« links und rechts neben mir Platz genommen hatten. »Der Tod ist nicht nur schrecklich«, musste ich feststellen. »Er kann durchaus eine Erlösung sein.« Mit diesen Gedanken fühlte ich mich auf einmal meiner Ururgroßmutter sehr nahe, die als Letzte mit mir alleine für Fotos posieren sollte. Wie zwei sehr miteinander vertraute Menschen standen wir Seite an Seite und lächelten in die Kameras, und wir erfüllten die Bitte eines Journalisten, der sich einen standesgemäßen Handkuss wünschte.

Das Blitzgewitter ebbte ab. Der erste Programmpunkt war geschafft.

Die Elisabeth-Darstellerin und ich nutzten die Gelegenheit, um uns einander vorzustellen. Entspannt plauderten wir von Kollegin zu Kollege und vergaßen für wenige Minuten unsere Aufgaben als »Musicalstar« auf der einen und »Prinz« auf der anderen Seite. Doch schon bald wurden wir von Frau Moritz höflich unterbrochen. Journalisten wollten uns gerne im Zuschauerraum interviewen.

Ich nahm auf einem gepolsterten Sitz in der fußfreien Reihe Platz. Für die folgenden Gespräche hatte ich mich in der Weihnachtszeit gründlich vorbereitet. Ich hatte zwei Biografien über Kaiserin Elisabeth gelesen und da ich schon dabei war, frischte ich auch gleich mein Wissen über Kaiser Franz Joseph und seinen Sohn Kronprinz Rudolf auf. Das, was ich von Haus aus bin – nämlich »Sisis Ururenkel« –, betrachtete ich als Rolle, die ich an diesem Premierentag einnehmen wollte. Der Reiz lag für mich darin, dieser Herausforderung mit allen schauspielerischen und künstlerischen Mitteln gewachsen zu sein. Und was soll ich sagen? Im Zuge dieser Recherchen habe ich mehr über meine Vorfahren, meine Familie und schlussendlich über mich herausgefunden. Es empfiehlt sich durchaus, das »eigene Sein« hie und da als Rolle zu betrachten, um auf unterhaltsamem Weg, mehr Erkenntnisse über sich zu gewinnen. Wenn Sie verstehen, was ich meine.

Die erste Journalistin kam und meine Nervosität wich schnell einer Lockerheit, als ich merkte, dass es mir nicht schwerfiel, all die Fragen zu beantworten. Die gründliche Recherche hatte sich gelohnt. Ich entspannte nun völlig, plauderte über meine Kindheit in Graz, meinen Werdegang als Schauspieler und mein neues Zuhause in Berlin. Natürlich wurde ich auch zu meiner Meinung zu den »Sissi«-Filmen ausgefragt und was ich mir vom Musical erwartete. Auf Fragen wie: »Sind Sie in einem Schloss aufgewachsen?«, »Wie soll man Sie denn ansprechen?«, »Wie fühlt es sich an, so eine berühmte Vorfahrin zu haben?«, »Warum heißen Sie Altenburg und nicht Habsburg?«, schüttelte ich spontan schlagfertige Antworten aus dem Ärmel, die ich nach jedem Interview heimlich wieder einsammelte, um sie bei nächster Gelegenheit erneut »spontan« herauszuschütteln.

»Jeden Morgen wache ich mit dem erhebenden Bewusstsein auf, dass ich der Nachkomme vom einst mächtigsten Mann Mitteleuropas bin, und der schönsten Frau der Welt. Aber spätestens, wenn ich im Badezimmer mein Spiegelbild sehe, fängt für mich der Alltag an.«

»Vom Kaiser Franz Joseph habe ich den dichten Bartwuchs und von Kaiserin Elisabeth die Schönheit.«

»Schon als Fötus entwickelte ich den Ehrgeiz, ich möchte groß rauskommen, ich möchte Prinz werden. Im Augenblick meiner Geburt erreichte ich mein Ziel. Seither bin ich Prinz im Ruhestand.«

Das größte Interesse jedoch galt zu meiner Freude bei fast allen Interviewpartnern meiner Arbeit als Clown im Krankenhaus. Ich nutzte die Möglichkeit, meinen Beruf mit all seinen Herausforderungen zu erklären.

Nur die Kopfhaut wollte nicht aufhören zu jucken. Um meine Irritation zu kaschieren, strich ich mir immer wieder elegant durchs Haar oder ließ mir nach einer Frage Zeit, schlug ein Bein über das andere, kratzte mich mit Mittel- oder Ringfinger vorsichtig am Kopf und versuchte so, wie ein Intellektueller zu wirken, der nach den richtigen Worten sucht.

Nach einer Stunde verabschiedete sich auch der letzte Journalist. Claudia Moritz war sehr zufrieden. »Sie haben das wirklich gut gemacht«, lobte sie mich. »Nun führe ich Sie zum roten Teppich. Die Fotografen haben sich dort eingefunden, und die ersten Promis sind bereits eingetroffen. Ist ihre Familie denn schon da?«

Richtig, meine Familie wollte doch bereits um halb sechs hier sein. »Ich geh sie mal suchen«, entschuldigte ich mich und lief ins Foyer und zum Eingangsbereich. Dort fand ich aber weder Juliane noch die Kinder, noch meine Schwiegereltern. Denn dieser große Anhang durfte mich an diesem Festtag ins Theater begleiten. Das hatte sich bei einem der Telefonate mit Frau Moritz entschieden:

»Selbstverständlich brauchen Ihre Schwiegereltern nichts zu zahlen. Sie sind unsere Gäste. Die Kinder müssen unbedingt dabei sein. Was kann die noch erschrecken? Die kennen doch schon das ganze Stück.«

Alle fünf kamen zu spät zum großen Auftritt. Dabei wollte Juliane doch so gerne an meiner Seite mit über den roten Teppich laufen und hatte sich dafür extra ein neues Ballkleid in einem schillernden Blau gekauft.

Aber der Beginn der Vorstellung rückte immer näher,

und so entschied ich, mich alleine den Fotografen zur Verfügung zu stellen.

Frau Moritz, die sich zwischen Fotografen und VIP-Eingang aufgestellt hatte, zwinkerte mir aufmunternd zu. Im Zentrum des roten Teppichs stand ein Fernsehstar aus einer bekannten Ärzteserie. Seine zweite Frau und seine Tochter im Teenageralter aus erster Ehe hatten die Journalisten eben mit den höflichen Worten »Hau'n Sie ab« vom Teppich gejagt.

Der Fernsehstar winkte noch einmal chauvial und machte mir den Weg frei.

Frau Moritz nickte mir zu, wandte sich an die Reporter und setzte an, mich vorzustellen: »Das ist ...«, weiter kam sie jedoch nicht. Die Fotografen kannten mich bereits durch das Ensemble-Shooting. Kaum stand ich im Zentrum des roten Teppichs, direkt vor der Wand mit dem »Elisabeth«-Logo und einem Bild der Hauptdarstellerin, ging der Angriff der Reporter im wahrsten Sinne des Wortes los. Diesmal trennte uns kein Orchestergraben. Ich war absolut alleine diesem Ansturm ausgesetzt.

»Gucken Sie zu mir« – klick, klick, klick – »Lächeln – Blitz, Blitz, Blitz – »Kopf hoch«, »Kopf runter«, »Hände in die Hüfte« – »Schauen Sie zu mir« – »Nein, zu mir!« – »Hier ist das Vögelchen!«

Ich hatte das Gefühl, in ein außer Kontrolle geratenes Stroboskop zu schauen. Meine Herzfrequenz passte sich den dichten Klick-Geräuschen der Spiegelreflexkameras an, und die aggressiven Zurufe der Fotografen setzten in meinem Körper Adrenalin frei. Ich erlebte wie ein Hochleistungssportler oder ein Spielsüchtiger den Rausch der körpereigenen Drogen.

Zu allem Überfluss stürmte auch noch eine junge Frau von Mitte zwanzig in einem feuerroten, rückenfreien Kleid zu mir auf den Teppich, umfasste ungeniert meine Hüfte und fragte: »Du, Prinz Leopold, ich bin Jane Hütchen und würde gern gleich mal mit dir ein Interview machen wollen für meinen YouTube-VIP-Kanal. Ist das okay für dich?«

Ich kam gar nicht zum Antworten, denn jetzt ging das Gebrüll der Reporter los: »Drücken Sie Ihre Freundin fester an sich«, »Wange an Wange – machen Sie schon«, »Küssen Sie sich!«

Bis zu diesem Moment hatte ich wie ferngesteuert alle Anweisungen befolgt. Nur bei »Küssen Sie sich« bekam ich kurz einen klaren Moment und rief: »Halt! Das ist nicht meine Partnerin!«

»Dann hauen Sie ab!« – Ich wandte mich zum Gehen. »Nicht Sie, die Frau im roten Kleid!«

Enttäuscht zog sich Jane Hütchen zurück.

Ein Journalist witzelte noch: »Was nicht ist, kann ja noch werden.«

Nun merkte ich, dass mir alles zu viel wurde, und sagte mit lauter Stimme: »So, es reicht« – löste damit noch einen letzten Fotoansturm aus und betrat wieder sicheren Steinboden.

In all dem Wirbel hatte ich nicht mitbekommen, dass nun meine gesamte Familie endlich eingetroffen war. Juliane stürmte auf mich zu. In ihrem Kleid sah sie blendend und sexy aus. Doch mein Adrenalintrip sollte noch kein Ende finden. Im Gegenteil. Er suchte noch seine Steigerung:

»Wer war denn die Frau eben?«

»Ich hab keine Ahnung, ich hab die vorher nie gesehen.«

»Hallo, Papi!« Die Kinder umarmten mich stürmisch. Beide waren in weißen Prinzessinnenkleidern und hatten ihr Haar, das ungewöhnlich glänzte, zu Mozartzöpfen geflochten.

»Hallo, ihr Lieben. Warum sind eure Haare so fettig?«

»Das kommt vom Läusemittel.« – Meine größere Tochter hüpfte aufgeregt auf und ab. Dann fing sie an, mit ihrer Schwester zu tanzen und zu singen: »Wir hatten nämlich Läuse.«

»Seid bitte leise!« Ich hatte Panik, dass einer der Journalisten diese Nachricht mitbekommen würde. »Was ist hier los?«

Juliane klärte mich auf: »Im Hort war doch der Aushang, dass einige Schüler Läuse haben. Man soll die eigenen Kinder untersuchen. Das hab ich heute Vormittag getan und zwei gefunden ... Daher sind wir auch zu spät. So eine Behandlung dauert.«

Jetzt wurde mir bewusst, dass das Jucken der Kopfhaut, das mich schon den ganzen Tag nervte, keine psychosomatische, sondern eine sehr reale, ja sogar lebendige Ursache hatte.

Inzwischen hatten sich auch Julianes Eltern zu uns durchgekämpft: »Na, da ist doch was los hier!«, meinte meine Schwiegermutter, »ich umarme dich aber lieber nicht. Wer weiß, ob du nicht auch ein paar von den Viechern hast.«

Das Jucken der Kopfhaut wurde durch jeden Satz, der das Thema »Läuse« ansprach, noch schlimmer. Nur wollte ich mich der Blamage nicht hingeben und hier vor allen Leuten und der gesamten Presse mein Geheimnis verraten. So unterdrückte ich mit aller Macht mein Kratzbedürfnis.

(Es tut mir leid, dass nun auch Ihnen, liebe Leserin, lieber Leser, der Kopf juckt – das ist mit Sicherheit psychosomatisch – ausgelöst durch Ihre Fantasie, die ich mit diesem Text anrege. Falls Sie unbeobachtet sind, tun Sie sich keinen Zwang an, und kratzen Sie sich ungeniert.)

Mein Schwiegervater kam zu mir, hob den Finger und meinte: »Man sieht, das Ungeziefer gibt es sogar in den besten Familien.«

Mit diesem Argument hatte er den Nagel – im wahrsten Sinne des Wortes – auf den Kopf getroffen. Ich sah in fünf lachende Gesichter.

Da wurde ich von hinten angesprochen: »Herr Altenburg, also Herr Prinz, kann ich ein Foto von Ihnen mit Ihrer Familie machen?«

Ich drehte mich blitzschnell um die eigene Achse und brüllte den dicken, kleinen Reporter an: »Nein, können Sie nicht!«

Der wich kurz zurück, setzte dann aber nach: »Nur ein Bild. Das muss jetzt sein! Die Redaktion schließt in einer halben Stunde und die wollen noch schnell ein Bild. Mehr nicht.«

»Dieses eine Bild bekommen Sie.« Selbstbewusst stellte sich meine Frau neben mich: »Aber nur mit mir und meinem Mann. Die Kinder werden nicht fotografiert.«

»Vielen Dank, Madame.«

Noch ehe ich protestieren konnte, zückte der Fotograf seine Kamera. Juliane und ich standen völlig abseits vom roten Teppich, direkt in den Menschenmassen, die sich anstellten, um ihre Garderobe abzugeben.

Der Reporter fing an, uns zu blitzen. Das blieb den anderen vierzig Fotografen vor dem Roten Teppich nicht verborgen, die gerade eine berühmte Film-und-Theater-Diva ablichteten. Diese ließen sie einfach stehen und flogen wie ein Fliegenschwarm zu uns – oder wie der Italiener sagen würde: »Come i Paparazzi.«

Nun erlebte auch Juliane diesen Adrenalinrausch. Ihr Vater hielt seine Enkeltöchter fest, doch die rissen sich los und stellten sich kichernd vor uns. Nun gab es bei den Fotografen kein Halten mehr. Eine Prinzenfamilie vor der Linse, das war das begehrte Jagdobjekt des Tages.

Im Hintergrund konnte ich erkennen, wie die Diva ihren Kopf hochwarf, das lange Kleid nach oben lüpfte und mit festem Schritt den roten Teppich verließ. Sie war offensichtlich in ihrer Ehre gekränkt.

Plötzlich unterbrach eine Journalistin den Ansturm der Paparazzi. »Halt, stopp, aufhören! Dem Kind ist das zu viel. Es weint schon.« Tatsächlich hatten die Reporter ein Herz, hörten alle abrupt auf zu fotografieren und liefen zum Teppich zurück.

Nur die Kleine musste nicht weinen, wie man vermutet hatte. Durch diese Aufregung hatte sie einen Lachanfall bekommen, und da die Blitzlichter sie so blendeten, kniff sie die Augen zusammen und kicherte leise vor sich hin: »Hi, hi, hi.« Das konnte man tatsächlich leicht mit Weinen verwechseln. Wir nutzten dieses Missverständnis, um schnell in den Zuschauerraum zu flüchten und in der Mitte der ersten Reihe unsere Plätze einzunehmen.

Zwischen meinen Töchtern thronte ich auf einem samtroten und weich gepolsterten Sitzplatz. Ich setzte meine Brille auf und konnte gerade noch erkennen, dass die Diva ebenfalls in der ersten Reihe ganz außen rechts ihren Platz gefunden hatte. Sie flüsterte mit Frau Moritz und zeigte auf mich. Hatte sie sich bei Frau Moritz über mich beschwert, weil ich ihr die Fotografen weggeschnappt hatte? Aber ich war doch unschuldig!

Da wurde es langsam dunkler im Saal, die Leute verstummten und der Dirigent betrat den Orchestergraben. Nach einem kurzen Applaus hob er den Taktstock, und das Musical nahm seinen Anfang.

Ich muss zugeben: Von der Aufführung habe ich nicht viel mitbekommen. Ich versuchte einfach nur, wieder meine Ruhe und meine Mitte zu finden. Was mir nicht leichtfiel. Denn die Läuse fingen nun im Takte der Musik auf meinem Kopf zu tanzen an.

Die ältere meiner beiden Töchter saß zurückgelehnt und beobachtete mit großen Augen das Geschehen. Sie war völlig gefesselt von all den Kostümen, dem aufwendigen Bühnenbild und den faszinierenden Stimmen. Die Jüngere saß vorne an der Sitzkante, und mit leiser, zarter Stimme sang sie alle Lieder mit. Beim ersten Song nach der Pause forderte der Lucheni-Darsteller das Publikum auf, laut das Wort »Kitsch« mitzubrüllen, das im Refrain dreimal hintereinander vorkam.

Das Lied war zu Ende, der stürmische Applaus ebbte ab,

da stand meine Tochter auf, und rief noch mal ganz alleine mit fester Stimme: »Kitsch!« Das Publikum im Saal lachte und die Kleine bekam für ihren Mut einen Extraapplaus.

Der Schlussvorhang fiel und mit Standing Ovations wurden die Sänger gefeiert. Dann ging das Licht im Saal wieder an. Da sah ich, wie die Diva mich mit ihrem Blick fixierte und langsam auf mich zukam. Ich erhob mich, knöpfte mein Sakko zu, sie blieb vor mir stehen und fragte: »Sind Sie wirklich ein Nachkomme von Sisi?«

»Ja, das bin ich.«

»Dann sind ja Ihre Töchter richtige Prinzessinnen. Sie müssen wissen Herr …?« – »Altenburg« – stellte ich mich vor. »Herr Prinz von Altenburg, ich hab bereits die Erzherzogin Sophie gesungen. Das war eine wunderbare Rolle für mich, die ich unzählige Male und immer wieder gerne gespielt habe. Die Sophie ist dann Ihre Ururugroßmutter?«

»Ja, das ist richtig.«

»Das freut mich sehr, dass ich Sie und Ihre kleinen Prinzessinnen nun persönlich kennenlerne.«

Ich wollte ihr gerade sagen, wie sehr ich sie bewundere und in welchen Filmen ich sie bereits gesehen hatte, da kam sie mir mit einer Frage zuvor: »Leben Sie in Österreich?«

»Nein, nicht mehr. Ich wohne jetzt hier in Berlin.«

»Ach ja, und was machen Sie hier?«

»Ich bin freischaffender Schauspieler.«

Ihr Mund blieb leicht offen stehen. Ihre Illusion eines Aristokraten schien mit meiner Aussage zerstört zu sein.

»Ein freischaffender Schauspieler also? Na, das bin ich auch.«

Sie schaute noch einmal von oben die Kinder an, dann wandte sie sich ab und ließ mich stehen.

Juliane kam zu mir: »Hast du gerade mit der … wie heißt sie nochmal? Dings gesprochen?«

»Ja, hab ich.«

»Was du jetzt für Leute kennenlernst.«

Draußen vor dem Admiralspalast tauschten sich Juliane, meine Schwiegereltern und die Kinder begeistert über das eben Gesehene aus. Frau Moritz kam auf uns zu und verabschiedete sich herzlich von jedem Einzelnen.

»Und, Herr Altenburg, sind Sie zufrieden?«

»Ja, ich war sehr zufrieden. Dieser Tag war ein Ereignis, das ich so schnell nicht vergessen werde.«

Dennoch spürte ich, nachdem die Anspannung nachgelassen hatte, wie erschöpft ich von diesen Stunden als »Prinz« im Zentrum der Öffentlichkeit war. Und ich muss zugeben, dass ich meine englischen Kollegen William und Harry nicht beneide, die diesem Spektakel beinahe täglich ausgesetzt sind.

Froh fuhr ich nun mit der Familie nach Hause und unterzog mich noch in derselben Nacht einer Läusekur.

Ich war wieder am Teppich angekommen – also nicht am roten Teppich –, sondern am Teppich meiner Realität.

Café Zeitreise

Einige Tage nach den Erlebnissen rund um den roten Teppich besuchte ich, wie es meine wöchentliche Gewohnheit verlangte, mein Lieblingscafé im Norden von Berlin, das nicht allzu weit weg ist von unserem Haus am Rande der Stadt.

Diese Lokalität suche ich auf, wenn ich Sehnsucht nach der österreichischen Kaffeehauskultur habe, denn das Ambiente mit den rot gepolsterten Sitzreihen, den Marmortischen und den Wandspiegeln erinnert durchaus an ein Wiener Kaffeehaus. Es hat den bezeichnenden Namen »Zeitreise«. Und der Wirt ist – wen kann es verwundern – ein waschechter Wiener, der auf den Namen Gustl hört. Die Liebe hat ihn nach Berlin geführt. Mit seiner Berliner Liebe gründete er das Kaffeehaus und obwohl seine Berliner Liebe ihn nach ein paar Jahren sitzengelassen hat, ist er hiergeblieben und führt nun das Lokal alleine weiter.

Auch wenn er sich nach all der Zeit in Berlin bemüht, mit seinen Gästen Hochdeutsch zu sprechen, ist seine breite Wiener Sprachmelodie immer noch klar herauszuhören.

»Ich hab gar nicht gewusst, dass du so ein Herrschaftlicher bist.« Gustl ließ einen Stoß Zeitungen auf meinen Tisch fallen, sodass meine Melange umzukippen drohte.

»Was man da alles so liest über dich: ›Rote Nase statt Krone‹, ›Raten Sie mal, wer von diesem Clown die Ururgroßmutter ist‹, ›Adel ganz bescheiden in Berlin‹ und, und, und. Das Absurdeste ist ja das Foto da.«

Er hob eine Zeitung hoch und mit seinem breiten Finger zeigte er auf ein Bild über dem Artikel: »Du inmitten des Musicalensembles, obwohl du da gar nicht mitgespielt hast. Das nächste Mal, wenn ein Stückl über Adam und Eva aufgeführt wird, stell ich mich auch auf die Bühne zum Schlussapplaus.«

Gustl ließ mir keine Zeit, ihm zu erklären, dass dieses Foto am Nachmittag ausschließlich für die Presse gemacht worden war und mit dem Schlussapplaus nichts zu tun hatte.

Vorwurfsvoll fuhr er fort: »Warum erzählst du mir denn nichts von deinem prinzlichen Dasein? Jahrelang bist schon Stammgast bei mir.«

»Du hast auch nie gefragt«, erwiderte ich.

»Ja, das stimmt. Aber die Leute unterbreiten halt meist von sich aus ihre G'schichten. Du anscheinend nicht. Du bist halt so ein Verschwiegener. Aber siehst du den Herrn dort drüben? Das ist ein gewisser Herr Malessa. Seine Vorfahren waren erfolgreiche Geschäftsleute. Viele seiner jüdischen Verwandten sind von den Nazis enteignet und ermordet worden. Seine Familie ist rechtzeitig nach Amerika geflohen. Damals war er noch ein Kind. Jetzt lebt er in Deutschland und betreibt neben seinem Beruf Ahnenforschung. Und weißt du, was er unter anderem herausgefunden hat?« – Ich wusste es natürlich nicht. – »Dass sein Urgroßvater ein gewisser Herr Christoph Drecoll war. Das sagt dir jetzt nix, aber das war ein berühmter Schneider aus Hamburg. Heute würde man sagen, ein Stardesigner. Und der hat – und jetzt halt dich fest – für deine Ururgroßmutter, die Sisi, Reitkostüme geschneidert. Kannst dich ja mal mit dem Herrn Malessa unterhalten. Oder die Jana – anderes Beispiel –, die kennst du ja auch. Na, die, die hier immer ihren Jasmintee mit Honig trinkt. Die ist eine Nachfahrin vom Kudlich, Hans Kudlich. Sagt dir der was?«

Der Name war mir tatsächlich geläufig: »Das war doch dieser Bauernbefreier.«

»Richtig, der Herr Prinz tut sich auskennen. Und weiß er auch, dass sein Herr Ururgroßvater, der ehrwürdige Herr Kaiser Franz Joseph, diesen Herrn Kudlich zum Tode hat verurteilen lassen? Wär der Hans nicht geflohen, hätte ich eine Jasmintee-Kundschaft heute weniger.«

Gustl hob seine dunklen Augenbrauen und sah mich eindringlich an: »Das nächste Mal, wenn die Jana auch da ist, dann gehst du zu ihr hin und entschuldigst dich und spendierst ihr einen Jasmintee mit einer doppelten Portion Honig.«

Wieder ließ mir Gustl keine Zeit zu reagieren, denn er wollte noch eins draufsetzen: »So, und jetzt pass auf: Wahrscheinlich sind auch wir beide Verwandte.«

Der Wirt verschränkte die Arme vor seinem dicken Bauch und starrte mich lange an.

Nach einer gefühlten Ewigkeit fragte ich ihn: »Wieso das?«

Darauf hatte Gustl nur gewartet. Wie aus der Pistole geschossen legte er los: »Mein Ururgroßvater ist ein Bankert. Also so ein uneheliches Kind. Wer sein wirklicher Vatern ist, das weiß man nicht. Alle Eintragungen im Geburts- und im Taufschein sind geschwärzt oder vernichtet. Das soll wohl ein Geheimnis bleiben. Was man aber mit Sicherheit weiß, ist, dass meine Urururgroßmuttern in der Wiener Hofburg ein Dienstmädchen war. Und in der Zeit ist sie schwanger geworden. Und was man auch weiß, ist, das dieser Bub, der Bastard, des Bankert, die beste Schulausbildung und ordentlich viel Taschengeld erhalten hat. So, und jetzt zähl eins und eins zusammen. Ich bin mir sicher, dass mein Urururgroßvater irgend so ein Erzherzog ist – und schon sind wir beide miteinander verwandt, ob's dir passt oder nicht.«

»Das ist ja interessant«, eine bessere Antwort fiel mir im Moment nicht ein: »Wir können ja einen DNA-Test machen«, schlug ich vor.

»Nein, das brauch ich nicht. Ich find es spannender, wenn du deine Geschichte und die Geschichte deiner Familie erzählst.«

»Über die Habsburger ist doch schon alles gesagt. Da gibt es genug Literatur«, winkte ich ab.

Gustl beugte sich vor, stützte seine großen Fäuste auf meinen Tisch und sah mir tief in die Augen: »In einem Interview hast du gemeint, dass dein Großvater ursprünglich Habsburg geheißen hat und dann wegen einer nicht standesgemäßen Heirat sich hat umbenennen müssen in Altenburg. Das ist doch ein Anfang. Die Leute interessiert, was ist mit dem Adel passiert nach dem Ende der Monarchie? Beschreib das Leben von eher unbekannten Nachkommen von Kaiser Franz Joseph und Kaiserin Elisabeth. Und in deinem Fall liegt es nahe, dass du über deinen Großvater und deinen Vater berichtest. Schau dir das Leben von den beiden genau an. Das geb ich dir als Tipp mit. Nicht umsonst heißt mein Café Zeitreise.«

Mit dieser Idee, die er mir ins Ohr gepflanzt hatte, ließ mich Gustl sitzen und kümmerte sich wieder um seine anderen Gäste.

Ich ließ das Geld für die Melange auf dem Tisch liegen, zog meinen Mantel an, verließ die Wiener Oase von Gustl und befand mich wieder mitten im kalten Norden von Berlin. Der Januarwind blies mir ins Gesicht, und ich stellte meinen Kragen auf.

Was weiß ich schon über meinen Großvater? Als er 1974 in seinem 70. Lebensjahr verstarb, war ich gerade mal drei Jahre alt gewesen. In der Zeit habe ich ihn kaum erlebt, und bewusst erinnern, kann ich mich nicht an ihn.

Mein inzwischen verstorbener Vater hat wenig über seinen Papi gesprochen. Und auch von seinen acht Geschwistern weiß ich nur ein paar Anekdoten über meinen Opapa, die man an einer Hand abzählen kann. Das ist aber nicht verwunderlich. Denn mein Großvater hatte, wie es damals so üblich war, ein sehr distanziertes Verhältnis zu seinen Kindern und gab wenig über seine Person preis.

Um das Rätsel meiner Familiengeschichte vom Ende der Monarchie bis zu meiner Geburt Anfang der 1970er Jahre genau zu ergründen, brauchte es sehr viel Recherche.

In den nächsten Wochen und Monaten studierte ich wieder und wieder die Familienchronik meines Vaters Peter, die er für ein Altenburg-Familienfest, das im Jahr 2006 stattfand, zusammengestellt hatte. Darin beschrieb er die Stationen seiner Eltern von deren Geburt bis zu deren Tod. Manches fand ich dort sehr genau beschrieben, anderes war nur in Halbsätzen angedeutet und vieles stand zwischen den Zeilen.

Doch gerade das Angedeutete oder sanft Umschriebene weckte meine Neugierde. Und es kamen für mich Fragen auf, für die ich Antworten suchen wollte:

Wie war es für meinen Großvater Clemens, in der Gegenwart seines Großpapas Kaiser Franz Joseph aufzuwachsen?

Was hatte er für ein Verhältnis zu seinem Großvater und zu seiner Mutter Erzherzogin Marie Valerie?

Wie erlebte er den Ausbruch des Ersten Weltkrieges und das Ende der Monarchie? Welche Ängste plagten ihn, und wie fand er sich als Erwachsener im veränderten Österreich zurecht?

Was hat es mit dem Habsburger Hausgesetz auf sich und warum war aufgrund dieses Gesetzes die Ehe meiner Großeltern nicht ebenbürtig?

Und auch zu meinem Vater Peter wollte ich herausfinden, wie für ihn die Zeit des Zweiten Weltkrieges und die Nachkriegsjahre in der Kaiservilla in Bad Ischl waren.

Was hatte es mit dem Berghof in Unterach auf sich?

Wieso hat er nie – wie es sein sehnlichster Wunsch war – Geschichte studiert?

Und schlussendlich: Wie lernte mein Vater meine Mutter kennen?

Bei meiner Recherche stieß ich auf eine Zeitungsanzeige die Geburt meines Großvaters betreffend. Einen Briefausschnitt vom Kaiser an seine Seelenverwandte Katharina Schratt, in dem er den Besuch seines jüngsten Enkels Clemens schildert. Ich studierte den Briefwechsel zwischen meinem Großvater Erzherzog Clemens und Kaiserin Zita. Eine alte Broschüre fiel mir in die Hände, deren Inhalt ein Bericht über ein Weihnachtsfest im Schloss Wallsee im Jahr 1908 ist.

Auch Gespräche mit Onkeln und Tanten zu deren Kindheit brachten mir Einblicke in eine vergangene Zeit. Die meisten Informationen bekam ich durch viele Gespräche und Telefonate mit meiner Mutter. Immer wieder war ich voller Bewunderung über ihr umfangreiches familiäres, aber auch geschichtliches Wissen.

Um noch tiefer einzutauchen, las ich Biografien über Personen der damaligen Zeit und sah mir die geschichtliche Entwicklung Österreichs und Europas der letzten 150 Jahre an.

Da lagen sie nun vor mir, die einzelnen Bauteile und Puzzlestücke meiner Vorfahren und ihre Zeit betreffend. Archaische Gestalten zeigten sich mir wie: Kaiser und Kaiserin, König und Königin, Prinz und Prinzessin, Jäger, Soldaten und Priester.

In meiner Familie ging es um unumstößliche Werte wie »Treue«, »Loyalität«, »Gottes Gnaden«, »Ehre«, »Pflicht« und »Tradition«. All diese Geschichten spielten sich in Burgen, Schlössern, Palais und Villen ab.

Diese archaischen Figuren, Werte und Gebäude sind die großen Elemente von Sagen und Märchen. Auch das Musical »Elisabeth« lebt von diesen Themen. Und dennoch sind diese vergangenen Geschichten real passiert. In nur drei Generationen haben sich die Welt und das Leben der Menschen komplett verändert.

Der Weg führt von der Monarchie zur Republik. Vom Schloss zum Einfamilienhaus.

Vom Kaiser zum Clown.

Der Clown ist die archaische Figur, mit der ich mich am meisten identifizieren kann. So verwundert es nicht, dass ich heute beruflich unter anderem auch als Krankenhausclown unterwegs bin. Als solcher besuche ich Kinder im Spital und im Hospiz, Erwachsene in der Psychiatrie, Geflüchtete in ihren Einrichtungen und an Demenz erkrankte Menschen in Seniorenheimen.

Der Clown ist scheinbar in der Hierarchie ganz unten – aber er ist bestückt mit einer Eigenschaft, die ihn unabhängig macht und die ihm erlaubt, die Welt von den unterschiedlichsten Seiten zu betrachten:

Das ist die Narrenfreiheit.

Die Narrenfreiheit ist es auch, die mich mit meinem Großvater verbindet. Zumindest als Kind genoss er diese Eigenschaft, die ihm später als Erwachsener verlorengegangen ist.

Ich lade Sie nun ein, mich in die Welt meines Großvaters Clemens zu begleiten. Dabei halte ich mich sehr genau an die historischen Eckpunkte, wie ich sie recherchiert habe.

Ähnlich wie als Schauspieler versuche ich auch als Geschichtenerzähler, in diese Zeit einzutauchen, und bediene mich hier des Mittels der Fiktion. Der kreative Umgang mit der Wirklichkeit ermöglicht es mir, die Geschichte spürbarer, fühlbarer und greifbarer zu machen. Die Dialoge und Situationen, wie ich sie beschrieben habe, hat es vielleicht in dieser Form nie gegeben – aber wer weiß das schon so genau.

Ich habe einfach nur auf das gehört, was mir meine Gene diktiert haben …

Der Kaiser und sein Sonnenschein

Am 8. Oktober 1904 erblickte mein Großvater Erzherzog Clemens Salvator von Österreich-Toskana das Licht der Welt im Schloss Wallsee.

Dieses besagte Schloss, das für Clemens ein Leben lang Heimat- und Sehnsuchtsort bleiben sollte, findet man in Niederösterreich, in der Nähe von Amstetten. Es ist umgeben von einem Wald und liegt idyllisch direkt an der Donau. Erzherzogin Marie Valerie und ihr Mann Erzherzog Franz Salvator – der von der Toskanerlinie der Habsburger abstammte – hatten das mittelalterliche Gebäude gekauft, ließen es zwei Jahre lang aufwendigst renovieren, bevor sie dort Ende des 19. Jahrhunderts mit ihren Kindern und ihrem gesamten Hofstaat einzogen.

Marie Valeries Vater, der Kaiser von Österreich, hatte diesen Kauf ermöglicht. Kaiser Franz Joseph war nicht nur der mächtigste Mann Mitteleuropas, er verfügte auch über ein enormes Privatvermögen.

Die Geburt des achten Kindes des kaiserlich und königlichen Paares sollte der Öffentlichkeit nicht verborgen bleiben. Und so berichtete die Wiener Abendpost: »*Ihre k. und k. Hoheit, die durchlauchtigste Frau Marie Valerie, erfreut sich sehr guten Befindens. Temperatur 36,3 °C. Der durchlauchtigste Erzherzog Clemens befindet sich wohl.*«

Clemens entwickelte sich zu einem sehr fröhlichen Kind, das mit seinem Lachen und seiner Freude die Menschen ansteckte.

»Mein Gott, ist das ein herziges Baby. Mit seinen blonden Haaren und den roten Wangen – zum Anbeißen.« Die Tanten, die um ihn herumstanden, waren entzückt von diesem Kind.

Und auch für Marie Valerie, die zu der Zeit bereits auffällig unter Melancholie litt, war der Charme ihres jüngsten Sohnes oft der einzige Lichtblick. Sie nannte ihn daher stets *»mein Sonnenschein«*.

Es gab aber noch eine Person, deren Herz der kleine Clemens im Nu gewann. Und das war sein Großpapa Franz Joseph. Der Kaiser fühlte sich im Alter oft sehr einsam. Viel Privatleben war dem alten Monarchen nicht mehr geblieben. Die unzähligen Schicksalsschläge belasteten ihn sehr: Seine erste Tochter Sophie war bereits mit zwei Jahren verstorben. Sein Bruder Maximilian, Kaiser von Mexiko, war ermordet worden. Sein einziger Sohn, Kronprinz Rudolf, hatte sich das Leben genommen und auch seine geliebte Frau Elisabeth war in Genf 1898 von einem Anarchisten umgebracht worden. Und seine beiden Töchter Gisela und Marie Valerie waren verheiratet und längst außer Haus. Selbst in seiner geliebten Villa in Bad Ischl konnte der Kaiser nicht so recht Glück empfinden.

Umso größer war die Freude, als im Sommer 1905 Franz Salvator seinen jüngsten Sohn Clemens bei seinem Schwiegervater vorbeibrachte. Der Rest der Familie wollte Urlaub im Seebad Lapanne machen.

Schon am nächsten Tag schrieb Franz Joseph an seine Freundin und Seelenverwandte, die Schauspielerin Katharina Schratt: »Ich war in den ersten Tagen hier recht einsam und dabei war die Hitze ärger als in Wien. Jetzt ist es aber herrlich bei kühler Luft und ich habe Gesellschaft, da Erzherzog Clemens gestern um halb drei Uhr mit seinem Vater glücklich hier eingetroffen ist, heiter wie immer.«

Clemens verlangte von Franz Joseph viel Aufmerksamkeit und diese Aufmerksamkeit wurde ihm erwidert. Es entstand zwischen den beiden eine innige Großvater-Enkelsohn-Beziehung.

Franz Joseph trug seinen jüngsten Enkel auf dem Arm. Später, als Clemens schon etwas älter war, spielte er für ihn einen Soldaten und ließ sich herumkommandieren, ging auf alle viere und stellte für ihn ein Pferd dar. Auch durfte der kleine Clemens zusammen mit seiner zwei Jahre jüngeren Schwester Mathilde zu Füßen des Kaisers unter dem Schreibtisch in Schönbrunn oder in der Hofburg spielen. Hier malten die Kinder mit den Stiften von Großpapa Tiere auf dem Bauernhof, Holzsoldaten exerzierten am Teppich und die Eisenbahn umkreiste die kaiserlichen Füße.

Einmal entdeckte der kleine Clemens auf dem Schreibtisch des Kaisers einen Hirschkäfer ganz aus Silber. Aus dem Kopf dieses Tieres ragten die großen, bedrohlichen Zangen, sechs dünne Beine trugen den schweren Körper und den Panzer des Käfers konnte man auf- und zuklappen. Clemens reckte sich in die Höhe und versuchte heimlich, das Tier mit seinen kleinen Händen zu erreichen. Der Kaiser nahm das Insekt und reichte es dem Buben: »Du darfst damit spielen, Clemens. Aber sei vorsichtig mit dem Panzer. Mach ihn mir nicht zu weit auf. Sonst geht er kaputt.«

Dieser silberne Hirschkäfer sollte Jahrzehnte später über große Umwege in meine Familie gelangen. Auch ich habe als kleiner Bub oft den Panzer auf- und zugeklappt und mit diesem Insekt gespielt, nicht ahnend, was für einer kaiserlichen Herkunft er entstammte.

Nachdem also der alte Monarch seinem Enkel den Käfer gereicht hatte, fügte er noch hinzu: »Du und Mathilde, seid ruhig, sonst kann ich mich nicht konzentrieren.«

Natürlich wollten sie ihre Spiele so leise wie möglich machen. Großpapa durfte bei seiner allerhöchsten Beamtentätigkeit nicht gestört werden.

Ich kann also mit Fug und Recht behaupten, meinem Großvater diente als Babysitter höchstpersönlich der Kaiser.

Marie Valerie betrachtete das Verhalten ihres Vaters und ihrer beiden jüngsten Kinder teils mit Freude, teils mit Argwohn. Sie und ihre Geschwister durften eine solche Nähe, eine solche Vertrautheit nie erfahren.

Ob mein Ururgroßvater Gefallen daran finden würde, dass einer seiner Nachfahren heute beruflich unter anderem als Clown unterwegs ist, wage ich nicht zu sagen.

Eines aber ist mit zwei Anekdoten, die immer wieder in meiner Familie erzählt werden, belegt: Mein Großvater Clemens, der geliebte Enkel des Kaisers, genoss neben der Zuwendung seines Großpapas auch eine große Narrenfreiheit. Er durfte sich Dinge erlauben, die vom strengen Protokoll abwichen, ja, dieses sogar durcheinanderbringen konnten. Und jeder, der sich schon einmal mit Kaisern und Königen auseinandergesetzt hat, weiß, welche hohen Stellenwerte das Protokoll und die Etikette haben. Diese zwei besagten Anekdoten möchte ich Ihnen nicht vorenthalten.

Weihnachten 1908 stand vor der Tür, und wie jedes Kind freute sich der damals vierjährige Clemens auf den Heiligen Abend. Die Vorfreude auf die Geschenke war groß, aber noch glücklicher machte ihn die Vorstellung, dass in diesen Tagen sein geliebter Großvater zu Besuch auf Schloss Wallsee kommen würde. Schon für den 22. Dezember hatte sich Großpapa angekündigt.

An diesem Tag konnte Clemens seine Aufregung nicht verbergen. Immer wieder rannte er vor das Tor, um zu schauen, ob nun bald die ersten kaiserlichen Hofautos ankommen würden.

Und dann war der große Moment endlich da. Die ersten Automobile fuhren durch die Einfahrt. Ihnen entstiegen Beamte und Bedienstete des Kaisers. Sie alle waren froh, dass sie die Fahrt durch den hohen Schnee gut überstanden hatten.

Doch wo blieb der Kaiser selbst?

»Clemens, du weißt doch, Großpapa kann mit diesen modernen Fahrzeugen nicht viel anfangen. Die machen nur Lärm und stinken unerträglich. Er hat halt den Duft von Pferden lieber«, beruhigte Marie Valerie ihren Sohn.

Und tatsächlich, da bog nun ein Schlitten, gezogen von zwei braven Stuten, um die Ecke. Aus dem Schlitten kletterte vorsichtig und bedächtig Seine Majestät höchstpersönlich. Franz Joseph war in einen warmen Militärmantel gehüllt, hatte sein Käppi auf, sein Atem verwandelte sich augenblicklich in Dampf und auf seinem Backenbart waren ein paar Schneeflocken zu erkennen. Der Kaiser war sichtlich gut gelaunt: »Das war eine gemütliche Schlittenfahrt. Ein wenig Erholung konnte ich mir gönnen. Schön schaut's hier aus. Werd erstmal auf mein Zimmer gehen.«

Mit Kopfnicken bedankte er sich bei den Umstehenden, dann ließ er sich von seiner Tochter und seinem Schwiegersohn ins Haus führen.

Am liebsten wäre Clemens gleich zu ihm hingerannt, aber er wusste, dass er das nicht durfte. Die Reihenfolge der Begrüßung war genau vorgeschrieben.

Wie groß war die Enttäuschung, als man ihm erklärte, dass der Kaiser viel zu tun habe, die Arbeit auch in diesen Feiertagen nicht ruhen dürfe, und dass er den ganzen Tag über seinen Akten verbringen würde und diesmal keine Kinder um sich haben wolle.

Auch am 23. Dezember war Großpapa nicht zu sehen. Er blieb im Trakt des Schlosses, den man ihm zugedacht hatte.

Clemens beobachtete die braven, aber langweiligen Beamten, die mit immer neuen Akten in der Tür verschwanden und kurze Zeit später mit unterschriebenen Dokumenten den Raum wieder verließen.

Nur Großpapa wollte sich nicht zeigen.

»Du wirst ihn morgen Abend sehen«, tröstete ihn seine Mama. »Er zeigt sich der Belegschaft. Diesen Moment möchte ich gerne mit allen besprechen. Da darf kein Malheur passieren. Darum komm jetzt mit in den Repräsentationsraum.«

Dieser Raum war unheimlich groß, und erstreckte sich über zwei Stockwerke. In der Mitte war ein riesiger Tannenbaum aufgestellt, der seinen Duft im Schloss verbreitete. Die gesamte Belegschaft hatte sich eingefunden – die Schlossverwaltungs- und Forstbeamten, die Lehrer und Hausoffiziere, Lakaien, Jäger und Heger, Köchinnen und Küchenmägde, Dienstmädchen und die Frauen, die für die Reinigung des Hauses zuständig waren, bis hin zum Stallburschen. Ihnen allen – es waren etwa 120 Personen an der Zahl – erklärte nun Marie Valerie den genauen Ablauf des morgigen Abends.

Dabei war sie in ihrem Element, denn sie liebte das Theater und es machte ihr Freude zu inszenieren.

»Meine Damen, meine Herren, Sie alle stellen sich nach Rang und Größe auf. Ziehen Sie Ihr festlichstes Gewand an. Die Lakaien erscheinen bitte in ihren schmucken Livreen, die Forst- und Jägersleute im grünen Rock. Aber ich denke, dass ich das nicht extra erklären muss. Der Ablauf sieht wie folgt aus: Der Baum ist geschmückt, die Kerzen leuchten. Sie haben sich wie besprochen aufgestellt. Nun öffnen zwei Lakaien die Flügeltüren und der Kaiser mitsamt seiner Familie – Tochter, Schwiegersohn und Enkelkinder – betritt den Raum. Wo sind die begabten Sänger?«

Einige Damen und Herren des Dienstpersonals meldeten sich.

»Gut, sobald sich die Familie vor dem Christbaum aufgestellt hat, fangen Sie an, den Weihnachtschoral zu singen. Ich gehe davon aus, dass Sie geübt haben?«

Die Chorleute nickten brav.

»Sehr schön, danach erhalten die Kinder und dann Sie alle Ihre Geschenke. Seine Majestät wird sich daraufhin wieder zurückziehen. Ich danke allen für ihr Engagement, bis morgen und gute Nacht.«

Endlich war er da: der heiß ersehnte Heilige Abend.

Die Familie hatte sich hinter der Tür zum großen Repräsentationsraum versammelt und wartete auf ihren Auftritt. Nur der Kaiser fehlte noch, aber der sei schon auf dem Weg – so wurde gemeldet.

Ja, und die älteren Brüder von Clemens, Franz Karl und Hubert – 15 und 14 Jahre alt –, waren nicht anwesend. Sie besuchten seit einigen Jahren das Jesuitenkonvikt in Feldkirch und durften nicht einmal zu Weihnachten nach Hause. Der Kaiser unterstützte diese strenge Haltung und Erziehung. Marie Valerie aber vermisste diese beiden jugendlichen Buben an einem solchen Festtag.

Endlich erschien der Kaiser in seiner elegantesten Galauniform. Mit all seinen Orden würde er bestimmt dem Christbaum Konkurrenz machen.

Clemens löste sich aus der Schar seiner sieben Geschwister und stürzte auf seinen Großpapa zu. Sein Vater Franz Salvator wollte ihn zurückhalten, aber der Kaiser winkte nur ab: »Er darf ruhig neben mir stehn, der kleine Sonnenschein, das Nesthockerl der Familie. Musst halt brav sein, gell!«, ermahnte er noch seinen Enkel.

Clemens strahlte über beide Ohren. Diese Nähe hatte er sich schon den ganzen Tag gewünscht. Zwar waren die beiden sich schon bei der Morgenandacht und beim Mittagessen begegnet, aber mehr als eine nette Begrüßung und ein Zuzwinkern aus der Ferne war nicht möglich. Und nun durfte er bei diesem Höhepunkt des Tages direkt neben Großpapa stehen.

Die Doppeltür öffnete sich und die Familie betrat den Raum. Der Weihnachtsbaum war inzwischen mit Strohsternen, Glaskugeln, Lebkuchen, Äpfeln und Holzfiguren geschmückt und die Kerzen erhellten den ganzen Raum.

Das gesamte Personal hatte sich wie besprochen aufgestellt und die Sänger fingen an, den Weihnachtschoral zu singen. Es war beeindruckend.

Mit großen Augen und offenem Mund bestaunte Clemens das Wunder, das sich vor ihm auftat. Noch fester drückte er die Hand des Großvaters.

Das Lied war zu Ende, der letzte Ton verhallte, da wandte sich der Kaiser an das Personal: »Vielen Dank. Das haben Sie ausgezeichnet gemacht. Es war sehr schön, es hat mich sehr gefreut. Jetzt möchte ich mir anschauen, was meine Enkel vom Christkindl bekommen haben. Komm Clemens, wir fangen mit dir an.«

Rund um den Christbaum waren für jedes Kind kleine Tische mit Geschenken aufgestellt und Franz Joseph führte nun Clemens an seinen Platz. Dort entdeckte Clemens Bilderbücher, eine neue Lederhose und ein Holzpferd, auf dem ein Soldat mit Dragonerhelm saß. Was aber sein Kinderherz am höchsten schlagen ließ, war der wunderschöne Bauernhof aus geschnitztem Holz: »Schau Großpapa, das ist alles vom Christkindl. Von den Tieren kann man sogar die Köpfe und Beine bewegen.«

Was Clemens nicht wusste, war, dass sein Großpapa all diese Geschenke bei einem bekannten Spielzeugmagazin in der Kärntnerstraße in Wien hatte besorgen lassen.

Clemens blieb den ganzen Abend an der Seite von Franz Joseph, und dieser ließ sich von der Freude dieses aufgeweckten, putzigen Knaben anstecken.

Am nächsten Morgen, dem 25. Dezember, kam Großpapa in Begleitung von Papa und mit all seinem Jägersvolk von der Treibjagd zurück. Ein Lakai half dem Kaiser aus dem Sattel. Die Strecke war bereits ausgelegt. Hirsche, Rehe, Wildschweine, Fasane, Hasen waren nach Art, Geschlecht und Alter in einer Reihe aufgelegt worden. Jedes Wild war, wie es der Brauch verlangte, auf der rechten Seite positioniert und ein Zweig, der »Bruch«, wurde dem erlegten Tier ins Maul gelegt. Die uralte Tradition des Bruches symbolisiert die letzte Mahlzeit des Tieres vor dem Tod.

Der Monarch stellte sich nun in seinem traditionellen

Jagdgewand hauptwärts des Wildes auf. Jagdleiter, Schützen, Büchsenmeister, Treiber und Jagdhornbläser standen ihm gegenüber. Die Jagdhörner ertönten, der Kaiser schritt die Strecke ab und wünschte den einzelnen Schützen »Waidmannsheil«, die ihm mit einem »Waidmannsdank« antworteten.

Was dem Kaiser erst nicht auffiel, aber die Gesellschaft sehr wohl mitbekam, war, dass im Rücken von Franz Joseph ein kleiner Junge alle Gesten und Bewegungen des Monarchen nachmachte. Clemens imitierte den Gang seines Großpapas, wie er die Arme hinter seinem Rücken verschränkte, wie er stehenblieb und Stand- und Spielbein wechselte, wie er auf das Wild zeigte und seinen Hut absetzte. Das ernsthafte Ritual gewann an Heiterkeit.

Da entdeckte der Kaiser im Augenwinkel den kleinen Imitator und zusammen setzten nun der 76-jährige Monarch und sein vierjähriger Enkel ihr Spiel fort.

Ich stelle mir dieses Schauspiel wie das Auftreten eines eingespielten Komikerduos vor. In jedem Fall, so erzählt man sich, hatte man den Kaiser schon lang nicht mehr so gelöst und heiter erlebt.

Das Talent, andere zu imitieren, beobachte ich heute an meinen Töchtern, die geschickt die Bewegungen unserer Gäste nachmachen. Es ist auch schon vorgekommen, dass die beiden sich meine Schuhe, Jacken und Kopfbedeckungen angezogen haben und verkleidet als großer Papi mir mit verstellter tiefer Stimme meine eben ausgesprochenen Ermahnungen zurück an den Kopf warfen.

Zurück zu Clemens, der langsam heranwuchs und seine Schulausbildung bekam. Der naive Jüngling sollte nun bald so wie seine älteren Brüder eine vernünftige, streng katholische und vor allem militärische Erziehung erhalten, wie es sich für einen jungen Erzherzog gehörte. Abgesehen von den Feierlichkeiten zu Ostern und Weihnachten in Wallsee, gab es keine Möglichkeit mehr, seinem geliebten Großpapa in entspannter Atmosphäre zu begegnen.

Sicherlich, es gab besondere Anlässe wie Hochzeiten, Verlobungen, Geburtstage, Jubiläen, zu denen der Kaiser seine Verwandtschaft in die Hofburg oder nach Schloss Schönbrunn einlud. Aber bei diesen Feierlichkeiten und deren Festessen herrschte ein sehr strenges Protokoll, das mit einem ungezwungenen Verhalten nicht in Einklang zu bringen war. Hinzu kam, dass dem Kaiser diese Familiendiners lästig waren. Es gab einige Familienmitglieder, die er verachtete und in deren Gegenwart er sich nicht lange aufhalten wollte. Daher war es ihm ein Anliegen, diese Festessen schnell hinter sich zu bringen. Tatsächlich hatte er die Macht, den Rhythmus eines solchen Diners zu bestimmen. Sobald der Monarch einen Gang beendet hatte, wurde bei allen ausnahmslos abgedeckt und der nächste Gang serviert.

Clemens aber wollte sein Mahl genießen. Er war und blieb zeitlebens ein langsamer und bedächtiger Esser – so erzählte es mir mein Vater.

Bei einem dieser feierlichen Anlässe setzte sich der damals neunjährige Clemens nach dem Tischgebet an seinen Platz an der großen und festlich gedeckten Tafel, der ihm zugewiesen war. Nachdem er seine Stoffserviette, wie es sich gehörte, ordentlich über dem Schoß ausgebreitet hatte, nahm er die kleine Menükarte zur Hand, die bei jedem Gast ausgelegt war, und in seinem Kopf bewertete er die einzelnen Speisen:

»1. *Gang: Salat* – darauf kann man gerne verzichten.

2. *Gang: Austern* – muss man schauen, wie einem das schmeckt.

3. *Gang: Grießnockerlsuppe* – oh, das hört sich schon gut an.

4. *Gang: Tafelspitz mit Kartoffelrösti und Spinat* – mein absolutes Lieblingsessen.

5. *Gang: Veilcheneis* – Eis mag ich schon. Aber muss es unbedingt Veilcheneis sein?«

Der Salat wurde nun dem Kaiser serviert. Fast zeitgleich bekamen auch die Erwachsenen von den Lakaien das erste Gericht. Zum Schluss wurde den Kindern das Essen gereicht. In dem Moment, als Clemens zur Gabel griff, legte der Kaiser die seine am Teller rechts ab und gab damit den Dienern das Zeichen, dass abgedeckt werden kann.

»Das ist aber nicht nett, Großpapa!«, dachte sich Clemens und hatte Mühe, seinen Groll für sich zu behalten.

Der zweite Gang kam und das Spiel wiederholte sich.

Bei der Grießnockerlsuppe schaffte Clemens es, zumindest einen Löffel zu sich zu nehmen.

Anschließend würde gleich seine Leibspeise serviert werden. Clemens tänzelte mit seinen Füßen unter dem Tisch, und er hoffte, dass sein Diener sich diesmal etwas mehr beeilen würde und im Gegenzug der Kaiser sich beim Essen ausnahmsweise Zeit lassen würde. Aus dem Augenwinkel beobachtete Clemens seinen Großvater ganz genau. Endlich, nun wurde auch ihm sein Tafelspitz gereicht. In dem Moment aber legte Seine Majestät Messer und Gabel rechts am Teller ab und die Lakaien schickten sich an, bei allen abzuservieren.

Da reichte es dem jungen Clemens. Er sprang auf, hielt mit beiden Händen den Teller fest und war nicht bereit, sein Essen herzugeben. Der Diener blickte verzweifelt zwischen dem Buben und dem Kaiser hin und her.

Franz Joseph winkte schließlich ab und brummte: »Lass'n Sie ihn nur.« Dann zwinkerte er seinem Lieblingsenkel zu und gab das Zeichen für die Nachspeise. Während alle am Tisch nun ihr Veilcheneis bekamen, durfte er als Einziger in aller Ruhe seinen Tafelspitz genießen. Was für ein Triumph! Und auch der alte Kaiser, der als ein sehr strenges Familienoberhaupt gefürchtet war, schien in sich hinein zu lächeln. Er erfreute sich an den überraschten Gesichtern der Anwesenden.

Ob meinem Großvater bewusst war, dass er aufgrund seiner Beliebtheit beim Kaiser besondere Freiheiten genoss, kann ich nicht genau sagen. Aber ich stelle mir vor, dass er sehr wohl erkannt hat, dass am selben Tisch eine Person saß, für die das Familienoberhaupt nichts anderes als größte Verachtung empfand. Diese Dame stand in der Rangordnung der Familie in den hintersten Reihen, saß an der Tafel am äußersten Ende, weit entfernt von ihrem Ehemann. Dabei war ihr Gemahl kein Geringerer als der Thronfolger höchst persönlich: Erzherzog Franz Ferdinand, der Neffe des Kaisers, der nach dem tragischen Tod von Erzherzog Rudolf – Franz Josephs einzigem Sohn – der Nächste in der Thronfolge war. Und seine Frau war Herzogin Sophie von Hohenberg, geborene Gräfin Sophie Chotek.

Was für ein Verwirrspiel, das bei Clemens – so vermute ich – einige Fragen aufgeworfen hat.

1. Warum heißt Tante Sophie mit Nachnamen »von Hohenberg« und nicht »von Österreich-Este« wie ihr Gatte Franz Ferdinand?

2. Wieso ist sie eine Herzogin und nicht eine Erz-Herzogin?

3. Und warum verachtet sie der Kaiser so sehr, dass er sie nicht wirklich als ein Familienmitglied anerkennt?

Meine Erfahrung sagt mir, dass ein Kind, das nach Antworten sucht, sich früher oder später an einen der beiden Elternteile wenden wird. Marie Valerie wird versucht haben, ihm den Sachverhalt zu erklären.

»Dein Onkel Franz Ferdinand und Tante Sophie haben aus Liebe geheiratet. Das ist an und für sich nicht verwerflich. Aber Seine Majestät, dein Großpapa, anerkennt diese Verbindung nicht als ›ebenbürtig‹.«

»Was bedeutet ›ebenbürtig‹?«, wollte Clemens wissen.

»Das kann ich dir erklären: ›Ebenbürtig‹ oder auch ›standesgemäß‹ ist eine Verbindung in unserer österreichischer Herrscherfamilie – dem sogenannten Erzhaus Habsburg – von Mann und Frau erst dann, wenn der zukünftige Partner aus einem christlichen regierenden oder ehemals regierenden Haus kommt. Verstehst du das?«

»Schon, aber noch nicht ganz«, musste ihr Jüngster zugeben.

»Ich geb dir ein Beispiel, das auch dich betrifft: Dein Papa, Franz Salvator von Österreich-Toskana, gehört zur Toskana-Linie der Habsburger. Wie du weißt, war die Toskana einmal Teil des Habsburgerreichs. Leider ist heute diese schöne Region von den Italienern erobert. Deine Vorfahren mussten das Land verlassen. Daher ist dein Vater aus einem ehemals regierenden Haus – und daher ist die Vermählung deiner Eltern eine ebenbürtige Verbindung.«

»Ach so«, langsam konnte Clemens seiner Mutter folgen.

Diese fuhr in ihrer Erklärung unbeirrt fort: »Sophie, die eine geborene Gräfin Chotek von Chotkowa ist, stammt zwar von einem böhmischen Uradel ab, diese Familie hat aber nie ein Land regiert. Deine Tante Sophie war übrigens eine Hofdame bei Erzherzog Friedrich und seiner Gattin Isabella. Hätte Franz Ferdinand sich in eine deren Töchter verliebt, hätte der Kaiser nichts gegen eine solche Vermählung gehabt. Aber nein, der Herr Kronprinz bestand ausgerechnet auf die Hofdame, auf die Gräfin Sophie Chotek. Du kannst dir vorstellen, was für einen Skandal das gegeben hat.«

»Mama? Was spricht gegen eine Heirat aus Liebe?«

»Nichts, wenn du ein einfacher Bürger bist. Aber wir aus dem Erzhaus haben Verpflichtungen. Eine standesgemäße Heirat bestärkt und stabilisiert den Bestand des Habsburgerreiches. Eventuell kann die Macht sogar auf friedlichem Weg ausgeweitet werden. ›Tu felix Austria nube‹ – ›Du glückliches Österreich heirate‹. Diesen Spruch kennst du doch von deinen Lehrern.«

Clemens wollte noch mehr erfahren: »Warum hat Großpapa dann dennoch diese Ehe erlaubt?«

»Er hat versucht, diese Verbindung mit all seiner Macht zu verhindern. Aber Franz Ferdinand war nicht abzubringen. Er ist ja nicht nur ein unangenehmer, er ist auch ein äußert sturer Mensch. Also ließ sich der Kaiser auf einen Kompromiss ein: Erzherzog Franz Ferdinand darf explizit dann Gräfin Sophie Chotek heiraten, wenn die Ehe für ›morganatisch‹ erklärt wird. Das heißt, dass die Kinder, die aus dieser Verbindung hervorgehen, keinen Anspruch auf den Thron haben. Und sowohl Sophie als auch ihre und Franz Ferdinands Nachkommen gehören nicht mehr dem allerhöchsten Erzhaus an und müssen einen anderen Namen und Titel annehmen. Man einigte sich auf Fürstin, und später Herzogin von Hohenberg. Diese Vereinbarung wurde 1900 als Hausgesetz des Allerhöchsten Erzhauses schriftlich dokumentiert und der Thronfolger Franz Ferdinand musste unterschreiben. Gern hat er es nicht gemacht, aber er hat es zähneknirschend akzeptiert.«

Marie Valerie legte ihre Hand auf Clemens Schulter: »Wenn du groß bist und vorhast zu heiraten, musst du dich an dieses Gesetz von Großpapa und dem Hause Habsburg halten. Der zukünftige Kaiser, der dann auch das allerhöchste Familienoberhaupt des Erzhauses ist und damit unser aller Vormund, wird darauf achten, dass diese Vereinbarungen strikt eingehalten werden.«

Marie Valerie drehte die Augen nach oben und seufzte: »Nur diese zukünftige Majestät ist, so wie es aussieht, Franz Ferdinand selber. Und was er aus dem Gesetz, das er verachtet, machen wird, kann man sich vorstellen.«

Eine Frage brannte Clemens noch auf den Lippen: »Mama, wenn der älteste Sohn von Onkel Franz Ferdinand nicht Kronprinz werden darf, wer wird es denn dann sein?«

»Das wird der junge Karl sein. Ein Neffe von Franz Ferdinand. So, und jetzt mach dein Gebet und schlaf.«

»Mama?«

»Was denn noch?«

»Haben Papa und du euch aus Liebe geheiratet?«
»Ja, das haben wir«
»Und liebt ihr euch immer noch?«
»Das fragt ein Sohn seine Mutter nicht. Schlaf jetzt.«

Dass Clemens als erwachsener Mann mit diesem Hausgesetz seines geliebten Großpapas in Konflikt kommen würde, ahnte er damals noch nicht. Und seine Mutter sollte diese Schwierigkeiten ihres Sohnes nicht mehr erleben. Sie starb 1924.

Aber noch sind wir nicht so weit. Wir bleiben noch ein wenig beim Thronfolgerpaar Franz Ferdinand und seiner Gemahlin Sophie. Man mag Franz Ferdinand aufgrund seines cholerischen Temperaments, seiner Kühle, die er dem Volk entgegenbrachte, und vor allem wegen seines fanatischen Gebärdens in Bezug auf die Jagd einiges vorhalten – Franz Ferdinand erlegte 274.899 Tiere. Man kann also durchaus sagen, er litt unter einer krankhaften Tötungsabsicht. Aber eines darf man nicht übersehen: Er war ein liebender und treusorgender Ehemann, und diese Liebe gaben Sophie und Franz Ferdinand an ihre Kinder weiter.

Doch für diese empfundene Liebe ließ sie der Kaiser bestrafen und demütigte die Gemahlin des Thronfolgers bei vielen Anlässen. Sophie durfte, wie schon beschrieben, bei Diners nur weit entfernt von ihrem Gatten Platz nehmen. Fuhr der Hof mit seinen Kutschen aus, musste sie im letzten Wagen sitzen.

Nur ein einziges Mal durfte sie bei einem offiziellen Anlass im Auto an der Seite ihres Mannes Platz nehmen. Diese Ausnahme galt, weil die beiden sich im Ausland befanden, weitab der strengen Kontrolle des höfischen Zeremoniells.

Franz Ferdinands Aufgabe war es, in Bosnien die kaiserlichen Truppen zu inspizieren. Und so kam es, dass das Thronfolgerpaar von Gavrilo Princip, einem serbischen Nationalisten, am 28. Juni 1914 auf der Fahrt durch Sarajevo erschossen wurde.

Die erste Kugel traf Sophie in den Unterleib. Der Kronprinz rief noch: »Sopherl, Sopherl, stirb nicht, bleib am Leben für unsere Kinder!« Dann traf ihn die zweite Kugel im Hals. Er erstickte am eigenen Blut.

In Wien nahm man keine große Notiz vom gewaltsamen Ableben des Thronfolgerpaares. Franz Ferdinand war in der Bevölkerung äußerst unbeliebt. Und der Kaiser stellte nur nüchtern fest: »Eine höhere Gewalt hat wieder jene Ordnung hergestellt, die ich nicht zu erhalten vermochte.« Zu seiner jüngsten Tochter Marie Valerie meinte er: »Es ist für mich eine Sorge weniger.«

Wie sollten die kindlichen Ohren von Clemens diese Aussagen seines Großvaters verstehen? Hat Gott der Allmächtige Onkel Franz Ferdinand und Tante Sophie töten lassen, weil diese aus Liebe geheiratet hatten? Wird Gott jeden aus dem allerhöchsten Erzhaus bestrafen, der nicht ebenbürtig vermählt ist und sich dem Willen des Kaisers widersetzt?

Noch mehr Fragen stellte sich der Neunjährige, als sein Großvater aufgrund der verletzten Ehre und auf Drängen des Militärs Serbien den Krieg erklärte. Gab es also zwei Ehren? Eine Ehre war durch den Tod des Paares, das morganatisch geheiratet hatte, wiederhergestellt. Und die andere Ehre war durch die Ermordung desselben Paares durch einen serbischen Nationalisten, der wahrscheinlich im Wissen der serbischen Regierung handelte, verletzt worden und musste gesühnt werden?

Und warum wurden die Männer vom Militär nicht bestraft, die mit der Falschmeldung »Serbien greift Österreich bereits an« den Kaiser zur Kriegserklärung drängten? Hatten diese Herren nicht auch die Ehre des Kaisers verletzt? Warum blieben diese unbestraft?

Ich Nachgeborener habe den Eindruck, dass das Beharren auf dem Thema »Ehre« eine Einbahnstraße war, die in der Tragödie endete. In diesem Fall war die Entscheidung meines Urgroßvaters, Krieg gegen Serbien zu führen, um damit die Ermordung am Thronfolger zu vergelten, mit verantwortlich für den Beginn des Ersten Weltkrieges. Eines Krieges, dessen Ende sich der alte Kaiser in der Folge zwar schnell herbeisehnte, für dessen Durchsetzung er aber nicht mehr die Macht hatte.

Für seinen Enkel Clemens hörte die friedliche Welt, wie er sie seit jeher kannte und die ihm selbstverständlich war, auf zu existieren.

Das Militär überall auf der Welt schien nur auf eine solche Kriegserklärung an Serbien in Form eines Telegramms gewartet zu haben.

Ein Krieg nahm seinen Lauf, der in seiner Brutalität und Gewalt alles bisher Dagewesene übertraf und am Ende mehr als 17 Millionen Opfer forderte.

Clemens sah mit dem Beginn der Katastrophe seinen Großvater kaum noch. Die wenigen Male, die er zu Besuch in Schönbrunn war, fand er bedrückend und verstörend. Er war viel lieber in seinem geliebten Schloss Wallsee, von wo aus seine Mutter begann, der leidenden Bevölkerung zu helfen.

Am 21. November 1916 stand in Schönbrunn der alte Monarch von seinem Schreibtisch auf, platzierte den silbernen Hirschkäfer neben den unerledigten Akten und sagte zu seinem Diener Ketterl: »Bitte, mich morgen um halb vier wecken, ich bin mit meiner Arbeit noch nicht fertig geworden.«

Als er sich wenig später in sein bescheidenes Bett legte, betrachtete er noch einmal die Bilder, die er über seiner Schlafstätte hatte anbringen lassen. Da war das große Gemälde seiner geliebten, bereits seit vielen Jahren verstorbenen Sisi. Würde er sie nun bald wiedersehen? Und wie würde sie ihn empfangen?

Neben Elisabeths Bild hingen Kinderportraits, erschaffen vom Hofmaler Schornböck. Eines stellte seine jüngste Enkeltochter Mathilde da. Und darunter, im goldenen Rahmen sieht man ihren Bruder an einem Tisch sitzen. In seinen kleinen Händen hält er ein Holzpferd, auf dem ein Soldat mit Dragonerhelm reitet. Der Bub hat ein weißes Hemd an mit Spitzenkragen, seine blonden Haare sind fein säuberlich geschnitten und frisiert, der Kopf ist leicht zur Seite geneigt und mit seinen braunen Augen blickt er den Betrachter freundlich und offen an.

Der müde Kaiser schloss nun seine Augen für immer.

Das Letzte, was Franz Joseph sah, war das Bild, das den kleinen Clemens zeigte – meinen Großvater.

Auf den Spuren des Kaisers

Ich war unterwegs zu einem Treffen mit meinen Kollegen der Roten-Nasen-Clowns und versuchte gerade am Kurt-Schumacher-Platz in Berlin die dicht befahrene Kreuzung, auf der zwei vierspurige Straßen aufeinandertreffen, zu überqueren. An mir eilten Menschen vorbei, die aus dem U-Bahn-Schacht kamen und auf dem Weg zu ihrem Arbeitsplatz waren. Doch nicht genug der Motoren- und Hupgeräusche der Fahrzeuge, alle fünf Minuten flog ein Flugzeug dicht über die Dächer von Tegel, welches die Landebahn vom nahegelegenen Flughafen ansteuerte. In all dieser Hektik vernahm ich auch noch ganz leise das Läuten meines Mobiltelefons. Ich fischte es aus meiner Jackentasche, am Display sah ich eine mir unbekannte österreichische Nummer und ohne nachzudenken, nahm ich das Gespräch an.

»Servus, hier ist Brigitte Hubenstätter. Ich bin Fernsehredakteurin vom österreichischen Sender …« – ich nahm das Klingeln eines heraneilenden Fahrrads wahr und sprang im letzten Moment vom Fahrradweg auf den Gehsteig. »Pass auf, es geht um Folgendes«, fuhr Brigitte fort, die mich charmant duzte, und nicht mitzubekommen schien, in welch lebensgefährlicher Situation ich mich befand. »Wir planen eine zweiteilige Dokumentation über das politische und private Leben von Kaiser Franz Joseph. Der Anlass ist sein hundertster Todestag nächstes Jahr 2016.«

Ich sah, dass die Fußgängerampel auf Grün stand, schaffte es aber nur bis zur Verkehrsinsel zwischen den vier

Autospuren, da leuchtete schon wieder das rote Ampelmännchen. Dicht hinter und vor mir rauschte kurz darauf der Berufsverkehr vorbei.

»Für diese Produktion suchen wir einen Moderator und Host, der durch die Filme führt, sich mit Experten unterhält und mithilfe von Kostümen und Kulissen sich in die Zeit der Monarchie und ihre Milieus einfühlt. Da haben wir an dich gedacht …«

In diesem Augenblick nahte mit ohrenbetäubendem Lärm ein Flugzeug, flog über meinen Kopf hinweg und ich konnte deutlich Schriftzug und Logo der Airline erkennen. Nur die letzten Sätze meiner Gesprächspartnerin waren für mich unverständlich.

»… du bist doch der Ururenkel vom Kaiser Franz Joseph, hab ich recht?«

»Ja, das bin ich«, die Ampel wechselte auf Grün, und mit eiligen Schritten überquerte ich die Straße und versuchte, mich möglichst schnell von dieser Kreuzung zu entfernen. »Es tut mir leid, aber ich hatte das Letzte nicht verstanden, Brigitte. Kannst du das nochmal wiederholen?«

»Ganz schön laut deine Berliner Stadt«, bemerkte sie mit einem Lachen. Ihre Stimme war mir sympathisch. »Also pass auf: Ich habe nun recherchiert, wer für diese Sendung als Moderator infrage kommt und da bin ich auf dich gestoßen. Du bist nicht nur Schauspieler, du bist auch noch dazu ein direkter Nachkomme des Kaisers – so hat mir das ein Regisseur erzählt, mit dem du einmal gearbeitet hast. Ich kann mir vorstellen, dass du dich perfekt für diese Aufgabe eignest, denn als Schauspieler weißt du, wie man sich vor der Kamera bewegt und als Nachfahre kannst du dich authentisch auf eine sehr persönliche Spurensuche deines berühmten Vorfahren begeben. Wenn dich das Projekt interessiert, bräuchten wir von dir ein Castingvideo und falls uns dieses überzeugt, steht einem Engagement nichts mehr im Wege.«

Brigitte hatte mich an der Angel. Mein Herz schlug höher. Hatte ich richtig gehört? Man hatte eine Idee für eine Dokumentation, für die ich wie geschaffen war? Diese Information, die meine Karriere verändern könnte, erhielt ich ausgerechnet an der fettesten Straße Berlins. Unbedingt wollte ich nun Teil einer solchen Produktion sein. Ich bog in eine ruhige Seitengasse ab und versicherte Brigitte am Telefon, dass ich mich um ein gutes Castingvideo bemühen werde, das ich ihr demnächst online zuschicken würde.

Ein paar Tage später filmte mich eine Bekannte, während ich im Gespräch mit einem Bankangestellten aus Köln war, der sich als ein begeisterter Verehrer der österreichischen Monarchie zu erkennen gab. Für dieses Interview zog er sogar die Kaiseruniform an, die er sich originalgetreu hatte schneidern lassen.

Das eingeschickte Video von diesem unterhaltsamen Interview überzeugte Brigitte und die Redaktion des Senders und ich war engagiert.

In den darauffolgenden Monaten wurde ein Regisseur gesucht, der die Idee filmisch umzusetzen wusste und dafür ein Drehbuch schrieb. Dieses wurde mir schlussendlich zugesandt.

Mir gefiel das Drehbuch, da in diesem Konzept Franz Joseph als Mensch mit all seinen Stärken und Schwächen gezeigt werden sollte.

Für die Dreharbeiten dieser Produktion die im Mai, Juni, August 2016 stattfanden, suchte das Filmteam Schauplätze in Berlin, Wien, Budapest, Solferino, Bad Ischl und Spielfeld in der Steiermark auf. Ich durchschritt die Hofburg, das Schloss Schönbrunn, die etwas abgelegene Hermesvilla und die Kaiservilla. In der Kapuzinergruft erklärte mir ein Mönch die Geschichte der Grabstätte der Habsburger. Mit dem jungen, talentierten Motorsportler Ferdinand Habsburg fuhr ich im Auto seines Urgroßvaters Kaiser Karl im Schritttempo die Formel-1-Strecke in Spielfeld ab. Mit Historikern plauderte ich über das Leben von Franz Joseph, seine Kindheit und Erziehung zum zukünftigen Herrscher und seine Krönung zum Kaiser mit 18 Jahren.

Mich interessierte die Frage, was hat der Kaiser getan, um die bereits bröckelnde Monarchie zu verteidigen?

Wie haben sich das Land und die Politik in den 68 Jahren seiner Regentschaft verändert?

Wie war das Verhältnis zwischen ihm und seiner Frau Elisabeth?

Doch »Auf den Spuren des Kaisers« sollte mehr sein als eine reine Wissenssendung. Die verschiedenen Stationen seines Lebens und der Menschen seiner Zeit sollte ich als Moderator mit allen Sinnen erfahren.

So schlüpfte ich in eine Zöglingsuniform und bekam Unterricht in Altgriechisch. Im nächsten Moment marschierte ich als Soldat im Kasernenhof auf und ab und erhielt vom Vorgesetzten mit lauter Stimme meine Befehle, dass mir die Angst kalt den Rücken hinunterkroch. Wie stramm, aufrecht und mächtig meine Haltung wurde, erfuhr ich durch das Tragen der enganliegenden Kaiseruniform mit all ihren Orden und dem goldenen Vlies.

Am Schreibtisch sitzend, zündete ich mir genüsslich wie einst Franz Joseph eine Virginia-Zigarre an und an einem festlich gedeckten Tisch wurden mir fünf Gänge serviert und einige Gläser Wein. Nach diesem Drehtag ging ich nicht nüchtern nach Hause.

Wir thematisierten das Attentat von 1853 auf den jungen Kaiser, der völlig ungeschützt auf der Burgmauer flanierte, von einem ungarischen Anarchisten angegriffen wurde und nur durch Zufall diese Messerattacke überlebte.

Das Team stellte eine ähnliche Situation in der Jetztzeit nach, in der ich von der österreichischen Polizei-Eliteeinheit Cobra vor einem bewaffneten Angreifer beschützt wurde. Ich konnte gar nicht so schnell schauen, da hatten zwei Personenschützer den Darsteller des Attentäters schon zu Boden geworfen, und zwei weitere stürzten sich auf mich und drängten mich mit Wucht in einen sicheren Bereich.

Auch das Liebesleben des Kaisers wurde unter die Lupe genommen. Wir rekonstruierten den Weg Franz Josephs vom Schloss Schönbrunn durch den Park bis zur Maxingstraße, in der die Villa seiner Geliebten Anna Nahowski stand. In Kaiseruniform sprach ich im Schönbrunner Park ahnungslose Touristinnen an mit den Worten: »Na, schönes Fräulein, wieder fleißig am Spazierengehen?« Dem Tagebuch von Anna Nahowski ist zu entnehmen, dass dies der erste Satz war, mit dem der bereits 45-jährige Kaiser das junge Mädchen kontaktiert hatte.

Doch auch die düstere Seite der Monarchie sollte ich kennenlernen. Der Regisseur ließ mich eine Stunde lang bei sengender Hitze in einer Lehmgrube in Arbeiterklamotten das Leben eines Ziegelarbeiters nachempfinden. Ein Experte erklärte mir die unmenschlichen Arbeitsbedingungen dieser Männer und Frauen, die meist aus Böhmen kamen und wie Sklaven behandelt wurden. Unzählige Menschen, darunter auch viele Kinder, haben beim Bau der Wiener Ringstraße ihr Leben gelassen.

In Budapest befragten wir Passanten zur Person des Kaisers Franz Joseph. Die Meinungen gingen dort sehr auseinander. Die einen verehrten ihn, weil er mit dem Ausgleich Ungarns 1867 und der langen Friedenszeit, die danach folgte, dem Land zu einem wirtschaftlichen Aufschwung verhalf und Budapest zu einer der wichtigsten Metropolen Mitteleuropas machte. Andere wiederum konnten nicht vergessen, mit welcher militärischen Brutalität der damals 18-jährige Kaiser 1848/1849 ungarische Aufständische niedermetzeln ließ. In der Folge unterschrieb er Todesurteile für unzählige Anführer der Revolution. Selbst sein damaliger Verbündeter Zar Nikolaus I. war überrascht von dem harten und unerbittlichen Vorgehen des österreichischen Monarchen. Die

Bevölkerung gab Franz Joseph zu dieser Zeit den Spitznamen: »Der blut-junge Kaiser«.

Das Unterschreiben eines Todesurteils stellten wir in einer Spielszene nach. Ich saß in Kaisers Uniform am Schreibtisch und ließ mir die Akte vom Adjutanten reichen. Es war beklemmend zu erleben, wie leicht man mit einem Federstrich über Leben und Tod entscheiden kann. Mir kam der Spruch »Die Uniform ersetzt das Gewissen« in den Sinn, den ich in diesem Moment gut nachempfinden konnte.

Die Dreharbeiten führten uns auch nach Italien, in die Gegend von Solferino. Dort fand 1859 die einzige Schlacht statt, für die Franz Joseph – zumindest nominell – den Oberbefehl über seine Truppen übernommen hatte und kläglich gescheitert war. 25.000 Soldaten ließen innerhalb weniger Stunden ihr Leben auf dem Schlachtfeld. Verwundete blieben liegen und wurden nicht versorgt. Tagelang krepierten sie qualvoll vor sich hin.

In der Kapelle Ossario di Solferino sind an den Innenwänden Totenschädel und Gebeine von 7.000 gefallenen Soldaten dieser Schlacht aufgestapelt. Aus hohlen Augen schauen sie den Besucher an, als wollten sie einen warnen vor jedem weiteren unsinnigen Krieg.

Der Film zeigte aber auch Franz Joseph als Herrscher, dem es gelang, den bereits bröckelnden Vielvölkerstaat aufgrund seiner Persönlichkeit mit letzter Kraft zu einen. Viele in der Bevölkerung identifizierten sich mit dem alten Mann, der mit seinem grauen Backenbart das Image des Großvaters aller Nationen pflegte.

Für das Finale des ersten Teils hatte der Drehbuchautor und Regisseur Stefan Ludwig eine großartige Idee, die wir tatsächlich filmisch umgesetzt hatten, die aber leider in der Folge dem Schnitt zum Opfer fiel. Dem Sender war vielleicht diese Szene zu frech und gewagt. Daher erlaube ich mir nun, diese Situation kurz zu beschreiben: Auf einer Wiese in Schönbrunn treffen sich Menschen aus unterschiedlichen

Nationen, Kulturen und Religionen. Man hört, wie jeder Besucher sich in seiner Sprache verständigt. Es sind die Sprachen der Donaumonarchie: Tschechisch, Slowakisch, Ungarisch, Rumänisch, Deutsch, Italienisch, Polnisch, Ukrainisch, Slowenisch, Kroatisch, Serbisch und Bosnisch.

Ich serviere eine Punschtorte mit viel Zuckerguss, die die Form des Vielvölkerstaates Österreich-Ungarn hat. Jedes Land hat seine eigene Farbe und die Grenzen sind mit Marzipan markiert. In einer feierlichen Zeremonie zerteile ich nun die große Landkarte und serviere meinen Gästen die unterschiedlichen Länder und Nationen. Zum Schluss bleibt ein kleines Stück übrig, das die Form des heutigen Österreichs hat. Dieses schnappe ich mir, und platziere es mit einem Handgriff auf meinem Teller.

Warum mag ich diese Szene so? Sie versinnbildlicht so treffend das Ende und den Zerfall der einst mächtigen Donaumonarchie. Wien, die frühere Reichshaupt- und Residenzstadt eines Vielvölkerstaates von über 51 Millionen Menschen, war nun die Hauptstadt eines Kleinstaates mit knapp sechseinhalb Millionen Einwohnern.

»Die Tschechen, die Polen, die Italiener, die Slowenen hatten ihre Länder weggerissen. Was übrig blieb, war ein verstümmelter Rumpf, aus allen Adern blutend«, schrieb Stefan Zweig in seinem autobiografischen Werk »Die Welt von Gestern« kurz vor seinem Tod 1941.

Und der französische Ministerpräsident Georges Clemenceau, der die Friedensverhandlungen vonseiten der Siegermächte 1919 in Saint-Germain anführte, soll sich die zynische Bemerkung erlaubt haben: »Und der Rest ist Österreich.«

Kein Land gab diesem kleinen Staat noch eine Überlebenschance. Und die österreichische Bevölkerung wünschte sich diese aufgezwungene Selbstständigkeit zu großen Teilen gar nicht. Viele Menschen in diesem von Hunger, Armut und Not gezeichneten Land wünschten sich einen Anschluss an Deutschland, manche sehnten die Habsburger-Monarchie zurück und nur die wenigsten suchten ihre Identität im Kleinsein. So gesehen kann man sagen, Österreich fing in der ersten Republik als ein Land an, das sich selbst nicht ausstehen konnte – Geburt und Pubertät in einem Augenblick.

Heute bin ich als Krankenhausclown Teil der Roten Nasen International. Eine Organisation, die von Österreich aus geführt wird, elf Länder umfasst und deren meiste Gruppen interessanterweise Mitglieder der ehemaligen Kronländer sind.

Die Krone von einst haben wir gegen eine Rote Nase getauscht. Die Nostalgie wird vom Humor ersetzt. Wenn wir uns bei den internationalen Clowncamps in den unterschiedlichen Gastländern treffen, tauschen wir uns künstlerisch aus. Wir bringen uns gegenseitig neue Musikstücke bei, Zaubertricks, Improvisationsmethoden und Slapstick. Die Amtssprache ist gestottertes Schulenglisch, mit dem man ausgezeichnet über die Runden kommt.

Nur abends am Lagerfeuer, wenn einige ihre Gitarren und Ukulelen ausgepackt haben, erklingen Lieder in slowenischer, slowakischer, ungarischer, tschechischer, kroatischer, polnischer, österreichischer Sprache und manchmal mischt sich auch zaghaft ein deutsches Volkslied unter.

In diesem Fall erlebe ich, wie heilsam der Humor ist. Woody Allen erklärt in einem seiner Filme den Humor in einer mathematischen Formel: Komödie = Tragödie + Zeit

Mein Großvater erlebte nach 1918 hautnah diese verstörende neue Zeit der Orientierungslosigkeit. Das Land seiner Väter und Väterväter, das jahrhundertelang von seiner Familie beherrscht und geprägt wurde, hatte aufgehört zu existieren. Wo sollten nun seine Familie und er ihren Platz finden?

Clemens und Mädy

Clemens war zum Ende des Krieges im November 1918 im jugendlichen Alter von vierzehn Jahren.

Kaiser Karl I., der Großneffe und Nachfolger von Kaiser Franz Joseph I., hatte wenig Chancen, das Reich und die Monarchie zu retten. Die einstigen Mittelmächte Deutschland und Österreich waren die großen Verlierer dieses Ersten Weltkrieges. Der österreichisch-ungarische Vielvölkerstaat zerfiel in seine einzelnen Länder. Die Monarchie hörte auf zu existieren und Kaiser Karl wurde entmachtet. Somit fand die 640 Jahre andauernde Herrschaftsgeschichte der Habsburger ein tragisches Ende. Geboren war die Republik Österreich. Ihr erster Staatskanzler war Karl Renner.

In Wien gingen die staatlichen Gebäude wie die Hofburg und das Schloss Schönbrunn an die Republik.

Alle Mitglieder des Hauses Habsburg wurden aufgefordert, die Verzichtserklärung zu unterschreiben. Mit der Unterzeichnung der Verzichtserklärung, beziehungsweise des »Habsburgergesetzes«, erklärten sie sich bereit, in Zukunft auf jeden Herrschaftsanspruch zu verzichten. Wer diese Erklärung unterschrieb, durfte sein Privatvermögen behalten und im Land bleiben. Wer dieses Gesetz nicht unterschrieb, der musste ins Exil und dessen Privatvermögen wurde enteignet und verstaatlicht.

Kaiser Karl und seine Frau Kaiserin Zita sahen nicht ein, warum sie dieses republikanische Gebot akzeptieren sollten: Da das Herrscherhaus Habsburg von Gottes Gnaden ist, kann das Volk nichts entscheiden und schon gar nichts vorschreiben. Niemand hat das Recht, sich über Gott zu stellen. Punkt! Diese feste Überzeugung hatte das letzte Kaiserpaar.

Karl und Zita gingen 1919 ins Exil in die Schweiz. Viele Familienmitglieder taten es dem Kaiserpaar gleich. Das Habsburgergesetz unterschrieben sie nicht. Mit anderen Worten: Sie verzichteten auf die Verzichtserklärung und verzichteten dadurch auf ihren Grund und Boden.

»Was werden wir tun, Mama?«, wollte Clemens von seiner Mutter Marie Valerie erfahren. Ihm brannte diese Frage schon seit einigen Tagen auf der Seele. Wusste er doch, dass das Vermögen seiner Mama, das auf dem Spiel stand, beträchtlich war, um nicht zu sagen gigantisch. Marie Valerie, die vom Kaiser Franz Joseph so einiges geerbt hatte, gehörten unter anderem Schloss Persenbeug, die Kaiservilla in Bad Ischl, das Palais Rainer in Wien und das geliebte Schloss Wallsee. Gerade von diesem Ort wollte sich Clemens nicht trennen.

»Ich habe mit deinem Papa gesprochen. Wir bleiben. Wir werden Österreich nicht verlassen. Wir haben sie zur Genüge erlebt, die umherirrenden Bourbonen. Deren Schicksal wollen wir nicht teilen.«

»Aber wird es hier nicht zu gefährlich für uns?«

»Das kann ich dir leider nicht genau sagen. Wir leben Gottlob nicht in Russland«, damit spielte sie auf die Ermordung der Zarenfamilie im Juli 1918 an. »Die Stimmung in der Bevölkerung kann durchaus kippen, und dann geht es uns an den Kragen.«

Marie Valerie merkte, dass sie zu weit gegangen war. Clemens schaute sie mit großen Augen an. Die Vorstellung, dass jederzeit ein wahnsinnig gewordener Anarchist um die Ecke kommen könnte und seine Mutter, seinen Vater, eines seiner Geschwister oder gar ihn selbst ermorden könnte, machte ihm Angst. Er wollte nicht, dass einer aus seiner Familie das Schicksal seiner Großmutter, der Kaiserin Elisabeth, teilen musste.

Marie Valerie legte ihm beruhigend die Hand auf seinen Unterarm: »In Wien könnte es unangenehmer für uns werden. Aber hier mach dir keine Sorgen. In Wallsee und Amstetten schätzt man uns sehr.«

In diesem Punkt untertrieb sie. Man schätzte Marie Valerie nicht nur, nein, man verehrte und liebte sie für alles, was sie in der Gegend aufgebaut und finanziell tatkräftig unterstützt hatte. Während des Krieges hatte sie ein Lazarett im Schloss eingerichtet, sie gründete ein Spital und Altenheim, finanzierte Klöster und Kirchen und ermöglichte für die Kinder in der ärmsten Bevölkerung Stipendien für deren Ausbildungen. Zusätzlich unterstützte sie noch einige Wohltätigkeitsvereine. In Österreich sagte man von ihr, sie sei »der Engel von Wallsee«.

»Weißt du, was mein Bruder Rudolf in seinem Abschiedsbrief an mich geschrieben hat, kurz bevor er sich umgebracht hat? Du weißt, dass es Selbstmord war, oder?«

»Ja, Mama. Das hast du uns nie verheimlicht.«

»Und Selbstmord ist eine Todsünde!«

»Ja, Mama. Das hast du uns auch des Öfteren gesagt. Was hat Onkel Rudolf dir geschrieben?«

»Wenn Papa stirbt, verlass das Land, es wird furchtbar werden.« Nach einer Pause fuhr Marie Valerie fort: »Dein Onkel Rudolf, den du leider nie kennengelernt hast, hatte nicht übertrieben. Doch ich bleibe hier. Nach dem Tod von deinem Bruder Franz, meinem Bubi, habe ich nicht mehr die Kraft für neue Abenteuer.« Ihr ältester Sohn Franz Karl, der im Schloss Lichtenegg geboren worden war, hatte als Leutnant im Krieg gedient und diesen auch überlebt. Er starb aber mit 25 Jahren im Dezember 1918 an den Folgen der Katastrophe. Er erlag, wie viele in dieser Zeit, der Spanischen Grippe. »Um mich mache ich mir keine großen Sorgen mehr. Aber ich denke an die Zukunft meiner noch lebenden Kinder. Dein Vater, Franz Salvator, und ich werden auf jeden Herrschaftsanspruch verzichten, das Habsburgergesetz unterzeichnen und dadurch das private Vermögen für euch erhalten. Auch dir und deiner Familie, deinen Kindern und

Kindeskindern, die du einmal, so Gott will, haben wirst, soll es gut ergehen. Dein Großpapa hätte nicht gewollt, dass sein Erbe an die Republik geht. In diesem Fall fühle ich mich meinem Vater mehr verpflichtet als dem Kaiser Karl. Er möge es mir verzeihen. Kannst du das verstehen, mein Sonnenschein?«

Clemens verschränkte die Arme und nickte zu dem eben Gesagten. Er verstand seine Mutter. Verstand aber wiederum gar nichts mehr. Alles, was war, war nicht mehr existent. Und wie seine Zukunft aussehen würde, war völlig unklar. Nichts war mehr begreifbar. Nur eines war ihm in diesem Moment bewusst geworden, und das wollte er seiner Mutter mitteilen.

»Mama?«

»Ja, mein Sohn?«

»Ich möchte nicht mehr ›Mein Sonnenschein‹ genannt werden.«

Ruhig sah Marie Valerie ihren Jüngsten an, dann sagte sie: »Ist gut, Clemens.«

Im April 1919 unterzeichneten ihr Mann Franz Salvator und ihr großjähriger Sohn Hubert die Verzichtserklärung. Diese Erklärung galt auch für Marie Valerie und die fünf noch minderjährigen Kinder.

Erzherzog Franz Salvator informierte gehorsam in einem Schreiben Kaiser Karl über die Entscheidung, die er und seine Frau getätigt hatten. Ein paar Tage später folgte ein Antwortschreiben vom entmachteten Kaiser aus seinem Exil in der Schweiz.

Dieser Brief brachte Franz Salvator in Rage. Wütend brüllte er durchs ganze Schloss: »Man hat uns degradiert. Marie Valerie, schau dir das an! Seine Majestät ist erzürnt über unser unloyales Verhalten. Schreibt er doch tatsächlich an mich mit den Worten: an den ehemaligen Erzherzog Franz Salvator! ›Ehemaliger Erzherzog!‹ Das ist doch eine Frechheit.«

»Reg dich nicht auf, Franz. Es ist bestimmt nicht im Interesse des Kaisers, es sich mit allen Habsburgern, die in Österreich bleiben, zu vergraulen. Wenn die Stimmung kippt und man sich in der Bevölkerung wieder eine Monarchie wünscht, wird er Leute wie uns, die noch vermögend sind, brauchen.«

Franz Salvator war nicht überzeugt. Sein Schnurrbart bebte vor Aufregung: »Wer's glaubt, wird selig. Zurzeit bin ich auf jeden Fall nur noch der Herr Franz Salvator und als solcher gehe ich zu meinesgleichen in den Heurigen. Habe die Ehre. Oder sollte ich besser sagen: Habe die Ehre gehabt!« Er stampfte auf, machte auf der Stelle kehrt und verließ den Salon.

»Hat er wieder einen Grund für seinen Heurigen.« Marie Valerie wirkte müde. Sie wandte sich an ihren Sohn Clemens, der die Szene beobachtet hatte: »Wenn uns der Kaiser den Titel nimmt, hat er zumindest in diesem Punkt eine Gemeinsamkeit mit der Republik.«

Damit spielte sie auf das Adelsaufhebungsgesetz an, das die österreichische Nationalversammlung im April 1919 einstimmig beschlossen hatte. Mit diesem Gesetz war das Tragen eines Titels wie »Fürst«, »Herzog«, »Prinz«, »Graf« oder »Baron« verboten. Sogar das einfache Wörtchen »von« war gestrichen. Im gesellschaftlichen Umgang aber blieben die Titel weiterhin bestehen und waren Teil der hierarchischen Regeln. An dieser Einstellung hat sich in Adelskreisen bis heute nicht viel verändert. Eine Gesellschaftsgruppierung, die über die Jahrhunderte gewachsen ist und ihre eigenen Regeln hat, lässt sich nicht mit Ideen und Gesetzen, die von außen kommen, so leicht umwandeln.

In Deutschland – nebenbei erwähnt – hat man das Problem anders gelöst. Die ehemaligen Titel sind nun Teil des Namens.

Entscheidend aber ist, dass aufgrund der Unterzeichnung der Verzichtserklärung Clemens und seine Familie in

Österreich bleiben konnten, und dass das gesamte private Vermögen meiner Urgroßeltern im Besitz der Familie blieb. Das Schloss Wallsee wurde zum ständigen Wohnsitz. Der Hofstaat war geschrumpft, eigentlich so gut wie aufgelöst. Es gab nur noch wenige Getreue, die bei Franz Salvator und Marie Valerie geblieben waren. Nur für die beiden alleine war Wallsee mit seiner Forstwirtschaft, Fischerei und Landwirtschaft nicht zu führen.

Franz Salvator brauchte einen Berater, einen vertrauensvollen Sekretär, einen persönlichen Bevollmächtigten an seiner Seite. Und den fand er in der Person von Graf Friedrich Rességuier de Miramont. Dieser trug, so wie Franz Salvator und viele Männer in dieser Zeit, einen Schnauzbart. Er war schlank und groß gewachsen und das Haar kämmte er feinsäuberlich nach hinten. Friedrich und Franz hatten oft, wie man in Wien so schön sagt, eine Hetz, also Spaß, miteinander. Man traf sich bei der Jagd oder beim Heurigen.

Eines Tages machte Franz Salvator seinem Freund Friedrich ein Angebot, das dieser nicht ablehnen konnte: »Sag einmal Friedrich, magst nicht mein Generalsekretär werden? Du weißt doch, was es heißt, ein Schloss und seine Ländereien zu verwalten. Ich schaff das alleine nicht, und du bist mir halt sympathisch.«

Die Familie vom Grafen Friedrich Rességuier de Miramont besaß bis kurz vor dem Krieg ein Schloss in Galizien, im heutigen Polen. Nisko stand mitten im Wald und lag nahe der russischen Grenze. Die Bedrohung durch die russischen Nachbarn war immer größer geworden, sodass Friedrichs, Vater Graf Olivier Rességuier, schweren Herzens, aber in weiser Voraussicht 1912 das Schloss und seine Ländereien verkaufte. Friedrich konnte sich mit seinem Anteil, den der Vater ihm auszahlte, eine Villa in Korneuburg kaufen.

Wenn er schon kein Schloss besitzen konnte, so freute es ihn doch, ein solches verwalten zu dürfen. Und so hob er sein Glas, schaute seinen Freund Franz Salvator an, und meinte:

»Lieber Erzherzog, ich nehme dein Angebot an. Wann soll ich anfangen? Prost.«

1920 engagierte Erzherzog Franz Salvator kurzerhand Graf Friedrich Rességuier als Generalsekretär, der in den ersten zwei Jahren seine Tätigkeit von Wien aus ausübte und 1922 ganz nach Wallsee zog. Dort bekam er aber nicht bloß eine Dienstwohnung, nein, ihm wurde ein Haus zur Verfügung gestellt. Denn Graf Friedrich Rességuier kam nicht alleine. Er brachte seine große Familie mit. Er und seine Frau Christiane hatten acht Kinder. Die Großfamilie bezog nun das Uferstöckl, das, wie der Name schon sagt, direkt am Ufer der Donau liegt, und als herrschaftliches Wirtschaftsgebäude zum Schloss Wallsee gehört.

Clemens freute sich sehr über diese neue Nachbarschaft. In den vergangenen Sommerferien hatte Friedrich schon des Öfteren mit seiner Familie hier Station gemacht. Die ältesten Rességuier-Buben Olivier, Wilhelm und Anton waren ungefähr im Alter von Clemens. Die drei wurden selten mit ihren richtigen Namen gerufen. Viel geläufiger waren deren Spitznamen: Putzi, Willi und Dondy.

Nachdem die Geschwister von Clemens großteils ausgezogen waren, gehörte er nun mit den drei Rességuier-Brüdern zu den Großen hier im Schloss Wallsee. Die Zeiten des Nesthockers waren endgültig vorbei. Das war auch dringend notwendig. Immerhin war er schon siebzehn Jahre alt. Im Oktober würde er achtzehn werden.

Gemeinsam traf man sich im Wald, rauchte lässig ein paar Zigaretten und veranstaltete in den unverwüstlichen Lederhosen Abenteuer und bestand Mutproben. Der größte Spaß bestand darin, mit den selbst gebauten Plätten Wettkämpfe in der Donau zu veranstalten. Plätten sind kleine Boote, wie man sie aus dem Salzkammergut kennt. Die Kunst besteht darin, im Stehen das Gleichgewicht zu halten und mit einem großen Ruder kann man sich vom Ufer abstoßen, vorwärts paddeln und lenken.

Nicht nur stabil, sondern auch besonders elegant war die Plätt'n vom Clemens.

»Do schau her. Der Herr Erzherzog ist handwerklich begabt. Meine Hochachtung.« Dondy, von dem diese Bemerkung kam, war selbst kein großer Handwerker, aber er liebte die Theatralik. Seine Zukunft sah er auf den Brettern, die die Welt bedeuten.

Die vier jungen Männer ließen ihre Boote ins Wasser gleiten, stellten sich darauf, stießen sich ab und schon ging der Wettkampf die Donau flussabwärts los.

Clemens erkämpfte sich schnell einen großen Vorsprung. Seine Plätt'n war nicht nur stabil und elegant, sie erwies sich auch als besonders schneidig und glitt geschickt durch die Strömung. Da erblickte Clemens am Ufer Elisabeth. Sie saß auf einem Stein und war völlig in ihre Lektüre vertieft. Elisabeth war das vierte Kind der Rességuiers und die älteste Tochter. Im Oktober würde sie sechzehn werden. Seit Kindertagen nannten sie alle: Mädy.

Clemens hatte Mädy schon des Öfteren heimlich aus dem Augenwinkel beobachtet, wenn sie ihre Brüder bei gemeinsamen Unternehmungen begleitete. Er war fasziniert von diesem kleinen, warmherzigen Mädchen mit seinen wunderschönen großen braunen Augen. Ihre Bewegungen waren elegant und behutsam. Wenn sie ging, machte sie kleine Schritte und blieb dabei immer eine feine Dame. Ja, das hatte er gleich erkannt, sie war mehr Madame als viele seiner verwandten Erzherzoginnen. Besonders angetan hatte es ihm eine Geste von ihr, die sie beim Nachdenken zu tun pflegte: Mit den Kuppen des Zeiger-, Mittel- und Ringfingers der rechten Hand tippte sie sich leicht, fast zärtlich, an den Bereich zwischen Nase und Oberlippe. Das tat sie nun auch, als sie so auf dem Stein am Ufer saß und in ihrem Buche las. Beim Umblättern warf sie Clemens einen kurzen Blick zu.

In dieser Sekunde wurde seine Plätte von einer Strömung

erwischt, Clemens verlor das Gleichgewicht und stürzte im hohen Bogen ins Wasser.

»Da hat wohl Amor seinen Pfeil treffsicher abgeschossen«, stellte Dondy verschmitzt fest, und versuchte, an Clemens vorbeizukommen. Mit einer geschickten Bewegung brachte dieser das Boot von Dondy zum Kippen.

»Hoppla, wie geschieht mir?«, rief dieser im Fallen, dann platschte auch er in die Donau.

Mädy lachte herzhaft über dieses Schauspiel.

Clemens war irritiert. Hatte er nicht vorgehabt, seine Funktion als Sonnenschein an den Nagel zu hängen?

Die Liebesgeschichte zwischen Clemens und Mädy nahm ihren Lauf. Mein Großonkel Dondy meinte Jahre später, man müsste über diese Zeit einen Roman schreiben, in dem die Kinder der Herrschaftsfamilie auf die Kinder der Angestellten trafen. Inspiriert war Dondys Buchidee durch das Theaterstück von Nestroy »Zu ebener Erde und im ersten Stock«. Die Hauptrollen sollten Mädy und Clemens spielen. Zu diesem Roman ist es leider nie gekommen. So kann ich nur vermuten, dass diese Episode in Clemens Leben eine sehr ungetrübte Zeit war, über die ein großer Schatten fiel, als er neunzehn Jahre war.

Im Jahr 1924 stellten die Ärzte bei seiner Mutter Marie Valerie Lymphdrüsenkrebs fest. Eine Behandlung war nicht mehr möglich. Die Krankheit war bereits zu weit fortgeschritten. Im Kreise der Familie starb sie am 6. September desselben Jahres. Zur Beerdigung meiner Urgroßmutter am Friedhof von Sindelburg kamen über 40.000 Menschen! Alle wollten sich vom »Engel von Wallsee« verabschieden.

Und man erinnerte sich noch einmal an diese besondere Frau mit ihren unterschiedlichsten Beinamen. So nannte man sie das »ungarische Kind«, weil sie am 22. April 1868 in Ofen, dem heutigen Budapest, geboren worden war. Auf dem Schloss Gödöllő verbrachte sie die meiste Zeit der ersten Jahre und ihre Mutter Kaiserin Elisabeth unterhielt sich mit ihr ausschließlich in der dortigen Landessprache. Manche sagten von Marie Valerie, sie sei das »Versöhnungskind«. Tatsächlich war sie das mit Abstand jüngste Kind von Kaiser Franz Joseph und Kaiserin Elisabeth. Die Bevölkerung sah sie als die Frucht des 1867 erfolgten Ausgleichs mit Ungarn, dem Franz Joseph skeptisch entgegengesehen und Elisabeth aus Liebe zu den Ungarn sehr gefördert hatte. Sie setzte ihren Willen durch und aus Dankbarkeit schenkte sie ihrem Mann noch ein viertes Kind, das sie – und nun kommen wir zu einem weiteren Beinamen – »meine Einzige« nannte. Marie Valerie war für Elisabeth das erste Kind, das sie selbst erziehen und umsorgen durfte.

Das Lieblingskind zu sein ist schön, denkt man. Das ist es aber in keiner Weise. Ständig hatte Marie Valerie mit der Eifersucht der Geschwister, besonders der ihres Bruders Rudolf zu kämpfen. Gleichzeitig fragte sie sich, wie sie die Liebe, die ihre Mutter von ihr erwartete, erfüllen konnte? Aus Trotz weigerte sie sich als junges Mädchen, mit dem Vater Ungarisch zu sprechen. Sie wollte mit ihm auf Deutsch Konversation führen. Und aus Trotz sympathisierte sie als junge Frau mit der Idee, dass das deutschsprachige Österreich doch besser zu Deutschland passen würde.

Die Vielvölkeridee und vor allem alles Ungarische, was ihre Mutter so liebte, ging ihr auf die Nerven.

Als sie sich in Erzherzog Franz Salvator, einen Cousin dritten Grades aus der Toskana-Linie der Habsburger, verliebte, sah ihr Bruder Rudolf seine Chance gekommen, sich an seiner so bevorzugten Schwester zu rächen. Mit allen Mitteln versuchte er, diese Verbindung von Marie Valerie und Franz Salvator zu verhindern.

»Diese Toskana-Habsburger sind doch allesamt mittellos. Sie vermehren sich wie die Karnickel, wissen aber nicht, wie sie den Nachwuchs versorgen sollen.« – So ähnlich dürfte er argumentiert haben. Doch Elisabeth unterstützte den

Heiratswunsch des jungen Paares und setzte wiedermal ihren Willen durch.

Ob zeitnaher Zufall oder nicht, kurz nach der Verlobung der beiden erschoss Rudolf im Schloss Mayerling seine noch minderjährige Geliebte Mary Vetsera und richtete sich im Anschluss selbst.

Neun Jahre später folgte der nächste Schicksalsschlag für Marie Valerie. Ihre Mutter wurde in Genf ermordet. Elisabeth hatte noch kurz vor ihrem gewaltsamen Tod Spielsachen für die Kinder »ihrer Einzigen« eingekauft.

Marie Valerie machten die unerklärlichen Tode von Bruder und Mutter traurig und müde. Mehr und mehr verlor sie an Kraft. Sie erlebte das herannahende Ende der Monarchie. Hilflos musste sie mitansehen, wie das große Schiff ihres Vaters langsam unterging. Hinzu kamen die vielen Geburten, die sie erschöpften, und es verletzten sie die außerehelichen Affären ihres Mannes Franz Salvator. Ihr Lebensmut schien sie zu verlassen.

Vor der Geburt ihres achten Kindes Clemens, dachte sie noch, wenn sie bei der Geburt stürbe, würde eine bessere Stiefmutter sich um den Nachwuchs kümmern. Doch sie sollte weiterleben, und bekam noch ein neuntes und ein zehntes Kind. Die jüngste Tochter Agnes starb kurz nach der Geburt. Eine weitere unheilbar schmerzvolle Erfahrung für Marie Valerie.

Während und nach dem großen Krieg lernten sie die Menschen als wohltätige Frau kennen. Marie Valerie ihrerseits suchte die Nähe zur Bevölkerung. Und als sie starb, war die Trauer groß in Österreich. War sie doch die beliebteste Habsburgerin zu jener Zeit. Das »ungarische Kind«, das »Versöhnungskind«, »meine Einzige«, den »Engel von Wallsee« gab es nicht mehr. Eine Ära ging mit ihr zu Ende.

Was die Menschen nicht wussten, war, wie sehr Marie Valerie diesen Tod herbeigesehnt hat. Ihre Schwester Gisela hatte den Eindruck, dass Marie Valerie fromm, dankbar und freudig dem Ende entgegensah. Eine unerwartete Genesung hätte sie enttäuscht.

Marie Valerie wurde nicht enttäuscht. Sie starb mit 56 Jahren.

Schon des Öfteren hatte ich bei mir gedacht, wie schön wäre es, dieser Frau zu begegnen. Dann könnte ich ihr danken für all die weisen und mutigen Entscheidungen, die sie in dieser wirren Zeit für ihre Familie und die Bevölkerung getroffen hat.

Wenn eine Zeitreise machbar wäre, würden wir uns vielleicht in einem Krankenhaus gegenüberstehen, das sie finanziell unterstützt, und in dem ich als Clown die Patienten besuche.

Am zweiten Weihnachtstag im Jahr 1924 entfernten sich Mädy und Clemens unbemerkt von ihren Verwandten und trafen sich im Wald, der an das Schloss Wallsee grenzte. Clemens wurde zu dieser Zeit von Privatlehrern zuhause unterrichtet. Das Jesuitenkolleg Stella Matutina in Vorarlberg hatte er verlassen müssen, nachdem er mit einem Prinzen Löwenstein eine handgreifliche Auseinandersetzung gehabt hatte. Worum es in diesem Streit unter Mitschülern ging, konnte ich leider nicht erfahren. Nach seinem Abgang lernte er im Schloss Wallsee und die Prüfungen absolvierte er an einer Schule in Seitenstätten. Mädy wiederum verbrachte fast das ganze Jahr im Internat, dem Sacré Coeur in Pressbaum. Daher gab es nur wenige Möglichkeiten für die beiden, sich zu verabreden.

»Am liebsten möchte ich Österreich verlassen. Seit Mama nicht mehr ist, fühle ich mich hier nicht mehr wohl. Mama war die Seele dieses Hauses, und keiner kann Weihnachten so gestalten wie sie.« Clemens schleuderte mit seiner Fußspitze Schnee in die Höhe.

»Nächstes Jahr mache ich meine Matura in Seitenstätten, danach geh ich nach Wien und studiere Maschinenbau.

Sobald ich mit meinem Studium fertig bin, werde ich mir im Ausland eine Arbeit suchen. Hier wird man mich als arbeitenden Habsburger schwerlich akzeptieren und was hab ich dann schon für eine Perspektive?«

Mädy sah Clemens von der Seite an: »Und warum soll es dir wo anders besser ergehen?«

»Weil ich im Ausland ein ganz normaler Bürger sein kann. Kein Aristokrat oder ehemaliger Aristokrat. Da weiß niemand, dass ich der Enkel vom vorletzten Kaiser bin.«

»Clemens, ich weiß nicht, ob das so funktioniert.«

Mädy steckte ihre Hände in die Manteltasche. Sie bereute, dass sie vergessen hatte, ihre Handschuhe mitzunehmen.

»Du heißt nun einmal Habsburg. Also wird man überall auf der Welt sehr schnell wissen, wie man dich einzuordnen hat. Außerdem hört sich das Ganze nach Flucht an. Und Flucht ohne Ziel hat noch keinem die Erfüllung gebracht. Auch deine Großmutter hat doch auf ihren vielen Reisen das Glück nicht gefunden.«

»Du meinst die Kaiserin Elisabeth?«

»Ja, genau.« Mädy sah Clemens mit zugekniffenen Augen an. Das Licht, das vom Schnee reflektiert wurde, blendete sie. »Sie ist durch die Welt geirrt von einem Ort zum anderen, hat die Meere befahren und ihr Seelenheil gesucht und nicht gefunden. Zurückgelassen hat sie unglückliche Kinder.«

»Mein Vorbild ist der Onkel meines Vaters. Erzherzog Ludwig Salvator. Hast du von ihm schonmal gehört?«

»Nein, der sagt mir nichts«, musste Mädy zugeben.

»Ludwig Salvator war lungenkrank, daher konnte er nicht zum Militär. Der Kaiser erlaubte ihm, auf die Insel Mallorca zu ziehen. Von dort erforschte er mit seinem Schiffe ›Nixe‹ das Mittelmeer als Naturwissenschafter. Er gab vielen Pflanzen Namen und verfasste unzählige wissenschaftliche Bücher. Da er dreizehn Sprachen fließend sprechen konnte, hat er sich mit allen Menschen im Mittelmeerraum gut austauschen können. Er war bei der Bevölkerung sehr beliebt. Mallorca wird man auch in Zukunft immer mit meinem Großonkel in Verbindung bringen.«

»Und hatte er Familie? Gibt es Nachkommen?«

»Das weiß man nicht genau. Papa meinte einmal: ›Wenn du irgendwann nach Mallorca kommen solltest, wundere dich nicht, dass dir dort so viele ähnlich schauen.‹ Angeblich hat er mit unzähligen mallorquinischen Frauen und Mädchen über hundert Kinder gezeugt.«

Diese Mär kursiert übrigens noch heute in unserer Familie. Bei meinem Mallorca-Besuch vor einigen Jahren habe ich mir die Einwohner genau angeschaut, um zu sehen, ob sie Ähnlichkeiten mit mir haben.

»Clemens, das ist doch unverantwortlich. So etwas macht man nicht.« Mädy zog die Augenbrauen zusammen.

Clemens verlagerte das Gewicht von einem Bein auf das andere, dabei knirschte der Schnee unter seinen Füßen. Er sah sich genötigt, seinen Großonkel zu verteidigen: »Erzherzog Ludwig hat sich dafür eingesetzt, dass all seine Nachkommen gut versorgt sind. Und auch die Damen, die er zu Müttern gemacht hat, ließ er nicht im Stich.«

»Ob diese Geschichte wirklich so stimmt oder doch nur eine von euren Männerfantasien ist? So genau möchte ich das nicht wissen.«

Aus einem Bericht über den mallorquinischen Prinzen habe ich übrigens erfahren, dass Erzherzog Ludwig an einer Krankheit litt, die ihn zeugungsunfähig machte. Dies nur als kleiner Einschub.

Aber lassen wir Mädy weitersprechen: »Ich bleibe bei meiner Ansicht: Wenn man Vater oder Mutter wird, muss man die Kinder nicht nur versorgen, sondern auch für sie da sein. Die Zukunft der Kinder, das Glück der eigenen Nachkommen muss einem wichtiger sein als die eigene Unvernunft.«

»Für mich gibt es nur einen Menschen, bei dem ich meine Vernunft vergessen könnte.«

»Und wer soll das sein?«

Clemens grinste verschmitzt. Dann schnappte er sich eine Handvoll Schnee, bewarf Mädy damit und flüchtete in den Wald.

Mit vorsichtigen und kleinen Schritten folgte ihm Mädy, wie es ihre Art war.

Über sechs Jahrzehnte später im Sommer 1991 saß ich neben meiner Großmutter Mädy im Salon ihrer Neubauwohnung in Salzburg. Ich war zwanzig Jahre, besuchte noch keine Schauspielschule und hatte eine Statistenrolle im »Jedermann« angenommen, um ein wenig Theaterluft zu schnuppern. Für die Zeit der Festspiele durfte ich ihr Gästezimmer benutzen.

Meine Omama, die inzwischen Mitte achtzig war, hatte wie jeden Tag ihr graues Haar fein säuberlich frisiert und am Hinterkopf zu einem Dutt zusammengebunden. Konzentriert blickte sie durch ihre Lesebrille auf die Passionskarten, die sie vor sich auf dem Salontisch platziert hatte. Dieses Kartenspiel, für das man keinen Spielpartner benötigt, forderte ihre ganze Aufmerksamkeit. Sie tippte mit den Fingern ihrer rechten Hand vorsichtig an ihre Oberlippe.

Ich las die Zeitung, und wir beide genossen die stille Zeit nebeneinander.

Meine Großmutter legte eine Dame zu einem König und teilte mir unvermittelt mit: »Auf dem Nachtkastl findest du eine Salbe von Gehwohl.«

Ich sah von meiner Zeitung auf und ohne ihren Blick von den Karten abzuwenden, fuhr sie fort: »Es buberlt ein wenig im Gästezimmer.«

Ich hatte verstanden. Mit dem Wort »buberln« meinte sie, dass es ein wenig auffällig nach jungen Männerfüßen roch. Ich beschloss, in den nächsten Wochen meine Socken täglich zu wechseln und ihre Salbe zu benutzen.

Die Minuten vergingen und wieder war es meine Großmutter, die die Stille durchbrach, um mir einen Gedanken mitzuteilen: »Ich hab im Radio gehört, wie Helmut Lohner als Jedermann das Vaterunser betet. Grässlich! Man merkt, dass dieser Mann nie betet. Wenn er es nicht kann, soll er es bleiben lassen.«

Danach schwiegen wir beide erneut. Meine Großmutter legte mehr und mehr Karten auf einen Stoß und ich blätterte geräuschvoll die Zeitung um.

Nun machte Omama eine Aussage, die ich nie vergessen werde.

»Ich war im Leben immer angepasst und brav. Ganz im Gegensatz zu meiner nächstjüngeren Schwester, die sich in vielem meinen Eltern widersetzte und ein viel freieres Leben führte. Vielleicht hätte ich manchmal auch mehr nach meinen Bedürfnissen handeln sollen.«

Ja, meine Großmutter hatte ein großes Verantwortungsbewusstsein. Es gelang ihr, ihre Kinder sicher durch sehr schwierige Zeiten zu führen. Und auch mein Großvater stellte viele seiner Träume hintan.

Erst im Alter, in den letzten Jahren vor seinem Tod, als seine neun Kinder schon erwachsen und aus dem Haus waren, erfüllte er sich einen Sehnsuchtswunsch aus Jugendtagen, kaufte sich ein Segelboot und verbrachte die Wintermonate am Meer in Südfrankreich.

Doch ich möchte nun nicht zu weit vorgreifen. Denn mit Anfang zwanzig hatte mein Großvater einen noch viel dringlicheren Traum: Er wollte Mädy so bald wie möglich ehelichen – nur der Weg zum Erreichen dieses Ziels, war kein einfacher.

Von Habsburg nach Altenburg

Nach dem Kinderbuch »Das doppelte Lottchen« entstand 2013 eine wunderschöne und sehr unterhaltsame Inszenierung der Gruppe »Weltalmtheater« in Bern, bei der ich Gastschauspieler sein durfte.

Diese Komödie kam bei den Kindern, aber auch bei deren Eltern, Großeltern und Lehrern sehr gut an. Klar, hier war Erich Kästner ein großer Wurf gelungen. Durch die Verschwörung der Zwillinge war das Theater um Trennung und Scheidungskinder aufregend und spannungsgeladen.

Ich spielte den Vater der Zwillinge. Einen chaotischen und leidenschaftlichen Musiker, der außerdem noch frisch verliebt war und in seinem Gefühlsdurcheinander wenig Muße für die Sorgen seiner Tochter Luise hatte.

Mit diesem Stück machten wir vereinzelt Stationen in deutschen, österreichischen und liechtensteinischen Städten. Vor allem aber durchreisten wir mit über fünfzig Vorstellungen die Schweiz. Und so landeten wir im Oktober 2013 im Kanton Aargau, im Städtchen Brugg. Vielen wird dieser Ort nichts sagen. Für mich hatte er bis zu dem Zeitpunkt auch keine große Bedeutung. Doch durch die Schweizer Kollegin, die meine Exfrau spielte, wurde ich eines Besseren belehrt.

»Du weißt schon, dass hier in der Nähe die Burg Habsburg steht? Oder? Von hier aus hat die Familie dann den großen Eroberungszug begonnen. Ich glaub, die Burg ist 1020 erbaut worden von einem gewissen Graf Lanzelin – so einem Ur-Habsburger. Oder? Aber du wirst es besser wissen.«

Ich muss zugeben, ich wusste es nicht besser. Aber um mir keine Blöße zu geben, nickte ich zustimmend.

»Wenn du schon mal hier bist, solltest du gleich mal luaga, wie die Burg aussieht. Oder?«

Wahrscheinlich hat meine Kollegin in ihrer Erklärung kein einziges Mal »Oder?« gesagt, und ich tu ihr mit meinen Schweizer-Klischee-Vorstellungen unrecht.

Auf jeden Fall nahm ich ihren Vorschlag als Auftrag. Nach der Schulaufführung am Montagvormittag füllte ich meinen Rucksack mit zwei Jausenbroten und einer Flasche Wasser und fuhr mit dem Bus raus aus Brugg, Richtung Wülpelsberg. Denn auf diesem Berg, der mehr ein Hügel ist, steht oben am Kamm die Stammburg der Habsburger, ein mächtiges mittelalterliches Gebäude aus dicken Steinmauern. Greifvögel umkreisen den Turm. Ob das wohl Habichte sind? Nach diesem Vogel, so sagen Forscher, ist die Burg benannt worden. Andere wiederum meinen, dass der Ursprung auf das mittelalterliche Wort »Hap« zurückgeht – übersetzt ins heutige Deutsch: »Hafen«. Die Dritten meinen – und diese Quelle ist wahrscheinlich die unseriöseste – der Name bezieht sich auf eine Charaktereigenschaft der Habsburger: die Habgier.

Oben angekommen, hat man rundherum einen guten Ausblick über das gesamte Tal. Man kann sich vorstellen, dass die damaligen Burgherren jeden Feind schon frühzeitig gesehen haben. Ein heimliches Anschleichen war so gut wie unmöglich. Heute beobachtet ein rauchpausenmachender Museumsdirektor die herannahende Kundschaft, denn in der Habsburg gibt es ein feines Restaurant mit angeschlossenem Ausstellungsbereich.

»Grüezi, was machen denn Sie hier heroben?«

Ich war etwas überrascht über diese Frage: »Nun ja, ich wollte mir die Burg und die dazugehörige Ausstellung anschauen und im Anschluss vielleicht eine Kleinigkeit essen.«

»Ja, da hätten Sie sich besser erkundigen müssen. Heute

ist Montag, und Montag ist Ruhetag. Steht auf der Website. Ich bin nur da, weil ich die Buchhaltung mache. Oder?«

Der Museumsdirektor sagte auf jeden Fall »oder?« – Daran kann ich mich sehr genau erinnern.

»Kann ich mir zumindest die Ausstellung anschauen?«

»Nein, das geht nicht. Ist keiner da, der Sie beaufsichtigt. Wenn ich ausgeraucht habe, muss ich weiterarbeiten. Oder?«

»Machen Sie auch bei einem Habsburger keine Ausnahme?«

»Guter Gag. Nur den versuchen viele. Zeigen Sie mal Ihren Ausweis.«

Ich weiß nicht warum, aber brav holte ich meinen Personalausweis hervor und reichte ihn dem skeptischen Herrn.

»Wusst ich's doch. Habsburger sind Sie nicht. Aber Moment, Sie sind ein Altenburg. Na, dann schaun Sie halt zur Altenburg.«

»Ist die in der Nähe?«

»Drei Kilometer etwa. Richtung Nordosten immer der Aare entlang. Das können Sie nicht verfehlen, das kleine Schlössli Altenburg.«

Ich bedankte mich für den Tipp und machte mich auf den Weg. Nun war ich froh, dass ich wie ein kleiner Schulbub Jausenbrote und Wasser im Rucksack hatte. Apropos Schulbub: Auf dem Weg zwischen den beiden historischen Bauwerken fiel mir wieder die Erzählung meines Vaters zu unserer namensgebenden Burg ein.

»Die Altenburg, mein lieber Leopold, war ursprünglich ein römisches Kastell, das irgendwann im vierten Jahrhundert errichtet wurde. Ende des zehnten Jahrhunderts ließ es ein gewisser Graf Lanzelin renovieren, erweiterte es um einige Anbauten und zog mit seiner Sippe ein. Einige Generationen später übersiedelte die Familie vom Grafen Radbot Lanzelin, der sich auch – und jetzt kommt's – Graf Radbot von Altenburg nannte, weiter in die neu erbaute Habsburg.«

»Und warum sind die umgezogen?«, fragte ich kleiner Bub damals, wissbegierig wie ich war.

»Na ja, das haben halt Grafen früher so gemacht, wenn eine Burg zu klein und vor allem zu unsicher wurde. Und dann hat man sich nach der neuen Burg benannt: von Habsburg. Das ist jetzt alles nicht sehr wissenschaftlich, was ich dir da so erzähle. Aber so ähnlich oder wahrscheinlich genau so wird es gewesen sein. Tatsache ist auf jeden Fall, dass die Altenburg die weitaus ältere Stammburg der Familie Habsburg ist. Die Altenburg steht am Ursprung der Geschichte der Familie Habsburg.« Und dann fügte er noch hinzu: »Wenn du einmal groß bist und in der Schweiz zu tun hast, dann schau dir die Altenburg an.«

Dank des Tipps vom Museumsdirektor war ich nun tatsächlich unterwegs, um diesen Wunsch meines inzwischen verstorbenen Vaters zu erfüllen.

Nach etwa vierzig Minuten erblickte ich an einer Stelle, dort wo der Fluss eine Biegung macht, das steinerne Bauwerk mit Giebeldach und seinen rot-weißen Fensterläden aus Holz. Die Sonne war bereits am Untergehen, und so erstrahlte das Schlössli im orangefarbigen Herbstlicht. Zwei verliebte Schwäne schwammen vergnügt zu Füßen des kleinen Hügels in der Aare.

Die Altenburg ist heute kein Museum, kein feines Lokal, auch kein Veranstaltungsort, wo man wilde Ritterfeste feiern kann. Nein, sie ist, wie ich auf einem Schild entdecken konnte, eine sehr bescheidene Jugendherberge. In der warmen Jahreszeit kann man hier ein Zimmer mieten. Im Oktober allerdings ist die Burg geschlossen.

So setzte ich mich auf eine Bank und aß mein letztes Brot. Ob wohl meine Großeltern Clemens und Mädy irgendwann auch hier gesessen haben? Wahrscheinlich nicht. Ich habe keine Ahnung. Was ich aber sicher weiß, ist, dass ihre Vermählung 1930 in ihren Familien als nicht standesgemäß galt, und dass sie daher nicht Habsburg, sondern einen anderen Nachnamen angenommen haben. Sie wählten den Namen dieser Stammburg, der Altenburg, bekamen neun Kinder und in der Folge viele Enkelkinder. Eines davon bin ich.

Mein Weg von Habsburg zu Altenburg war in weniger als einem halben Tag geschafft. Für meine Großeltern war dieser Weg weitaus langwieriger, steiniger und von vielen alten und neuen Straßenschildern gesäumt.

Die alten Wegweiser waren noch aus der Zeit der Monarchie übrig geblieben, an denen die Kaiserin Zita festhielt. In ihrem Exil in Belgien behielt sie die Kontrolle über die weit verstreuten Familienmitglieder.

Die neuen Gesetze wurden von der ersten Republik vorgegeben und standen im großen Widerspruch zu den Vorstellungen der Familie Habsburg.

Unebenbürtig

Schnell sprach sich in der Gesellschaft ein Gerücht herum: »Hast schon g'hört? Der junge, schlanke und fesche Erzherzog Clemens, der jetzt neuerdings einen Schnurrbart trägt, hat angeblich ein Interesse an der zierlichen Gräfin Elisabeth Rességuier. Das ist doch ein Skandal! Also wenn er's ernst meinen sollte. Du weißt doch, er ist der Sohn des Schlossherrn von Wallsee und sie nur die Tochter des Angestellten vom Schlossherrn. Das erinnert doch frappant an die Verbindung vom Thronfolger Franz Ferdinand und seiner Chotek. Das hat den Kaiser Franz Joseph, Gott hab ihn selig, doch zu Recht erzürnt. Eine unebenbürtige Verbindung, das geht halt nicht. War der Clemens nicht dem Kaiser sein Lieblingsenkerl? Und jetzt gibt er seinem Großvater über's Grab hinaus einen solchen Tritt. Die Marie Valerie, Gott hab sie selig, wird sich auch im Grab umdrehen. War er nicht ihr Sonnenschein? Was sagt denn der Herr Papa, der Erzherzog Franz Salvator? – Wenn er sich überhaupt noch Erzherzog nennen darf. Dem ist wahrscheinlich alles wurscht. Steckt doch selbst im Beziehungschaos. Hat er doch schon zu Lebzeiten von Marie Valerie in einem außerehelichen Verhältnis ein uneheliches Kind gezeugt. Und jetzt gedenkt er, sich selbst neu zu vermählen, sagt man. Na, und weil er halt diese dumme Verzichtserklärung unterschrieben hat, hat er doch im Erzhaus nichts mehr zu melden.

Aber der Vormund vom Erzherzog Clemens bleibt bitte trotz Republik, die bestimmt nur eine vorübergehende Erscheinung ist, immer noch der Kaiser selbst. Und das wird, sobald er seine Großjährigkeit erreicht hat, der junge Erzherzog Otto sein. Im Moment trifft noch stellvertretend die

Kaiserin Zita alle familiären Entscheidungen. Sie ist also vom Clemens der Vormund – oder seine Vormündin – wenn ich das richtig sag. Nachdem ihr Gemahl Kaiser Karl, Gott hab ihn selig, auf Madeira im Exil gestorben ist, soll seine Witwe jetzt in Spanien, in Lequeitio, ein neues Domizil für sich und ihre acht Kindern gefunden haben – hab ich mir sagen lassen. Na bei ihr, bei der Kaiserin, wird sich der Clemens zu erklären haben.«

Clemens und Mädy blieben trotz der bösen Gerüchte bei ihrem Entschluss, den Bund fürs Leben einzugehen. Dafür musste Clemens bei Friedrich und Christiane Rességuier um die Hand ihrer Tochter anhalten. Für diesen Termin fuhr Clemens mit dem Zug von Wien, wo er seit drei Jahren Maschinenbau studierte, nach Wallsee, zog seinen besten Anzug an und ging mit einem Blumenstrauß in der Hand vom Schloss hinunter zum Uferstöckl.

Christiane bedankte sich herzlich für die Blumen. Friedrich nahm den jungen, sehr nervös wirkenden Mann beiseite und führte ihn in die Bibliothek. Dort reichte er Clemens ein Glas Cognac.

»Hör mir zu, mein Lieber. Du weißt, ich schätze dich sehr, und mir ist bewusst, dass du es ernst meinst mit Elisabeth, unserer Mädy. Aber dennoch, die Verbindung wird nicht möglich sein. Und das liegt nicht an uns, das möchte ich betonen. Aber du bist trotz anderer Zeiten immer noch dem Hausgesetz und dem Kaiser verpflichtet. Und ich möchte nicht, dass du meine Tochter durch eine Absage, die früher oder später kommen muss, entehrst. Mädy ist ein sehr frommes Mädchen, das stark ist und viel aushält. Mit zehn Jahren erkrankte sie an Typhus. Das war eine schreckliche Zeit. Nicht viele überleben eine solche Infektion. Sie hat es überlebt und ist stärker daraus hervorgegangen. Dennoch möchte ich ihr eine solche Schmach ersparen. Christiane und ich haben uns nun Folgendes überlegt. Wir schicken Mädy für ein Jahr nach Westfalen in eine Hauswirtschaftsschule.«

Clemens hatte mit einer solchen Überraschung nicht gerechnet. Auf einen Zug leerte er das ganze Glas Cognac. Augenblicklich spürte er die Wärme in seiner Brust. Die Wirkung des Alkohols flößte ihm Mut ein. Er sah Friedrich fest in die Augen und sagte: »Ich werde das eine Jahr auf Mädy warten und dann heiraten wir.«

Friedrich klopfte ihm auf die Schulter und erwiderte: »Wir werden sehen.« Dann schenkte er Clemens noch ein weiteres Glas Cognac ein.

Auch seinen Vater Franz Salvator bat Clemens um eine Unterredung. Dieser hielt sich kurz: »Wenn du Mädy heiraten willst, musst du mit der Kaiserin Zita Kontakt aufnehmen. Sie alleine entscheidet. Am besten besprichst du dich mit deinem Schwager, dem Grafen Bernhard Stolberg-Stolberg. Er pflegt eine gute Verbindung zu Ihrer Majestät.«

Wer war dieser Graf Bernhard Stolberg-Stolberg? Während des Krieges diente er als Soldat und stand Franz und Hubert, den ältesten Söhnen von Marie Valerie und Franz Salvator, als Adjutant zur Seite. Über die beiden Erzherzöge lernte Bernhard deren Schwester Hedwig kennen und beschloss, die Erzherzogin zu ehelichen. Graf Stolberg wurde als standesgemäß akzeptiert, da er einer mächtigen und wohlhabenden Familie entstammte, die über Jahrhunderte Gebiete im Harz und Nordthüringen beherrschte. Die Hochzeit fand im April 1918 statt.

Bernhard war gefürchtet, da er nicht nur seine Frau und seine Kinder tyrannisierte, nein, er hatte auch die Überzeugung, er müsse für Ordnung in der Großfamilie seines Schwiegervaters sorgen. Er sah das Recht auf seiner Seite. Die gute Beziehung zur Kaiserin Zita, zu der er ständig ins ferne Lequeitio Kontakt hielt, berechtige ihn, diese Aufgabe der Kontrolle und Überwachung zu übernehmen, wie er meinte. In seinen Augen galt es, das Hausgesetz der Habsburger mit allen Mitteln zu verteidigen, denn dieses Gesetz sei von Gott gewollt und gefordert.

Beim Treffen mit seinem um 22 Jahre jüngeren Schwager Clemens marschierte er vor diesem auf und ab und hackte mit seinen Schuhabsätzen bei jedem Schritt in den Parkettboden. Er machte dem jung Verliebten Vorwürfe und meinte, dass er schon von seinen Hirngespinsten gehört habe. Die ganze Welt spreche von dieser Schnapsidee, die sich Clemens in den Kopf gesetzt habe. Die Kaiserin sei nicht erfreut zu hören, dass der junge Erzherzog eine nicht ebenbürtige Verbindung eingehen wolle.

Mit seinem stechenden Blick starrte Bernhard Clemens an, sodass diesem eiskalt der Schauer den Rücken hinunterlief. Gerade jetzt gelte es für die Familienmitglieder des Erzhauses, brav zu sein. Die Kaiserin habe mit dem frühen Tod ihres Mannes, den vielen erzwungenen Umzügen von der Schweiz nach Madeira, zurzeit in Spanien und bald in Belgien, genug andere Sorgen. Dank Schmucks und einiger Ersparnisse, die sie ins Ausland retten konnte, und der Hilfe von großzügigen Gönnern war es Zita möglich, für die Erziehung ihrer acht Kinder aufzukommen und das Ziel, dass dereinst ihr ältester Sohn Otto, sobald er großjährig sei, auf den österreichischen Thron käme, habe sie nicht aus den Augen verloren. Gerade jetzt brauche es wieder einen Habsburger an der Macht, der mit starker Hand das Land aus dem Elend führe. In Österreich herrsche nach Krieg, Hungersnot, Börsenkrach und hoher Arbeitslosigkeit, Chaos. Die Republik sei gescheitert. Die politisch Extremen formierten sich und wollten an die Macht. Auf der einen Seite die Sozialisten und Marxisten, auf der anderen Seite die Nationalisten. Doch der wahre legitime Herrscher müsse aus dem Hause Habsburg sein. Diese Familie habe erfolgreich über sechs Jahrhunderte das Land geführt. Es gebe keine Alternative. Otto müsse Kaiser werden.

»Ich gehe davon aus, dass dies auch dein Wunsch ist?«, beendete Bernhard seinen Vortrag.

Gehorsam nickte Clemens. »Der österreichischen Kaiserin und dem zukünftigen Kaiser möchte ich stets meine Loyalität versprechen und sichere zu, dass ich nichts ohne deren Erlaubnis und Einverständnis unternehmen werde. Aber …«, Clemens holte tief Luft, »… mein Entschluss steht fest: Ich werde Gräfin Elisabeth Rességuier heiraten oder keine.«

Bernhard trat ganz nahe an seinen Schwager heran, sah ihm tief in die Augen und mit leiser, bedrohlicher Stimme sagte er: »Bravo. Der kleine, romantische Erzherzog hat seinen Willen. Du weißt, wie Gott die morganatische Ehe vom Thronfolgerpaar bestrafen hat lassen. Du bist auch deinem verstorbenen Großvater verpflichtet. Das darfst du nicht vergessen. Er hätte eine solche Verbindung niemals geduldet!«

Hier hatte Bernhard einen wunden Punkt getroffen. In letzter Zeit musste Clemens oft an seinen Großpapa denken. Aber hatte nicht Kaiser Franz Joseph bei seinem Lieblingsenkelsohn wiederholt ein Auge zugedrückt? Als Kind hatte er in der Gegenwart des Kaisers den Teller mit dem Tafelspitz festgehalten und durfte als Einziger seine Lieblingsspeise zu Ende genießen. Und nun, als Mann von 25 Jahren, wollte er, auch gegen den Widerstand sämtlicher Familienmitglieder an seinem Wunsch, Mädy heiraten zu wollen, festhalten.

»Ich bleibe bei meinem Entschluss.«

Bernhard drückte ihm seinen Zeigefinger gegen die Stirn und sagte: »Du bist ein unbelehrbarer, sturer Kerl. Ich kann dir nicht mehr helfen. Dein Vorhaben wirst du deiner Kaiserin persönlich erklären müssen!«

Bernhard setzte sich mit der Kaiserin in Verbindung und arrangierte ein Treffen zwischen ihr und dem ungehorsamen Erzherzog.

So reiste Clemens im September 1929 mit dem Zug nach Spanien. Sein Ziel war Lequeitio, ein Fischerdorf im Baskenland. Dort hatte die Kaiserin mit ihrer Familie vom spanischen König Exil erhalten. Ein großzügiger Gönner stellte ihr eine Villa am Meer kostenfrei zur Verfügung.

Dort angekommen, lernte Clemens die kaiserliche Familie kennen. Doch vom herrschaftlichen Prunk war wenig zu erkennen. Die Familie lebte in äußerster Bescheidenheit. Die Kinder waren elegant gekleidet, dennoch war für Clemens zu sehen, dass die Anzüge der Buben und die Kleider der Mädchen schon älter und abgetragen waren. Höflich begrüßten die Kinder den Verwandten aus der fernen Heimat, in die sie selbst zurzeit nicht zurückkehren durften.

Otto, den ältesten Sohn der Familie und zukünftigen Kaiser, traf Clemens nicht an. Man erklärte ihm, dass der Thronfolger seine Ausbildung nicht unterbrechen könne.

Eine Hofdame, die auch im Exil der Kaiserin die Treue hielt, führte Clemens in den Salon. Dort stand in der Mitte des Raumes, die seit dem Tod ihres Mannes nur noch schwarz gekleidet war, die Kaiserin. Milde lächelte sie Clemens an, der langsam und unsicher näherkam. Sie reichte ihm die Hand, die er untertänigst küsste. »Grüß Gott, mein lieber Clemens. Komm setzen wir uns.«

Dieser familiäre Ton überraschte ihn. Ein wenig gelang es ihm, sich zu entspannen. Die Kaiserin sprach fließend und akzentfrei Deutsch. Dennoch hatte Clemens den Eindruck, dass ihr die Sprache nicht so richtig in Fleisch und Blut übergegangen war. Jedes Wort wurde von ihr sehr bewusst und gewählt ausgesprochen.

»Ich danke dir für dein Kommen. Ich bin sehr froh, über diese schwierige Angelegenheit mit dir sprechen zu können. Es lässt sich da vieles fragen und antworten, was in Briefen langwierig und umständlich ausgedrückt wird.«

Clemens erhob sich von seinem Stuhl, verbeugte sich erneut und sagte: »Es ist mir eine Ehre, Majestät«. Dann setzte er sich wieder.

»Graf Stolberg hat mich bereits unterrichtet. Du lässt dich von deiner Idee, Gräfin Elisabeth Rességuier ehelichen zu wollen, nicht abbringen. Hab ich recht?«

»Majestät, ich …« setzte Clemens an. Doch die Kaiserin winkte ab.

»Schon gut. Man hat mir gesagt, dass Elisabeth aus gutem katholischem Hause sei und dass sie ein frommes Mädchen sei. Auch scheint ihr es ehrlich zu meinen, mit dem Wunsch, diesen Bund für's Leben einzugehen. Dennoch, wirklich glücklich macht mich diese Verbindung nicht.« Sie machte eine Pause, in der ein Dienstmädchen auf Anweisung der Hofdame schwarzen Tee in zwei Tassen einschenkte. »Ich schätze es sehr, dass du zu mir gekommen bist. Damit unterstreichst du deine empfundene Loyalität gegenüber dem Kaiserhaus und seinen Gesetzen. Mir ist sehr wohl bewusst, dass in der heutigen Zeit jeder das Recht hätte zu heiraten, wie er will. Diese Entwicklung ist für den Zusammenhalt und die Tradition des Erzhauses Gift.« Die Kaiserin nahm einen Schluck von ihrem Tee. Clemens tat es ihr gleich. »Ich werde eure Ehe in Vertretung meines noch minderjährigen Sohnes Otto, dem zukünftigen Kaiser, erlauben. Aber ich werde sie für morganatisch erklären. Das heißt, deine Frau und eure zukünftigen Kinder erhalten einen anderen Namen und Titel. Überleg dir also einen Familiennamen für deine Angehörigen und teile mir diesen alsbald mit.«

»Majestät, ich habe eine Bitte.«

Die Kaiserin sah Clemens direkt ins Gesicht. An Seine Majestät richtete man nicht unaufgefordert eine Bitte! Dem jungen Erzherzog schien etwas sehr Dringendes auf der Seele zu liegen.

»Was hat er denn für ein Anliegen?«

»Majestät, Kaiserliche Hoheit. Auch ich möchte einen neuen Namen annehmen. Das derzeitige bürgerliche Gesetz verbietet das Tragen unterschiedlicher Namen bei Eheleuten.«

Der Blick der Kaiserin verfinsterte sich. Der Begriff »bürgerliches Gesetz« echauffierte sie. Sie gehorchte ausschließlich den Gesetzen Gottes. Ein bürgerliches Gesetz, das, wie schon der Name sagt, von Bürgern erdacht war, hatte nicht das Recht, ihr Vorschreibungen zu machen. Auf der anderen Seite sah sie ein, dass der junge Erzherzog derzeit keine andere Wahl hatte, als den Gesetzen des Landes, dem er angehörte, zu folgen. Sobald ihr Sohn Otto großjährig wäre, würde sie mit ihm die Restauration der Monarchie in Österreich planen. Dann würde auch wieder das habsburgische Hausgesetz ohne Schwierigkeiten durchzuführen sein.

Kaiserin Zitas Ausdruck wurde wieder milder, und sie sah dem jungen Mann ins Gesicht. »Wenn du deinen Namen änderst, wirst du auch deinen Titel als Erzherzog verlieren. Du wirst ein einfacher Graf sein.«

»Dessen bin ich mir bewusst.«

»Gut. In einem offiziellen Schreiben wirst du mir all deine Gedanken mitteilen.«

Clemens erschrak. Insgeheim hatte er gehofft, dass er mit der mündlichen Zusage sein Ziel erreicht haben würde. Aber eben hatte ihn die Kaiserin verpflichtet, noch ein »offizielles Schreiben« zu schicken. Warum ein solches notwendig war, wie man dieses verfasste und was für Kriterien enthalten sein sollten, das musste Graf Stolberg ihm bald erklären.

Die Kaiserin führte nun in ihrer Forderung fort: »In diesem Brief nenne mir auch einen geeigneten Namen. Falls du keinen finden solltest, werde ich selbst einen für euch wählen.« Noch ehe Clemens antworten konnte, stand die Kaiserin auf, um zu verdeutlichen, dass die Audienz beendet sei. Auch Clemens erhob sich. »Mein Lieber, es hat mich gefreut, einen Neffen meines verstorbenen Mannes kennengelernt zu haben. Du bist doch ein Neffe vom Kaiser Karl?«

»Majestät, untertänigst erlaube ich mir feststellen zu dürfen, dass ich ein Cousin zweiten Grades des verstorbenen Kaisers von Österreich bin.«

»Aha, gut. Also schreib mir recht bald und grüße deine Braut. Gott segne euch.«

Mit einem mulmigen Gefühl fuhr Clemens zurück nach Österreich. Nun hatte er mündlich die Zusage von Allerhöchster Stelle für die Hochzeit mit Mädy. Als Erstes wollte er Mädy informieren, dass er sie nun heiraten könne. Im Anschluss wollte er sich an das Schreiben dieses offiziellen Dokuments machen, das amtlich die Ehe ermöglichen sollte. Kaum in Wallsee angekommen, schrieb er Mädy einen Brief in ihre Unterkunft der Haushaltschule in Westfalen: »Entweder wir heiraten bald oder nie. Ich möchte nicht mehr länger warten.«

Tatsächlich willigten nun beide Väter ein. Mädy konnte ihre Ausbildung abbrechen und im Herbst 1929 wurde in Wallsee Verlobung gefeiert.

Jetzt stand ihm die protokollarische und schriftliche Anfrage an Seine Majestät bevor.

Sein Schwager Bernhard klärte ihn genau über die formellen Umstände auf. Dieser Brief sei nicht als ein harmloses persönliches Schreiben an Ihre Majestät zu sehen, dieser Brief sei ein offizielles Dokument. Ihr Antwortschreiben werde die Vertragsbedingungen zwischen Clemens Salvator und dem Allerhöchsten Haus aufzeigen. Beides, Anfrage und Antwort, werde dann unter der Akte »Morganatische Ehe Erzherzog Clemens Salvator« bei den katholischen Edelleuten archiviert werden.

Bis 1918, also zu Zeiten der Monarchie, wurden Akten wie diese im k. u. k. Ministerium archiviert. Dieses gebe es nun nicht mehr und daher werde sich die »Vereinigung der katholischen Edelleute« dieser Akte dankenswerterweise annehmen. Die katholischen Edelleute, unter der Leitung des ehemaligen k. u. k. Ministerpräsidenten Heinrich von Clam, achteten nicht nur auf die Förderung der katholischen Überzeugung, sie sorgten auch für die Pflege adliger Gesinnung.

Der Gedanke, ein offizielles Schreiben an die Kaiserin

verfassen zu müssen, setzte Clemens enorm unter Druck. Sein Studium in Maschinenbau musste erst einmal ruhen, denn nun hatte er es mit der schwersten Prüfung seines Lebens zu tun.

Für andere wäre es ein Leichtes, ein solches Schreiben zu verfassen. Dies galt aber nicht für Clemens. Schon in der Schulzeit litt er unter der Angst vor Tests, Schularbeiten und einfachen Diktaten. Seine immer größer werdende Prüfungsangst – die auch ein Ausdruck seiner Furcht vor allen Obrigkeiten war – sollte ihn ein Leben lang begleiten und ihm so manchen Stolperstein in den Weg legen. Viele Ziele, die er sich für seinen Lebensweg gesetzt hatte, sollte er aufgrund seiner Versagensängste nie erreichen.

Bei diesem Schreiben durfte er keinen Fehler machen. Er musste seinen Standpunkt vertreten, seine Ansichten der Kaiserin nahebringen, seine Treue dem Kaiserhaus gegenüber bekunden, aber auch die Gesetze der Republik achten. Clemens hatte das Gefühl, wenn er all diese Widersprüche nicht unter einen Hut bekäme, könnte es passieren, dass die Kaiserin seine loyale Gesinnung nicht erkennen würde und ihre mündliche Zusage wieder zurückziehen könnte. Vom Erfolg seiner Worte hingen das Glück seiner Ehe, seine beruflichen Pläne, das Schicksal seiner Frau und zukünftigen Kinder und Kindeskinder ab – also auch das meinige.

Nur, wie sollte er all seine widersprüchlichen Gedanken in Worte fassen? Tage- und nächtelang schritt er in seinem Studierzimmer in Wallsee auf und ab, rauchte eine Zigarette nach der anderen, schrieb eine Seite, verwarf die Idee wieder und zerriss Blatt um Blatt.

Im Schlaf holten ihn die Gedanken ein und überfielen ihn wie dunkle Dämonen. »Erklär dem Kaiserhaus deine Loyalität«, »Sag Ihrer Majestät, dass du ein bürgerliches Leben führen möchtest«, »Verpflichte dich der Tradition des Allerhöchsten Hauses«, »Der Adel wird über deine Frau und dich richten«, »Der gemeine Bürger wird euch verhöhnen«,

»Geh ins Ausland, dort hast du deine Ruhe«, »Der Graf Stolberg wartet auf dein Schreiben« – schweißgebadet wachte Clemens auf. Tatsächlich machte Bernhard bereits Druck. Zu Beginn des neuen Jahres 1930 hatte er vor, die Kaiserin aufzusuchen und ihr persönlich das Schreiben seines Schwagers zu überreichen.

Doch Clemens hatte noch keine Zeile geschrieben. Auch musste er einen Familiennamen für sich, seine Braut und seine zukünftigen Kinder wählen und vorschlagen. Dieser Name, so wollte er es, sollte mit der Geschichte der Habsburger zu tun haben und für historisch Versierte eine Verbindung zum Hause Österreich herstellen. In seiner Recherche kamen ihm Titel und Namen unter, wie die Grafen von Bar – wie sich bereits die Kaiserin nannte, wenn sie inkognito unterwegs war –, Grafen von Sonnenberg, Grafen von Kyburg oder – für Clemens unvorstellbar – die Grafen von Burgau. Ein Name aber stach ihm ins Auge: Altenburg. So hieß eine Stammburg der Habsburger im Schweizer Kanton Aargau.

»Graf Clemens von Altenburg« – so wollte er in Zukunft heißen. »Wenn ich schon nicht würdig für den Titel und Namen Erzherzogin Elisabeth von Habsburg sein soll, dann möge man mich Gräfin Elisabeth von Altenburg nennen. Das klingt schön«, teilte ihm Mädy bei einem Treffen auf der Bank im Schlosshof mit. »Lass mich deinen Brief lesen.«

Clemens musste zugeben, dass er noch keine Silbe hinbekommen hatte, aufgrund der vielen widersprüchlichen Anliegen und Erklärungen, die er hatte. Mädy bot ihm ihre Hilfe an. Doch Clemens fuhr sie unfreundlich und unwirsch an. Sie könne ihn nicht beraten, das würde ihn nur noch mehr durcheinanderbringen. Ihm reichten schon die vielen Einwürfe und Bedenken von Bernhard. Die Nervosität hatte ihn im Griff und beherrschte sein aufbrausendes Gemüt.

»Clemens, wenn ich dir nicht helfen darf, dann hilf dir

selbst. Mach eine Stichwortliste mit all den Gedanken, die du unterbringen willst, und dann fang an zu schreiben.«

Mädy stand auf, ging zurück zum Uferstöckl und ließ Clemens alleine zurück. Sie hatte vollkommen Recht! Dieser Hinweis, eine Liste zu machen, die seine Gedanken strukturierte, war goldrichtig. Noch in derselben Nacht gelang ihm folgender Brief:

MEMORANDUM

Über die Gründe, die mich anlässlich meiner bevorstehenden Verehelichung mit Gräfin Elisabeth Rességuier bewegen, Euer Majestät die Bitte vorzulegen, mir eine Namensänderung zu gestatten bzw. mir einen anderen Namen und Titel zu verleihen.

Eure Majestät!

Ende September haben Eure Majestät über mein Ansuchen mir meine Verlobung mit Gräfin Elisabeth Rességuier gestattet und da meine Heirat eine nach dem Allerhöchsten Familienstatut unebenbürtige ist, meiner zukünftigen Frau die Verleihung eines gräflichen Namens und Titels in Aussicht gestellt. Nun ist es aber nach dem bürgerlichen Gesetz unmöglich, dass Frau und Kinder einen anderen Namen führen, als den des Mannes. Es würde also meine Frau bzw. eventuelle Nachkommen vor dem Staate und auch in der Öffentlichkeit (z.B. im gesellschaftlichen Verkehr) offiziell meinen Namen führen müssen und daher von der großen Mehrzahl der Menschen als Mitglied des Kaiserhauses angesehen und tituliert werden.

In erster Linie widerspricht Letzteres nun den Bestimmungen der Allerhöchsten Familienstatuten und den seit Jahrhunderten in unserer Familie bestehenden Gepflogenheiten und könnte eventuell im Laufe der Geschichte zu Schwierigkeiten in der Legitimität der Erbfolge führen. Es wäre nun meines Erachtens nach gerade in der heutigen Zeit, wo Traditionen vergessen, wenn nicht mit Absicht über Bord geworfen werden, von größter Wichtigkeit, dass gerade das Erzhaus an seinen Traditionen insbesondere an der legitimen Erbfolge festhält und dies auch vor aller Öffentlichkeit zeigt. Diese Gefahren bzw. Schwierigkeiten wären durch eine Namensänderung auch meinerseits, am einfachsten behoben.
In zweiter Linie möchte ich nun Eurer Majestät darlegen, warum ich aus Gründen meines Berufes und des gesellschaftlichen Verkehrs zu diesem Entschluss komme.
Wie Eure Majestät wissen, studiere ich auf der Technik und möchte nach Beendigung meiner Studien diesen Beruf, wahrscheinlich sogar im Ausland, praktisch ausüben. Hierdurch werde ich gezwungenermaßen mit Kreisen ganz anderer Art und Lebenseinstellung in Berührung und Verkehr kommen, welche sich in unsere Anschauungen nicht so leicht hineindenken können und daher nicht wissen werden, wie sie sich uns, besonders meiner Frau gegenüber benehmen sollen.
Ferner möchte ich noch erwähnen, dass speziell auch im ausländischen Geschäftsleben mir mein bisheriger Name und Titel als kai-

serlicher Prinz und Erzherzog von Österreich eine Anstellung, bzw. mein Fortkommen sehr erschweren, wenn nicht sogar unmöglich machen könnten.
Doch auch in der Gesellschaft würden sich im Verkehr Schwierigkeiten und peinliche Situationen in Fragen der Titulierung oder auch des Ranges ergeben. Ich fürchte nun, dass es uns vielleicht recht schwer werden wird, in Kontakt und Verkehr mit der Gesellschaft zu bleiben, nicht so sehr aus schlechter Absicht seitens dieser Kreise, sondern weil dieselben solche Schwierigkeiten zu vermeiden trachten werden. Hieraus könnte nun der Anschein entstehen, als ob wir unkorrekt oder gar unrecht gehandelt hätten. Diesen Anschein zu vermeiden, ist doch meiner Frau und meinen Kindern gegenüber meine unbedingte Pflicht und liegt auch vollkommen im Interesse des Kaiserhauses. Aus diesen Gründen würde eine Namensänderung auch meinerseits größere Klarheit schaffen. Hier möchte ich an Eure Majestät eine Bitte einschalten, dahingehend, dass Eure Majestät die Gnade hätten, nach Erledigung meiner Angelegenheit bzw. anlässlich meiner Hochzeit, in geeigneter Form (z.B. durch ein Schreiben Eurer Majestät an die Mitglieder des A. H. Kaiserhauses sowie an die Vereinigung der kath. Edelleute Österreichs) die Namens- und Titelverleihung sowie die Allerhöchste Einwilligung zu meiner Ehe bekannt zu geben.
Anlässlich meiner schon erwähnten Audienz im September haben mir Eure Majestät

den Auftrag gegeben, über einen geeigneten Namen nachzudenken, falls ich mich jedoch zu keinem entschließen könnte, die Absicht geäußert, selber einen solchen aussuchen zu wollen.
Mir selbst wäre es natürlich sehr erwünscht einen mit der Geschichte des Hauses im Zusammenhang stehenden Namen zu erhalten. Ursprünglich dachte ich an einen Namen eines Grafen von Bar, da aber Eure Majestät ihn jetzt selbst benutzen, dürfte dieser Name wohl nicht mehr in Frage kommen. Ein Bestandteil des kaiserlichen Titels, wie z.B. Sonnenberg, ist wohl auch nicht möglich. Am liebsten wäre es mir, wenn Euer Majestät die Gnaden hätten mir den Namen und Titel eines Grafen von Kyburg, – eventuell von Altenburg, – Linien waren, zu verleihen. Sollten Eure Majestät meine bisherigen Vorschläge nicht billigen, dann würde ich um den Namen eines Grafen von Burgau bitten, der, soviel ich weiß, von einer alten Tiroler Grafschaft stammt und die Söhne von Philippine Welser führten.

Ich bitte nunmehr diese meine Ausführungen sowie die mündlichen Ergänzungen hierzu, welche mit Erlaubnis Euer Majestät mein Schwager Graf Stolberg Eurer Majestät vorbringen wird, gnädig aufnehmen zu wollen und verbleibe Eurer Majestät stets treu gehorsamer

Clemens Salvator
m. p.
Wallsee, am 4. Januar 1930

Clemens war, nachdem er alles noch einmal laut durchgelesen hatte, zufrieden mit sich und der Welt. Erschöpft fiel er in einen tiefen und langen Schlaf.

Am nächsten Tag überreichte er das Dokument an Graf Bernhard Stolberg. Dieser las es genau durch und meinte: »Im Großen und Ganzen ist der Brief so in Ordnung. Das eine oder andere würde ich ändern. Aber dazu ist jetzt keine Zeit mehr. Morgen schon fahre ich zur Kaiserin in ihr neues Exil in Steenokkerzeel. Wir werden sehen, wie sie reagiert.«

Die Kaiserin reagierte schnell. Schon wenige Tage später überreichte Bernhard Clemens das Antwortschreiben der Kaiserin. Beim ersten Mal überflog er die Worte. Dann atmete er zweimal tief durch, setzte sich auf einen Stuhl und zwang sich dazu, jede Zeile, jeden Absatz langsam und bewusst zu lesen.

Euer Liebden,
Erzherzog Clemens Salvator!
Ihre am 4. Jänner datierte Bitte, anlässlich Ihrer Vermählung mit Gräfin Elisabeth Rességuier Ihren Namen und Titel zu ändern, also aus dem Erzhaus auszuscheiden, habe ich erhalten. Ich willfahre dieser nur der größten Loyalität und der engsten Sorge um die Hochhaltung der Ehre des Kaiserhauses entsprechenden Bitte in einer bedingten Weise.
Als stellvertretender Familienchef des Allerhöchsten Erzhauses verleihe ich, im Namen Seiner Majestät des Kaisers und Königs Otto, Ihnen und Ihrer zukünftigen Gemahlin sowie den eventuell aus dieser Ehe entspringenden Kindern den Namen und Titel von Grafen respektive Gräfin von Altenburg.

An dieser Stelle atmete Clemens erleichtert auf. Sein Wunschname war akzeptiert.

Er las nun den nächsten Absatz, in dem es um die mögliche Restauration der Monarchie ging, und die Rechte und Pflichten, die er dann im Gegensatz zu seiner Frau und seinen Kinder haben würden:

> Falls aber, was Gott geben möge, der Kaiser wieder in Seine Rechte eingesetzt wird, so soll Ihnen die Möglichkeit offen stehen, auf Grund dieses Handschreibens in das Allerhöchste Haus wieder aufgenommen zu werden, und zwar in Ihrer bisherigen Rangordnung. Ihre Ehe würde in diesem Fall zugleich als morganatisch erklärt und Ihre Gemahlin sowie Ihre Kinder, die Ihnen mit diesem Handschreiben verliehenen Namen und Titel wieder führen.
> Das Gleiche könnte sich ereignen, wenn Seine Majestät einen Ruf an Sie ergehen lassen sollte in einer Angelegenheit, in der es notwendig oder wünschenswert erschiene, dass der Gerufene Mitglied des Allerhöchsten Hauses wäre. Falls Sie dann gesonnen wären, diesem Rufe Folge zu leisten, würde der nämliche Vorgang wie oben erwähnt eingehalten werden: Ihre Ehe würde morganatisch erklärt, Ihre Gemahlin, sowie Ihre Kinder würden den Namen und Titel der Grafen von Altenburg weiter tragen, während Sie in die Kaiserliche Familie wieder aufgenommen und in Ihrer bisherigen Rangordnung wieder eingesetzt würden.

Der letzte Absatz betraf die von Bernhard angekündigte Vorgangsweise der Archivierung dieser Akte:

> Von diesem Handschreiben, welches Euer Liebden streng geheim zu behandeln haben, bestehen zwei von mir unterschriebene und mit meinem Siegel versehene Kopien. Das eine Exemplar wurde in das Familienarchiv hinterlegt, das andere dem Geheimen Rat Grafen Heinrich Clam und der Bestimmung übergeben, es als Reservatstück in dem Archiv der Vereinigung katholischer Edelleute zu verwahren.
> Zita
>
> *Gegeben in*
> *Steenokkerzeel, am 19. Februar 1930*

Bernhard, der seinen jungen Schwager beim Studieren des Briefes geduldig beobachtet hatte, wartete, bis dieser zu ihm aufsah. Dann richtete er an ihn die Frage: »Na, zufrieden?«

Clemens nickte. Doch so richtig Freude konnte bei ihm nicht aufkommen. Er fühlte sich leer und erschöpft. Woher kam auf einmal diese Melancholie? Alle Ziele, die er sich gesetzt hatte, waren erreicht: Er bekam von allerhöchster Stelle die Erlaubnis, Gräfin Elisabeth Rességuier ehelichen zu dürfen. Seinen Wunschnamen »Altenburg« hatte er durchgesetzt und durfte ihn für sich und seine Frau annehmen. Auch war ihm der Spagat zwischen virtueller Welt – wie sie die Monarchie zu jener Zeit war – und realer Welt, der neuen Republik gelungen.

Aber war er ein Held? Stolz und Genugtuung konnte er nicht empfinden. Helden erreichen höhere Ziele. Seine Treue zum Kaiserhaus, sein loyales Verhalten wurde aber mit Niederlagen belohnt. Statt Erzherzog war er jetzt nur noch ein Graf. Seine Frau und seine zukünftigen Kinder würden nicht als Mitglieder des Erzhauses gesehen werden und würden im Falle einer Restauration der Monarchie nicht die gleichen Rechte haben.

Würde es möglich sein, als frisch gebackener »Altenburg« im Bürgertum Anerkennung zu finden? Schwer vorstellbar. Dass er ein Enkel des vorletzten Kaisers war, brauchte nur einer herauszufinden und das Wissen seiner Abstammung würde sich wie ein Lauffeuer herumsprechen.

Ich bin mir sicher, dass meine Großmutter Mädy dennoch sehr stolz auf ihren Clemens war. Er hatte für sie gekämpft. Er hatte für seine Liebe gekämpft. Damit nahm er den gesellschaftlichen Abstieg in Kauf.

Vielleicht hatten Clemens und Mädy auch die Hoffnung, dass eines Tages ihre Loyalität zum Hause Habsburg belohnt wird. Zum Teil ist dies auch geschehen. Neunzehn Jahre später sollte die Familie Altenburg durch Erzherzog Otto vom Grafen- in den Prinzenstand erhoben werden – davon möchte ich Ihnen an einer anderen Stelle erzählen.

Es ist schon erstaunlich, wie sehr meine Großeltern nach einem Gesetz handelten, das es in der damaligen Realität von 1930 seit achtzehn Jahren nicht mehr gab. Auf der anderen Seite kann ich verstehen, dass mein Großvater als Enkelsohn des Kaisers Franz Joseph sich sehr wohl dem Kaiserhaus weiterhin verpflichtet fühlte. Viele in seinem Umfeld – nicht nur Graf Bernhard Stolberg und die Kaiserin – gingen davon aus, dass die Republik nur eine vorübergehende Erscheinung war und dass es lediglich eine Frage der Zeit sei, bis die Monarchie wieder eingeführt werden würde.

Hinzu kommen Familienstrukturen und Traditionen, die es schon seit vielen Generationen gab und die eine Tochter oder einen Sohn in ein Korsett spannten, das kein alternatives Denken zuließ. Das unumstößliche Gebot »Du sollst Vater und Mutter ehren« ließ keinen Widerspruch zu und damit gab es in der Pubertät kaum einen Spielraum für Emanzipation – die Entlassung des Kindes aus der Abhängigkeit der Eltern. Die Narrenfreiheit, die mein Großvater als Kind aufgrund seines einnehmenden Wesens genoss, dürfte ihm in der Jugend ausgetrieben worden sein. Dennoch hatte er sich aus Liebe zu Mädy noch einmal gewehrt, blieb den alten Gesetzen treu und erreichte in diesem engen Spielraum, der ihm gesetzt wurde, sein Ziel.

Heute hat sich vieles geändert innerhalb der adeligen Gesellschaft. Es ist alles nicht mehr so streng, nicht mehr so konservativ, nicht mehr so starr, nicht mehr so patriarchal. Aber mit der Aussage dieses Satzes impliziere ich, dass wir uns von diesen alten Regeln nicht ganz gelöst haben. Die Monarchie sitzt vielen Aristokraten im wahrsten Sinne des Wortes noch in den Knochen und Genen.

So verwundert es nicht, dass es auch heute noch dieses Hausgesetz gibt, das die Mietglieder der Familie Habsburg zu befolgen haben. Dieses Gesetz mit seinen strengen Ehebestimmungen wurde im Laufe der Jahrzehnte mehrmals vom Oberhaupt der Familie, Erzherzog Otto, und später von seinem Sohn, Erzherzog Karl, überarbeitet und den sich verändernden Zeiten angepasst. Einige Verbindungen, die erst als nicht standesgemäß gesehen wurden, sind in den 1990er Jahren rückwirkend als hausgesetzmäßig und ebenbürtig erklärt worden.

Der Familie Altenburg machte Erzherzog Otto kurz nach dem Tod meiner Großmutter Mädy im Jahr 2000 das Angebot, dass die Familie sich nun wieder Habsburg nennen könne und die Titel Erzherzog und Erzherzogin tragen dürfe. Mein Onkel, der älteste Bruder meines Vaters, lehnte dieses Angebot dankend ab.

Auch heute existiert dieses Hausgesetz in einer sehr abgemilderten Form noch. Die Braut muss jedoch keinen Adelsnachweis mehr erbringen. Sie ist auch nicht verpflichtet, der katholischen Gemeinschaft anzugehören. Welche Konfession sie hat, spielt keine Rolle mehr. Die Verbindung wird anerkannt, wenn das Paar sich nach katholischem Recht vermählen lässt. Bei rein standesamtlichen Verbindungen führen die Nachkommen keinen Titel mehr.

Das war nun ein weiter Sprung in die Zukunft. Zurück zum Anfang der Ehe meiner Großeltern Clemens und Mädy. Die Hochzeit am 20. Februar 1930 wurde in Wien im kleinsten Familienkreise gefeiert. Die Trauung fand in der Schottenkirche auf der Freiung statt.

Die Feierlichkeiten waren überschattet von einem großen Verlust. Drei Wochen zuvor war Ella, die älteste Schwester von Clemens, überraschend an einer Lungenentzündung gestorben. Sie hinterließ vier Kinder und einen trauernden Witwer, Graf Georg von Waldburg-Zeil.

Von der Trauung meiner Großeltern gibt es kein einziges Bild, denn man hatte vergessen, zur Kirche und zum anschließenden Familienessen einen Fotografen zu bestellen.

Am 2. April 1930 bewilligte die niederösterreichische Landesregierung die Namensänderung von »Habsburg-Lothringen« in »Altenburg«. Ein neuer Familienzweig war damit geboren.

Nachdem Mädy und Clemens ihre ersten fünf Ehejahre in einer Wohnung im vierten Gemeindebezirk verbracht hatten, zogen sie mit ihrer ältesten Tochter und zwei Söhnen ins Palais Rainer in Wien. Dieses war im Besitz von Franz Salvator und er stellte seinem Sohn Clemens und seine Familie ein großes Apartment zur Verfügung.

In diesem Palais erblickte am 18. September 1935 Peter das Licht der Welt – mein Vater.

Das Berühren der Figüren mit den Pfoten ist verboten

»Wir zwei wir fahren jetzt nach Bad Ischl. Ich zeig dir die Kaiservilla.«

Mit diesem Satz riss mich mein Vater aus meinen Tagträumen. Ich lag in einem Liegestuhl auf der Terrasse und beobachtete von dort den Attersee, der alle paar Minuten seine Farbe zu ändern schien. Je nachdem, wie das Licht auf die Wasseroberfläche hereinbrach, zeigte er sich in einem Moment in seiner friedlichen Form und das Wasser leuchtete in einem klaren Türkis. Kurz darauf schob sich eine Wolke vor die Sonne, ein Windstoß löste kleine Wellen aus und das kühle Nass erschien mir bedrohlich grau, fast schwarz.

Meine Eltern und ich waren zu Besuch bei der Familie meiner älteren Schwester in deren Haus, das direkt am Attersee steht. Dankenswerterweise hatte ich von meiner Regisseurin einen zusätzlichen probefreien Tag bekommen, sodass sich mein Österreichaufenthalt auch wirklich lohnte. Ich musste erst am Dienstag zurück nach Berlin.

Am Tag zuvor hatten wir in einem Wirtshaus am Attersee den siebzigsten Geburtstag meines Vaters gefeiert. Zu diesem festlichen Anlass am 18. September 2005 war nur der »engste Kreis« geladen – sprich sieben Geschwister meines Vaters und ihre Lebensgefährten, zwei jüngere Brüder meiner Mutter und ihre Ehefrauen, ein paar Cousinen, Cousins und Freunde meines Vaters, mit denen er viele gemeinsame Erinnerungen aus Kindheits-, und Jugendtagen teilte.

Und schlussendlich waren auch wir da – die allerengste Familie: seine fünf erwachsenen Kinder – ich war zu diesem Zeitpunkt bereits 34 und immer noch ein hoffnungsloser Junggeselle – Schwiegersohn und Schwiegertochter, acht Enkelkinder und seine Frau Jani, meine Mutter.

All diese Menschen füllten nicht nur das Wirtshaus gut aus, sie nahmen auch einen großen Platz in der Rede meines Vaters ein, der sich bei allen persönlich bedankte und ihnen mitteilte, wie viel sie ihm bedeuteten.

Zum Schluss seiner Ansprache sagte er einen Satz, der uns allen im Gedächtnis blieb: »Wenn ich heute auf meine siebzig Jahre zurückschaue, kann ich sagen, dass ich ein schönes, glückliches Leben hatte, und dafür möchte ich euch danken.« Dann senkte er seine Augen, vielleicht, um den Stichwortzettel seiner Rede und die Lesebrille sicher in seiner Brusttasche zu verstauen, vielleicht aber auch, um seine Emotionen zu verbergen.

»Bravo«, rief meine Mutter in die Stille, wie es ihre stürmische Art ist, »und jetzt wollen wir das Glas erheben, Prost!«

Und sie stand auf und alle stimmten ins »Hoch soll er leben« ein. Mein Vater konnte nun endlich entspannen und den Abend genießen. Das Glas Wein, das vor ihm stand, rührte er kaum an. Er nutzte es hauptsächlich, um mit den Gratulanten anzustoßen.

Sechs Jahre zuvor hatte man bei ihm eine chronische Leukämie diagnostiziert. Der Arzt meinte, wenn seine Blutwerte stabil blieben, könne er noch sehr alt werden. Er müsse nur gesund leben. Mein Vater hatte vor, alt zu werden, und so verzichtete er von einem auf den anderen Tag auf Wein und seine geliebten Zigarren. Trotz des gesunden Lebenswandels blieben ihm die vereinzelten Chemotherapien nicht erspart, die sein Immunsystem im Laufe der Zeit merklich schwächten.

Einer Leidenschaft aber, die ihn schon ein Leben lang

begleitete, blieb er treu, und das war der Genuss von gutem Essen. Und dieser Passion gab er sich nun zur Freude meiner Mutter und all seiner Verwandten und Freunde hin.

Am nächsten Tag waren alle Gäste abgereist. Nur noch meine Eltern und ich waren im Haus am See bei meiner Schwester einquartiert.

»Also, kommst du nun mit nach Bad Ischl?«, wiederholte mein Vater seine Frage an mich. Mein Körper hatte sich dem Liegestuhl wunderbar angepasst und ich hatte nicht so recht Lust, den selbigen zu verlassen. Andererseits war das Angebot durchaus verlockend. Mit meinem Vater war eine Fahrt in den kaiserlichen Kurort kein gewöhnlicher Touristenausflug. Zwölf Jahre seiner Kindheit hatte er in der Kaiservilla gelebt. Es waren die Kriegs- und Nachkriegsjahre, die er dort mit seiner Familie verbrachte und die ihn sehr geprägt hatten. Vielleicht würde er mir das eine oder andere aus der Zeit erzählen?

Also raffte ich mich von meinem Liegestuhl auf und machte mich fertig für den Ausflug. Kurz darauf saßen mein Vater und ich im Auto und fuhren den Attersee entlang. Wie so oft, wenn ausschließlich wir zwei zusammen waren, schwiegen wir uns an. Die Frage »Wer fängt als Erster ein ungezwungenes Gespräch an?« lag im fahrbaren Raum zwischen Seen, Dörfern und Wäldern. Zu unserer Verteidigung muss ich sagen, dass es dieses Schweigen zwischen Vater und Sohn schon seit vielen Generationen in unserer Familie gab. Kaiser Franz Joseph und Kronprinz Rudolf sprachen in Zweisamkeit höchstens über das Wetter, die Familie und die Jagd. Ähnlich war das Verhältnis zwischen Franz Salvator und Clemens. Clemens hatte diese väterliche Eigenart übernommen und schwieg in der Gegenwart seines Sohnes Peter. Warum sollte nun ausgerechnet Peter wissen, wie und vor allem worüber er ungezwungen mit seinem Sohn Leopold plaudern könnte?

Also schwiegen wir uns weiter an, ohne das Schweigen wirklich genießen zu können.

Ich starrte stur auf den Mittelstreifen und dachte an meine Rückreise am nächsten Tag nach Berlin, die Endproben und die bevorstehende Tour mit der Berliner Compagnie. Mir kamen meine gescheiterten Beziehungen in den Sinn, die mich unglücklich und zweifelnd machten. Auch kreisten meine Gedanken um meine Schauspielkollegin Juliane, mit der ich bald Premiere feiern würde, und die im Stück »Kredit für Taslima« meine Geliebte spielte. Seit Kurzem war Juliane auch Clown beim Verein der Roten Nasen, sodass wir nun zwei Arbeitsbereiche teilten. Alle Freunde, Clown- und Schauspielkollegen drängten uns, ein Paar zu werden. Wir würden uns doch so gut verstehen und perfekt zusammenpassen. Aber wir winkten erfolgreich ab. Wir waren beste Freunde und so sollte es auch bleiben. Dieses Verhältnis durfte nicht durch Liebe vergiftet werden – so hätte es Kaiserin Elisabeth ausgedrückt.

All das, was mich in dieser Zeit so beschäftigte, hätte ich mit meinem Vater besprechen können. Aber ich wusste, dass ihn Beziehungsgeschichten der eigenen Kinder völlig verunsicherten. Erst wenn eine Heirat bevorstand, könne man sich über solche Themen wie Partnerin und Lebensplanung unterhalten. Aber es sollten zu diesem Zeitpunkt noch eineinhalb Jahre vergehen, bis Juliane und ich ein Paar wurden.

Also sagte ich bei dieser Autofahrt Richtung Bad Ischl nach einer langen Pause des Schweigens: »Ich glaube die Sonne zeigt sich bald wieder.«

»Wie willst du das denn wissen? Du schaust ja nur auf die Straße.« Mein Vater schien mich also doch heimlich beobachtet zu haben. »Du musst dir die wunderschöne Landschaft anschauen. Der Kaiser hat übrigens das Salzkammergut geliebt. Jeden Sommer ist er hingefahren, um sich zu erholen und zu jagen. Die Anfahrt war, bevor die Eisenbahnstrecke erbaut wurde, äußerst umständlich. Von Gmunden ist er mit einem Dampfschiff über den Traunsee bis nach Ebensee gebracht worden. Von dort ging es weiter mit der Kutsche bis Bad Ischl. Auch die Kaiserin war gerne hier. Sie ist regelmäßig mit ganzer Gefolgschaft auf den Jainzen gewandert. Schnellen Schrittes ging sie voran. Die Hofdamen hatten Mühe, ihr zu folgen. Aber das weißt du ja alles.«

Für meinen Vater war es eine Selbstverständlichkeit, dass ich als Nachkomme des Kaiserpaares mich über das selbige ausführlich gebildet, belesen und informiert hatte.

Wir waren am Ziel angekommen und mein Vater stellte das Auto direkt vor dem Park der Villa ab.

»Ich muss uns bei meinem Vetter anmelden.« Der Besitzer der Kaiservilla war ein direkter Cousin meines Vaters. »Wenn er da ist, sagen wir Grüß Gott. Das macht man so.«

»Das macht man so« erlaubte keine Alternative. Einfach so inkognito durch die Museumsräume zu laufen, ohne der Verwandtschaft Bescheid zu sagen, dass man hier sei, das machte man nicht!

Mühsam fischte er aus seinen Taschen des Sakkos Lesebrille und sein neues Handy, auf dem er nun umständlich einige Knöpfe zu drücken begann: »Wo hab ich denn diese Nummer? Wie funktioniert denn dieses Klumpert?« (Mit Klumpert meinte er auf gut altösterreichische Ausdrucksweise ein unnützes Ding.)

»Soll ich es dir zeigen?«

Ich wollte schon nach dem Mobiltelefon greifen, da entzog er mir seine Hand und sagte einen Satz, den ich als Kind schon unzählige Male zu hören bekommen hatte: »Das Berühren der Figüren mit den Pfoten ist verboten.« Und dann folgte unweigerlich der Zusatz: »Schauen tut man mit den Augen. Ich bekomme das schon hin. Sag mir einfach, was ich zu tun habe.«

Und ich erklärte ihm, wie er im Menüpunkt »Kontakt« die gespeicherte Nummer seines Cousins finden konnte.

Fünf Minuten nach dem erfolgreichen Telefonat war der Cousin meines Vaters schon bei uns, begrüßte uns herzlich und erklärte an der Kasse, dass wir seine Gäste seien und freien Eintritt hätten.

Auf dem Weg zur Villa ergab sich ein kurzes Gespräch:

»Schön, dass ihr da seid. Was führt euch in die Gegend?«

»Ich hab gestern meinen siebzigsten Geburtstag gefeiert – im kleinen Kreis.«

»Ach, dein runder Geburtstag. Alles Gute nachträglich, lieber Peter!«

Und an mich gewandt: »Dich hab ich schon lang nicht mehr gesehen. Was machst du beruflich?«

»Ich bin Schauspieler.«

»Schauspieler, das ist gut. Ich hab immer wieder so Anfragen für Auftritte in Fernsehshows, wenn sie mal wieder einen Nachkommen von Sisi suchen. Da könnte ich ja dann dich empfehlen. Du bist das bestimmt gewohnt, so vor einer Kamera zu reden. Das letzte Mal, wie wir uns gesehen haben, warst du noch ein Kind. Wie alt bist du jetzt?« – »34«, antwortete ich brav – wie ein Kind.

»Ja, wie die Zeit vergeht. Ich muss mich jetzt verabschieden. Es gibt viel zu tun. Das Dach muss bald repariert werden und der Sturm hat im Wald einige Bäume umgeschmissen. Die müssen entsorgt werden, bevor der Borkenkäfer kommt. Die Leut glauben ja alle, so eine Villa zu besitzen, sei ein Luxus. Ist es aber nicht. Also schaut euch die Räumlichkeiten an. Peter, du kennst dich ja aus. Viel Vergnügen.«

Und damit verabschiedete sich der Erzherzog und ging zurück in sein Büro. Mein Vater und ich standen vor der Villa am Brunnen, die durch die »Sissi«-Filme so weltberühmt geworden war. Aber auch der italienische Regisseur Luchino Visconti hat dieses Bauwerk Anfang der Siebziger im Historiendrama »Ludwig II« beeindruckend in Szene gesetzt.

Wie ein geübter Reiseführer erklärte mein Vater mir die Geschichte dieses Hauses: »Das historische Gebäude in Bad

Ischl hieß, bevor es an die kaiserliche Familie ging, Villa Eltz. Dein Schwager stammt von dieser Familie ab. Mit der Verbindung von Altenburg und Eltz hat sich hier wieder ein Kreis geschlossen. Das ist doch spannend, oder? Erzherzogin Sophie hat Mitte des 19. Jahrhunderts die Villa Eltz gekauft und ihrem Sohn Kaiser Franz Joseph aus Anlass der Verlobung mit Herzogin Elisabeth von Bayern geschenkt. Der ließ seine Sommerresidenz um zwei Anbauten erweitern. Der Grundriss der Villa ergibt übrigens ein E. E wie Elisabeth. Dein Opapa, mein Vater, war als Kind des Öfteren zu Besuch bei seinem Großvater, dem Kaiser. Und wir, also meine Eltern, Geschwister und ich, sind 1945 für zwölf Jahre hierher hingezogen. Aber das weißt du ja.«

Das wusste ich. Aber wie lebendig Geschichte sein kann, sollte ich erst durch diesen Ausflug erfahren.

Wir betraten den Vorraum der Villa und wurden an der Kasse freundlich durchgewinkt. Kaum hatten wir die große Stiege erreicht, die in den ersten Stock führte, erlebte ich bei meinem Vater eine erstaunliche Metamorphose. Er löste seine Hände, die er beim Gehen stets hinter seinem Rücken zusammenhielt, sein Gang wurde leichter und seine Gesichtszüge verjüngten sich sichtbar.

»Diese Stiege mit ihren vielen Geweihen, das ist für mich Kindheit. Böcke, Gämse, Hirsche, alles Jagdtrophäen vom Kaiser. Hier sind meine Geschwister und ich unzählige Male rauf- und runtergerannt.«

Mein siebzigjähriger Vater nahm nun zwei Stufen auf einmal, um möglichst schnell in den ersten Stock zu gelangen. Kaum oben angekommen, zeigte er mir einen geheimen Eingang.

»Durch diese Tür sind wir von den Privaträumen in den Ausstellungsbereich gekommen. Der Reiseleiter hat den Touristen erklärt, das sind die Urenkeln vom Kaiser. Wir gehörten irgendwie zum Inventar des Hauses. Schau dir das an …« Er zeigte auf ein kunstvoll verziertes Ei aus Holz, etwas größer als ein Baseball. »Das ist eine Spieluhr.« Und wie ein Hochspringer, der seine ersten Übungen absolvierte, schwang er ein Bein nach dem anderen über die rote Absperrkordel. »Ich darf das. Ich bin hier zu Hause«, erklärte er mir, seinem überraschten Sohn, der seinen stets so korrekten Vater kaum wiedererkannte. »Hier bei diesem Ei gibt es einen Knopf, wenn man den betätigt, setzt sich das ganze Werkel in Bewegung.« Er drückte den Knopf, doch die Spieluhr blieb still. »Die müsste man wahrscheinlich aufziehen. Aber das mach ich jetzt nicht. Komm mit.«

Geschickt sprang er wieder in den für Besucher legalen Bereich der Ausstellung. Ich war erleichtert. Kein Aufseher hatte seinen Ausflug mitbekommen. Doch ehe ich mich versah, war mein Vater über das nächste Band geklettert.

»Da, schau. Das ist eine Büste von Kaiserin Elisabeth. Die hat mein Bruder Christoph als kleiner Bub mit Buntstiften hinten angemalt. Jahrelang erstrahlte die Kaiserin auf der Rückseite in allen Farben. Aber anscheinend …« – er schaute hinter die Büste – »hat man die Farben inzwischen gut entfernen können. Komm, ich zeig dir die Kapelle.«

Auch diesen kleinen Raum betrat er ungeniert: »An diesem Ort hat der Kaiser sehr um seine ermordete Frau getrauert und für sie gebetet. Deswegen sind hier einige Erinnerungsstücke, die an sie und ihre letzten Stunden erinnern. In dieser Hauskapelle sind aber auch meine drei jüngsten Brüder getauft worden.«

Weiter ging es durch die Räumlichkeiten der Villa. Vor seinem inneren Auge spielte sich seine Kindheit ab und er fühlte sich frei und ganz zu Hause. Seine persönlichen Anekdoten verknüpften sich mit den Geschichten seiner und meiner Vorfahren. Der Satz »Das Berühren der Figüren mit den Pfoten ist verboten« war ad absurdum geführt. Mein Vater fasste alles an und erspürte Holz, Stoffe, Leder und Stein. Er wollte die Geschichte im wahrsten Sinne des Wortes begreifen.

»In diesem Fauteuil hat der Kaiser sich ausgeruht. Das

Leder ist an den Armlehnen, und da, wo er seinen Kopf zum Schlafen abgelegt hat – hier auf der linken Seite –, dunkler und abgenutzter. Kannst du das erkennen? An diesem Tisch hat er das Manifest ›An meine Völker‹ geschrieben. Bad Ischl wird man immer im Zusammenhang mit dem Beginn des Ersten Weltkriegs verbinden. In dieser Vitrine sind die Jagdgewehre des Kaisers. Als die Amerikaner kamen, im Jahr 1945, hat mein Vater seine Jagdgewehre dazugestellt. So musste er nicht, wie es allgemein befohlen war, seine Waffen abgeben. Kaiserliche Ausstellungstücke wurden nicht als Waffen gesehen. Apropos Amerikaner: Komm mit!«

Wieder verließen wir das Gebäude, und vor der Tür zeigte er zum Zugangsweg: »Hier sind die ersten amerikanischen Soldaten mit ihren Jeeps und den langen Funkantennen auf den Vorplatz gefahren, umkreisten einige Male den Brunnen und verschwanden wieder. Ein paar Tage später bauten sie dort in der Wiese ein Zeltlager auf. Das war das Ende des Krieges.«

Nahtlos sprang er in der Zeit zurück und zeigte mir bei den Vorstufen der Villa einen Stein, der die Form eines Quaders hatte, und den man im gleichen Material dazu angefertigt hatte. »Von diesem Stein aus konnte der alte Monarch leichter auf das Pferd steigen. Und von diesem Stein aus hat meine jüngere Schwester drei Generationen später Fahrradfahren gelernt. Sie hat ja nur Bubenräder von uns älteren Brüdern abbekommen. Von hier aus war es ihr leichter, über die Stange zu klettern. Komm wir gehen hinter das Haus.«

Dort präsentierte er mir den Ort, wo sie ungesehen von den Touristen spielen konnten und er zeigte mir von außen die Zimmer, in denen er mit seinen Brüdern gewohnt hatte, das Zimmer seiner Schwestern, seiner Eltern, seiner Tante.

»Und in diesem Raum war die Kammer unseres Dieners, des Herrn Reitters.«

Am Rückweg machten wir an der Traun einen kurzen Zwischenstopp an einer Stelle des Flusses, wo sein Vater oft gefischt hatte und ihn der kleine Peter manchmal begleiten durfte.

Zur Erinnerung fischte er einen Stein aus dem Fluss, der von der Strömung rund wie ein Ei geschliffen war. Den Stein steckte er in seine Hosentasche. Die Fahrt ging weiter, und wir machten einen großen Umweg über Unterach.

»Hier ist der Berghof. Der war im Besitz meiner Eltern. Dort verbrachte ich die schönsten Sommer meiner Jugend. Heute ist das Gebäude komplett umgebaut. Ich war seit dem Verkauf des Hauses im Jahr 1972 nicht mehr hier. Fast hab ich Scheu, mir die Erneuerungen anzusehen. Ich hoffe, die jetzigen Besitzer haben diesem Haus nicht die Seele genommen. Du musst mich schon richtig verstehen. Ich bin sehr für Renovierung und Modernisierung, aber das Wesen eines Hauses muss erhalten bleiben. Jedes Bauwerk erzählt Geschichte und die darf man nicht mit vollkommen anderen Materialien überdecken.«

Wir waren wieder beim Haus meiner Schwester angekommen. Fast übermütig sprang mein Vater aus dem Auto. Meiner Mutter war die gute Laune ihres Mannes nicht entgangen.

»War's schön?«, fragte sie.

»Ja, und der Leopold hat mich auf die Idee gebracht, ich muss die Ereignisse und Stationen meiner Kindheit und Jugend aufschreiben. Es ist so viel passiert. Das Wissen muss ich an meine Nachkommen weitergeben.«

Ich stand überrascht da, hatte ich doch den ganzen Tag über kaum ein Wort gesagt. Voller Faszination hatte ich meinen Vater beobachtet, der sich fast tänzerisch durch seine Anekdoten und Geschichten bewegt hatte. Und nun sollte ausgerechnet ich, der stille Zuschauer, ihn auf die Idee gebracht haben, sein Leben und das seiner Familie aufzuschreiben?

Ein Jahr später hatte er all seine Erinnerungen mit vielen Fotos in einem Buch zusammengefasst, und dieses Werk verschenkte er bei einem Familienfest, das in Gedenken an seine Eltern veranstaltet wurde, an all seine Verwandten. Dank dieses Tages in Bad Ischl und dieser Aufzeichnungen, ist mir die Kindheit meines Vaters kein so großes Rätsel mehr.

Der Diener und sein Schüler in der Kaiservilla

Vor dem Eingang zum Palais Rainer stand ein Werkelmann. Er trug einen alten, zerschlissenen Frack mit einer welken Blume im Knopfloch. Sein schwarzer Zylinder war zerbeult und hatte wahrlich schon bessere Tage erlebt. Stoisch drehte der Mann die Kurbel seiner Orgel und ließ immer wieder denselben Walzer erklingen. Dabei schaute er freundlich dem kleinen Peter ins Gesicht. Dieser wusste nicht, dass der Herr eine Beinprothese aus Holz hatte, Kriegsinvalide war und vom Amt eine Legitimation für sein Drehorgelspiel erhalten hatte. Aber dem kleinen Peter war aufgefallen, dass irgendetwas am Werkelmann an diesem Tag anders war. Richtig, er hatte sich rasiert!

»Komm lass uns ins Haus gehen«, drängte Tetta, die Kinderfrau von Peter und seinen vier Geschwistern. Der Bub jedoch bestand darauf, dem lustigen Mann noch einen Schilling zu geben. Tetta kramte aus ihrem Portemonnaie eine Münze, das Kind nahm sie, streckte sich und warf den Schilling in die Dose, die fest auf der Drehorgel angebracht war. Ein dumpfes »Klong« war zu hören, als der Schilling auf den anderen Münzen landete. Der Werkelmann zog seinen Hut »Vergelt's Gott, lieber Bua«, dabei lächelte er, und zeigte seine drei noch übrig gebliebenen Zähne. Nun ließ sich Peter von Tetta an der Hand ins Haus führen.

Das mächtige Palais Rainer, das Anfang des 18. Jahrhunderts erbaut worden war und mitten in Wien stand, hatte einst sein Großvater Erzherzog Franz Salvator von seinem Großonkel Erzherzog Rainer geerbt. Einige Jahre nach dem

Tod von Marie Valerie hatte Franz Salvator erneut geheiratet. Die zweite Frau des Erzherzogs, Baronin von Risenfels, wurde von den Enkelkindern stets »Tante Melanie« genannt.

Im Palais wohnten im ersten Stock im linken Trakt Peters Großeltern mütterlicherseits: Friedrich und Christiane. Und auf der rechten Seite waren Clemens und Mädy mit ihrer immer größer werdenden Kinderschar eingezogen.

Peter war nach einer Schwester und zwei Brüdern das vierte Kind von Graf und Gräfin Altenburg. Peter, der darauf bestand, dass er schon zweieinhalb war, hatte noch einen kleinen Bruder und ein fünftes Geschwisterchen sei unterwegs, hatte man ihm erklärt.

Peterle riss sich, kaum dass sie die Wohnung betreten hatten, von Tettas Hand los und rannte durch die Räume. Er liebte die verschachtelten Wege zwischen Salon, Speisezimmer und Schreibzimmer. Eifrig versuchte er, alles, was er erreichen konnte, anzufassen. Und mindestens genauso eifrig ermahnte ihn Tetta wiederholt: »Das Berühren der Figüren mit den Pfoten ist verboten!«

Ein Gegenstand war zu weit weg für Peter. Das war ein Aschenbecher aus Messing in der Form eines Potts auf drei Beinen, der unerreichbar hoch oben auf dem Kamin stand.

Viele Jahre später – da war Peter schon ein junger Mann und das geliebte Palais Rainer längst zu einem schlechten Preis verkauft und von den neuen Besitzern abgerissen worden – packte Mädy diesen Aschenbecher aus einem alten Umzugskarton aus. Peter konnte zur Überraschung seiner Mutter genau beschreiben, wo dieser Gegenstand im Salon gestanden hatte. Mädy schenkte daraufhin diesen Aschenbecher ihrem Sohn, der ihn in Ehren hielt und später mit nach Graz brachte. Geerbt hat diesen kleinen Kupferkessel mit seiner Geschichte meine ältere Schwester.

Aber noch sind wir nicht so weit. Noch ist Peter zwei und – wohlgemerkt – ein halbes Jahr alt. Wir befinden uns im Jahr 1938. Der Frühling stand vor der Tür. Im Winter konnten sie im Garten Schlittenfahren. Damit die Fahrt auf dem leicht abschüssigen Hang etwas mehr Schwung bekam, hatte sein Vater Clemens aus Schnee- und Eisziegeln eine Startrampe gebaut. Und jetzt, wo sich der Frühling zeigte, müssten eigentlich bald die Tulpen blühen, deren Zwiebeln sie im Herbst, kurz nach Peters Geburtstag, in die Erde gepflanzt hatten.

»Das dauert nicht mehr lange. Ihr werdet sehen, spätestens im April wird hier alles gelb, orange und rot leuchten«, erklärte Clemens seinen Kindern. »Es wird nicht leicht sein für euch, zwischen all den bunten Tulpen die Ostereier zu finden.«

Die Welt, die Peter im Garten vom Palais Rainer erlebte, spiegelte leider nicht die Situation wieder, in der sich Österreich befand. Der Werkelmann vor dem Eingang des Palais war einer von über 450.000 Arbeitslosen. Die Stimmung in der Bevölkerung war aufgrund von Armut, einseitiger Ernährung und großer Hungersnot, die viele besonders in den Wintermonaten erlitten, angespannt. Viele suchten ihr Heil in den unterschiedlichsten radikalen bis hin zu gewaltbereiten politischen Gruppierungen. Paramilitärische Organisationen hatten sich gebildet. So gab es unter anderem auf der rechten Seite die Heimwehr und auf der linken den Schutzbund, die bereit waren, sich gegenseitig zu bekämpfen. Viele in der Bevölkerung sehnten sich nach einem starken Mann, der die Ordnung wiederherstellte. Und diese Aufgabe übernahm ein kleiner Mann, kaum über 1,50 Meter groß, den manche spöttisch den »Millimetternich« nannten: Engelbert Dollfuß.

Durch einen Staatsstreich schalteten er und seine christlich soziale Partei das Parlament aus. Er errichtete den austrofaschistischen Ständestaat nach dem Vorbild des von Mussolini geführten faschistischen Italiens. Sozialistische Gruppierungen wehrten sich und es kam zu einem Bürgerkrieg, bei dem in Wien über 200 Menschen starben und viele

Oppositionelle eingesperrt wurden oder rechtzeitig ins Ausland flohen. Am 25. Juli 1934 versuchte eine nationalsozialistische Gruppierung einen Putsch, bei dem Engelbert Dollfuß ermordet wurde. Die Regierung des Ständestaates behielt jedoch die Oberhand und Kurt Schuschnigg wurde zum neuen Kanzler ernannt, der im Laufe der Zeit immer mehr dem Druck von Hitler unterlag.

Auch das Leben von Clemens verlief nicht so, wie er sich das vorgestellt hatte. Noch zu Republikzeiten war er mit seinem Studium für Maschinenbau gescheitert. Dreimal war er zur Staatsprüfung in Graz angetreten und jedes Mal aufs Neue durchgefallen. In dieser Ablehnung und in diesem Scheitern sah er seine Vermutung bestätigt, dass er als Enkel des Kaisers in der Republik keine Chance bekommen würde. In den äußerst deprimierenden Dreißigerjahren schloss er sich der Heimwehr an.

Hoffte er vielleicht insgeheim, dass Otto von Habsburg, dem ältesten Sohn des letzten Kaisers, die Restauration gelingen würde, Österreich wieder zur Monarchie zurückkehrte und er seinem Kaiser als Soldat dienen könnte?

Tatsächlich schmiedeten Otto und seine Mutter, Kaiserin Zita, schon Pläne für einen von Otto autoritär geführten Staat. Österreich sollte eigenständig bleiben. Einen Anschluss an Deutschland galt es zu verhindern. Otto von Habsburg machte dem verunsicherten Kurt Schuschnigg das Angebot, dass Otto von Habsburg aus seinem Exil zurückkäme und die Kanzlerschaft anstelle von Schuschnigg übernehmen würde. Dieser lehnte ab. Er fürchtete die Reaktion der Siegermächte des Ersten Weltkrieges.

Hitler selbst befahl nun unter dem Titel »Aktion Otto« die Verfolgung von Otto von Habsburg. Bei einem Treffen auf dem Obersalzberg machte Hitler dem Kanzler Schuschnigg endgültig klar, dass, wenn Schuschnigg dem Anschluss Österreichs nicht zustimme, Deutschland mit massiver Waffengewalt einmarschieren werde. Schuschnigg resignierte und mit den Worten »Gott schütze Österreich« übergab er das Land seinem Schicksal.

Am 12. März 1938 marschierte die deutsche Wehrmacht in Österreich ein. Es fiel kein Schuss. Im Gegenteil, viele Menschen auf den Straßen feierten und empfingen mit großer Freude die deutschen Soldaten. Und schon einen Tag später, am 13. März 1938, wurde Hitler unter großem Jubel am Heldenplatz empfangen.

Dieser historische Tag hatte sich meinem Vater, der damals etwas über zwei Jahre alt war, im Gedächtnis eingebrannt. Kurz vor seinem Tod beschrieb er mir die Bilder, die ihm in Erinnerung geblieben sind: Im Palais Rainer hob der Hausmeister, der sich nun als überzeugter Nazi entpuppte, den kleinen Peter hoch zum Fenster und flüsterte ihm ins Ohr: »Da schau, siehst du, wie die Stadt leuchtet? Kannst sehn, wie der Rathausmann erstrahlt?« Dann setzte er Peter wieder ab, verließ das Haus, um sich in die jubelnde Menge zu stürzen. Tetta nahm die beiden älteren Brüder an der Hand und stürmte mit den beiden an Peter vorbei:

»Kommts Buben, gemma Soldaten schaun.«

Peter saß alleine auf dem kalten Fußboden und von draußen hörte er die lauter werdenden rhythmischen »Heil«-Rufe durchs Fenster schallen. Er stand auf und rannte in den Salon. Dort saß sein Vater wie benommen, und schaute mit weit aufgerissenen Augen ins Leere. Warum sein Vater so voller Angst war, war für Peter nicht begreiflich. Er war noch zu jung, um zu verstehen, dass für Clemens endgültig eine Welt zusammengebrochen war. 1918 war dem Vielvölkerstaat ein Ende gesetzt worden und jetzt im Jahr 1938 löste sich das kleine übriggebliebene Land Österreich im »tausendjährigen Reich« auf. Österreich hatte aufgehört zu existieren. Tagelang wagte Clemens nicht, aus dem Haus zu gehen. Um sich abzulenken, baute er für seinen ältesten Sohn ein Flugzeug aus Holz.

Kurze Zeit später wurde er zu Wehrübungen einberufen.

Am 20. April 1939 starb Peters Großvater Franz Salvator. Dass dieses Datum auch mit Hitlers 50. Geburtstag zusammenfiel, ist wohl eine Ironie des Schicksals.

Fasziniert bestaunte Peter den Leichnam seines Großpapas, der in k. u. k. Generalsuniform im Palais Rainer aufgebahrt war.

Im September 1939 marschierten die Deutschen in Polen ein und damit begann der Zweite Weltkrieg.

Clemens wurde in die Kaserne zitiert, man wollte ihn für den Frontdienst verpflichten. Dem diensthabenden Offizier erklärte Clemens mit zitternder Stimme, dass man ihn nicht einberufen könne. Er sei ein Mitglied des Erzhauses und über dieses war von den Nationalsozialisten vor Kurzem ein Wehrverbot verhängt worden.

»Papperlapapp«, brüllte ihn der Offizier an, »Heißen Sie Habsburg? Nein, Sie heißen Altenburg. Sind Sie in den Augen Ihrer Verwandtschaft ein Erzherzog? Nein, Sie sind ein einfacher Graf! Sie haben sich den Namen ändern lassen und sind aus dem Erzhaus ausgetreten. – Hab ich recht?«

»Ja, aber …«

»Nix aber! Damit haben Sie auch Ihre politische Einstellung geändert.«

»Das ist nicht richtig …«

»Halten Sie's Maul! Sie sind kein Habsburger und damit sind Sie wehrpflichtig!«

Der Offizier verließ wütend den Raum. Clemens wusste sich nicht anders zu helfen und verließ ebenfalls das Zimmer.

Am Flur sprach ihn einer an: »Was machen Sie denn hier? Sie sind doch der Erzherzog Clemens. Ich kenn Ihnen doch von früher.«

Auch Clemens erkannte den Mann. Es war ein ehemaliger k. u. k. Offizier, der offensichtlich zu den Nazis gewechselt war. Clemens erklärte ihm seine Situation, und dass der diensthabende Offizier sein Wehrverbot nicht anerkennen wollte.

»Gehn's nach Haus! Ich regle das für Sie. Aber schaun's, dass Sie mit Ihrer Familie aus Wien rauskommen, bevor die GESTAPO Sie eines Tages doch schnappt!«

Clemens kontaktierte daraufhin seinen Bruder Hubert, der mit seiner Familie im Schloss Persenbeug in Niederösterreich wohnte und von dort aus die Kaiservilla in Bad Ischl verwaltete. Dieser stimmte zu, dass Clemens mit seiner Sippe vorübergehend in die Kaiservilla ziehen könne. Aus diesem »Vorübergehend« sollten zwölf Jahre werden.

»In Bad Ischl werden uns die k. u. k. Nazis schon nicht verkommen lassen«, war Clemens Hoffnung.

Die Entscheidung, nach Bad Ischl zu übersiedeln, sollte sich als Glücksfall erweisen. Den trotz des Krieges und seiner Folgen für die Bevölkerung erlebten Peter und seine Geschwister in der Kaiservilla und im anliegenden Park eine Oase des Friedens. Die Eltern versuchten, so gut es ging, die Kinder vor den Sorgen und Ängsten dieser Zeit zu bewahren. Für diese glückliche Fügung, dieses große Geschenk, war mein Vater ein Leben lang dankbar.

In dieser Zeit gewann Peter auch einen väterlichen Freund: den Diener Engelbert Reitter.

»Na, was willst du denn hier? Für unser Kartenspiel hab ich jetzt leider keine Zeit.«

Herr Reitter hatte Peter entdeckt, der still im Türrahmen der Dienstbotenkammer stand und ihn beobachtete.

»Ich wollte dir helfen, den Tisch zu decken.«

»Das soll mir eine große Ehre sein. Aber wart noch einen Moment!«

Der weißhaarige alte Mann mit gepflegtem Spitzbart am Kinn und Schnauzer unter der Nase war gerade dabei, seinen weißen Zwirnhandschuh zu flicken, in dem durch eine »selbstverschuldete Blödheit« – wie er es ausdrückte – ein kleines Loch gerissen war.

Herr Engelbert Reitter war Diener und Tafeldecker in der Kaiservilla. Lange Zeit war er der Leibjäger und Büchsenspanner von Erzherzog Franz Salvator gewesen. Inzwischen war er längst pensioniert, aber er dachte nicht an Ruhestand. Solange es seine Kräfte zuließen, wollte er weiter seiner Herrschaft dienen. Und da nun Erzherzog Franz Salvator verstorben war und ihm sein Sohn Graf Clemens und dessen Frau Gräfin Elisabeth – die in der Verwandtschaft Mädy hieß – sympathisch waren, war er ihnen vor vier Jahren mit Beginn des Krieges nach Bad Ischl gefolgt. Dort bezog die Familie die privaten Räumlichkeiten im linken Flügel der Kaiservilla. Der mittlere Teil der Kaiservilla war, so wie auch heute noch, Ausstellungsbereich. Im rechten Flügel hauste der Verwalter mit Frau und Kind.

Im Wohntrakt der Familie Altenburg, ganz hinten im Parterre, hatte Herr Reitter seine bescheidene Dienstwohnung. Die Einrichtung bestand aus einem Bett, einem Nachtkästchen, einem Tisch, einem Schrank, einer Kommode und einer Kleiderablage. Besonders gerne betrachtete Peter die unterschiedlichen Bücher, durch die der Diener Löcher gebohrt hatte und die an einem Seil aufgehängt waren, das quer durch den Raum gespannt war.

Herr Reitter war nicht der einzige Angestellte der Familie. Der Hausstand war recht beachtlich: Da gab es die Köchin Cäcilia, die alle einfach Cilli nannten, zwei Dienstmädchen, einen weiteren Diener, die Gouvernante Mary und natürlich die geliebte Kinderfrau Tetta. Einmal die Woche kam eine Wäscherin und im Stallgebäude wusch sie per Hand die Kleidung der Herrschaft, Leintücher, Tischdecken, Servietten und vieles mehr. Anschließend wurde die Wäsche zum Trocknen aufgehängt, gebügelt und den weiten Weg ins Hauptgebäude zurückgetragen.

Im Umland der Kaiservilla begleiteten die Geschwister ihren Vater auf Wanderschaften in die Berge und zum Fischen am Fluss. Peter hatte hier das Schwimmen und Fahrradfahren erlernt und im letzten Winter stand er zum ersten Mal auf Skiern. Mit der Tochter des Hausmeisterehepaars hatten er und sein nächstjüngerer Bruder sich angefreundet. Manchmal versorgte die Frau des Hausmeisters die beiden Buben mit köstlichen Marillenknödeln. Die eigenen Eltern durften nichts davon wissen. Es war nicht gern gesehen, wenn die Buben bettelnd woanders einkehrten.

Weniger Spaß machte ihm das Geigenspiel. Die Gouvernante Mary, die für Zucht und Ordnung sorgte, kontrollierte streng, dass die Kinder brav mit ihren Instrumenten übten und ihre Hausaufgaben machten. Tetta war bei den Kindern beliebter. Aber die arme Frau war mit der heranwachsenden Kinderschar oft überfordert. Es war nicht leicht für sie, alle im Blick zu behalten. Im ersten Jahr des Umzugs wäre Peter, der in den Brunnen gefallen war, beinahe ertrunken. Im letzten Moment fischte sie ihn aus dem Wasser und weil sie sich nicht anders zu helfen wusste, versohlte sie ihm ordentlich den Hintern. Aber zu dem Zeitpunkt war Peter noch klein gewesen, um die vier Jahre alt.

Inzwischen war er stolze sieben und jeder erkannte ihn an seiner kräftigen schwarzen Mähne auf dem Kopf. Er ging im Ort bereits in die zweite Klasse Volksschule und war Bruder von drei älteren und vier jüngeren Geschwistern. Damit gehörte er eindeutig zu den größeren Kindern. Darauf war er stolz. Kurz nach der Geburt seiner jüngeren Schwester im Palais Rainer war die Familie nach Bad Ischl gezogen. Und hier erblickten zwei weitere Brüder das Licht der Welt, die beide in der Kapelle der Kaiservilla getauft wurden.

Ein Jahr zuvor war Peter eine große Ehre zuteil geworden. Die Illustratorin Nora Scholly, die vorübergehend ein Zimmer in der Kaiservilla bewohnte, hatte Peter als Hauptfigur für ihr neues Buch ausgewählt. Die Kindergeschichte trägt den Titel »Peterl mit der Flöte« und erzählt von einem Bergmännchen, das einen kleinen Jungen besucht und dessen Flöte verzaubert. Mit dem Klang der Zauberflöte gelingt es nun Peterl, Spielsachen zum Leben zu erwecken, der im Winter stillgelegte Brunnen sprüht wieder Wasserfontänen in die Luft und Blumen und Bäume fangen an zu blühen. Das Männchen führt Peterl auch in den Berg Jainzen und zeigt ihm eine Welt, in der alles glitzert und glänzt, und in der das Zwergenvolk friedlich zusammenlebt.

Peter schaute sich dieses Kinderbuch immer wieder gerne an, in dem er sich selbst mit seiner wilden Haartracht, den runden dunklen Augen und in seinen Wintersachen gut erkennen konnte. In diesem Buch sind aber auch die Puppen und Puppenmöbel seiner Schwestern zu sehen, die Autos und der Bauernhof seiner älteren Brüder und der Teddy seines jüngeren Bruders. Der Brunnen, der vor der Kaiservilla steht, mit seinen Delphinen, an denen kleine Puttchen hängen, ist als Illustration festgehalten. Und um den geliebten Kletterbaum beim Eisenpavillon tanzen Zwerge, Elfen und Kobolde.

Die einfache Geschichte, in der alles friedlich scheint und in der es kaum einen Konflikt gibt, machte Peter Mut an den Tagen, an denen es ihm nicht so gut ging. Denn die Wirklichkeit Anfang der 1940er Jahre des letzten Jahrhunderts sah anders aus – auch für die Kinder aus der Kaiservilla.

Die Volksschule war für Peter ein gefürchteter Ort. Benahm er sich in den Augen der Lehrerin nicht korrekt, dann holte sie einen Stab hervor und schlug damit mehrmals auf den Handrücken von Peter und beschimpfte ihn mit ihrer eindringlichen Stimme: »Was würde dazu nur wieder dein Urgroßvater gesagt haben? Bilde dir nicht ein, dass du etwas Besseres bist! In deiner zerrissenen Kleidung bist du nichts anderes als ein unwürdiger Urenkelsohn!«

Tatsächlich waren Peter und seine Geschwister nicht viel besser angezogen als die meisten seiner Klassenkameraden. In der warmen Jahreszeit liefen sie den ganzen Tag in Ruderleibchen, Lederhosen und – um die Schuhe zu schonen – bloßfüßig herum. Ihre Fußsohlen waren hart wie Leder und abends schwarz vom weichen Teer der Straße. Tetta schimpfte, wenn die Kinder mit ungewaschenen Füßen ins Bett gehen wollten.

Aber diese waren kaum sauber zu bekommen. Im Winter hatten die Eltern Mühe, gutes Schuhwerk für ihre Kinder zu finden. Die Kleidung wurde von den Größeren an die Kleineren weitergegeben und für die Größeren wurde es immer schwieriger, gute Anziehsachen zu bekommen.

Obwohl sie in einer solchen großen, reichen Villa wohnten, hatten sie Geldsorgen. Wie konnte das sein?

Peter hatte einmal in einem Gespräch der Erwachsenen mitbekommen, dass das Vermögen seines Vaters von den Nazis unter »Zwangsverwaltung« stehe. »Zwangsverwaltung«, was für ein komisches Wort. Aber es schien wohl zu bedeuten, dass die Nazis die Oberhand über das Vermögen des Vaters hatten und dem Vater dadurch der Zugang zu seinem Erbe verwehrt war. So mussten sie mit dem wenigen an Geld, das ihnen noch für Kleidung und Essen zur Verfügung stand, auskommen.

Peters Mutter bekam Essensmarken, die sie gegen Mehl und Brot, Milch und Butter, Gemüse und Obst, Fleisch und Fett, Zucker, Kaffee und Tee eintauschen konnte. Dafür mussten die Buben sich bei den verschiedenen Geschäften anstellen, und wenn sie zu spät kamen, gingen sie leer aus. Im Jahr 1941 hatten sie der Familie auch noch die Marken für Gemüse und Obst gestrichen.

Fleisch gab es überhaupt nur noch sonntags vom Pferdeschlachter. Dafür mussten Peter und seine Brüder sehr früh aufstehen und sich um fünf Uhr in der Schlange anstellen. Irgendwann wurden sie von den Eltern abgelöst und dann ging es mit leerem Magen in die Kirche zum Ministrieren der Morgenmesse.

Dort wiederum wurde ihnen zu spüren gegeben, dass ihre Familie doch etwas Besonderes sei. Vorne im Presbyterium gab es eine »Kaiserbank«, die immer für Peters Familie reserviert war. Als Ministrant konnte er durch den Weihrauchnebel beobachten, wie sich die Bevölkerung ehrfürchtig vor seinen Eltern verbeugte und höflich grüßte.

Die Familie erlebte durch ihren Wohnsitz und durch ihren Stand auf der einen Seite Verachtung, auf der anderen Seite eine übertriebene Verehrung. Durch diese exklusive Stellung hatte Peter das Gefühl der Isolierung in der Ischler Bevölkerung.

Vor der Kirche wurde seine Mutter einmal von einem ehemaligen k. u. k. Oberst mit den Worten »Heil Hitler, küss die Hand« angesprochen. Daraufhin antwortete ihm die Gräfin: »Herr Oberst, entweder das eine oder das andere.« Seitdem beschränkte sich der Oberst auf: »Küss die Hand.«

Seine Mutter war in diesen Jahren voller Sorge und stand sehr unter Druck. Denn mit dem Wenigen, was sie zum Essen hatten, musste sie siebzehn hungrige Mäuler versorgen: zehn Familienangehörige und sieben Personen des Hausstands.

Trotz der Not behielt man im Hause Altenburg die Tradition des täglichen gemeinsamen Mittagessens in bester k. u. k. Manier bei. Tradition zu wahren, gehörte zur Würde des Menschen – das war die feste Überzeugung meiner Großeltern.

Herr Reitter hatte nun seinen Zwirnhandschuh erfolgreich geflickt und legte Faden und Nadel beiseite. Lächelnd blickte er Peter an, der immer noch im Türrahmen geduldig wartete. »So mein Lieber jetzt geht's los, komm mit.«

Peter folgte Herrn Reitter ins Speiszimmer, das sich im linken Flügel der Villa im Parterre befand.

»Früher war dieser Raum das Frühstückszimmer des Kaisers.«

Und nun erklärte der alte Diener seinem jungen Schüler, worauf man beim Decken eines herrschaftlichen Tisches zu achten habe. Teller, Gläser, Essbesteck, Vorlegebesteck, alles hatte seinen Platz und musste auf dem strahlend weißen Tischtuch in Linie liegen.

»Das Besteck für die Vorspeise kommt nach außen, das

für den Hauptgang nach innen. Die Initialen, wie du sie bei Löffel, Messer und Gabel erkennen kannst, zeigen nach oben. Weißt du, wofür FJ steht?«

»Franz Joseph«, antwortete der brave Zögling.

»Sehr richtig. Hier ist alles, sogar die Zahnstocher, aus dem kaiserlichen Bestand. Und jetzt zeig ich dir was Besonderes.« Herr Reitter nahm eine Karaffe zur Hand, in die mit feinen Linien eine Krone und darunter ein Delfin eingraviert waren. Peter war dieses Wappen schon öfter aufgefallen. »Die Gläser und diese Karaffen sind von deiner Urgroßmutter, der Kaiserin Elisabeth.« Der alte Mann betrachtete nun selbst das Wappen, als könnte er alle Informationen dort ablesen, die er nun an Peter weitergab. »Die Karaffe gehörte zum Bestand des Achilleion. Das Achilleion ist ein Palast auf der griechischen Insel Korfu, den die Monarchin erbauen hat lassen. Dort wollte die Kaiserin weitab vom Wiener Hof ihren Lebensabend verbringen. Als der Palast nach zehn Jahren fertiggebaut war, hatte sie keine Freude mehr an ihrem erfüllten Traum. Sie wollte frei wie dieser Delfin sein und weiterziehen. Das Achilleion war nun verwaist und das Inventar wurde auf die Besitztümer der Familie aufgeteilt. So kamen Teile aus dem Palast – wie diese Gläser und Karaffen – hierher in die Kaiservilla. Da staunst du, was? Normalerweise wird dieses Gefäß mit gutem Wein gefüllt. Den gibt es zurzeit nicht, daher tun wir bestes Ischler Quellwasser hinein.«

Peter wollte alles von dem alten Diener erfahren: »Hast du sie gekannt?«

»Nein, sie nicht, aber den alten Kaiser sehr wohl. Dem bin ich des Öfteren bei der Jagd begegnet, wenn ich deinen Großpapa, seinen Schwiegersohn Franz Salvator, begleitet hab. Zu mir war er immer sehr freundlich. Aber seinen Schwiegersohn mit seinem modernen Gewehr konnte er nicht verstehen. Ein Jagdgewehr solle nur einen Schuss abgeben können und zielen müsse man über Kimme und

Korn. Alles andere wäre blöd, neuartig und unsportlich. Franz Salvator besaß bereits ein Gewehr, das ein Fernrohr hatte und drei Schüsse abgab.« Herr Reitter stellte noch das Blumengesteck auf und betrachtete sein Werk. »So sieht es gut aus.« Das Licht, das durch das Fenster hereinschien, spiegelte sich im Silberbesteck und brach sich in den achteckigen Korfu-Gläsern, die einen bunten, regenbogenfarbigen Schatten auf die Tischdecke warfen. »Und jetzt folgt das Wichtigste: die Menükarte.« Aus einer Holzkiste holte er die kleinen Kärtchen, die er bereits vorbereitet hatte, und die er für jeden Platz aufstellte.

Peter las, was dort mit feinsäuberlicher Schrift aufgeschrieben war:

1. Gang: Salat
2. Gang: Kümmelkartoffel

Peters Augenbrauen zogen sich zusammen. Wie soll man denn von solch mageren Gerichten satt werden? Der Salat war eine Mischung aus Bärlauch, jungen Löwenzahnblättern, Spitzwegerich und Sauerampfer. Alles Wiesenpflanzen, die seine Geschwister und er am Vortag gepflügt hatten. Und »Kümmelkartoffel« waren wenige Erdäpfel, die sich zehn hungrige Mäuler hier am Tisch teilen mussten.

»Sei zufrieden mit dem, was da ist, Peter.«

Die Mutter war unauffällig in den Raum gekommen. Herr Reitter stand auf und teilte ihr mit, was alles wie besprochen mit Hilfe von Peter gedeckt worden war. Dabei strich er freundlich über Peters dichten Haarschopf.

Die Hausherrin war zufrieden. »Die Köchin Cilli erwartet Ihre letzten Anweisungen.«

Herr Reiter verbeugte sich: »Sehr wohl, Ihre Durchlaucht. Ich werde mich sogleich in die Küche begeben.«

Peter wollte alles genau wissen und begleitete ihn auch dorthin. In der Küche gab Herr Reitter der Köchin Cilli genaue Anweisungen, in welche Schüssel der Salat und in welche die Kartoffeln zu kommen hatten, denn die große Auswahl an Tellern, Schüsseln, Gläsern, Besteck gab es nach wie vor – auch wenn es nur wenig Essen zu verteilen gab. Dann zog sich Herr Reitter in seine Kammer zurück und legte die Uniform an, die er aus dem Schloss Persenbeug mitgebracht hatte. Ordentlich schloss er Knopf für Knopf seines braunen Lodens, kontrollierte Schuhe, Frisur, Spitzbart und Schnauzer. Zum Schluss zog er die frisch geflickten Handschuhe an.

Während er sich zurechtmachte, erzählte er Peter noch eine Anekdote: »Einmal war ich dabei, mich anzukleiden – so wie jetzt. Da klopfte es am Fenster und draußen stand der Kaiser höchstpersönlich. ›Herr Reitter‹ – hat er gerufen – ›Sie haben so eine schöne Schrift. Tun's mir bitte ein Paket rasch mit Anschrift und Absender versehen.‹ Ich hab ihm erklärt: ›Majestät, das geht jetzt nicht. Ich hab meine Uniform noch nicht an.‹ Dem Kaiser war das aber herzlich egal. Er bestand auf eine sofortige Erledigung des Auftrags. Also bin ich in Unterhosen raus und hab dem Kaiser untertänigst sein Paket beschriftet. So, jetzt machst du dich fertig wie alle anderen auch.« Damit schickte er Peter aus dem Zimmer.

Das Prozedere, das nun folgte, kannte Peter zu Genüge. Es war ihm im Laufe der Jahre in Fleisch und Blut übergegangen. Herr Reitter stellte sich im Vorraum auf und läutete um Punkt Viertel nach zwölf zum ersten Mal kräftig mit einer Kuhglocke, deren Klang man in der ganzen Villa und im Garten vernehmen konnte.

Dieses erste Läuten bedeutete, dass sich nun alle Kinder die Hände zu waschen hatten und die Kleidung und Frisur so gut wie möglich richten sollten. Dann folgte um halb eins das zweite Kuhglockengeläute. Nun hatten die Kinder der Herrschaft im Vorraum anzutreten. Erschien einer zu spät, was ab und zu vorkam, knallte der Diener wütend die Glocke auf den Tisch. Herr Reitter übernahm durchaus immer wieder erzieherische Aufgaben bei den Kindern.

Die Eltern erschienen und gingen als Erste ins Speisezimmer. Nach den Eltern betraten die Kinder, streng in der Reihenfolge des Alters beginnend mit dem Ältesten, den Raum. Alle stellten sich hinter ihren Stuhl, das Tischgebet wurde wie jeden Tag gesprochen, man setzte sich und legte sich die Serviette über den Schoß.

Die Sitten waren streng. Die Kinder durften während der Mahlzeit nur auf Fragen der Erwachsenen antworten. Herr Reitter servierte mit den frisch geflickten Zwirnhandschuhen Salat und die wenigen Kartoffeln, die in feiner Porzellanschüssel dargeboten wurden. So ein Essen, auch wenn es wenig war, konnte durchaus lange dauern. Clemens war – wie schon als Kind, als er in Gegenwart des Kaisers den Teller festgehalten hatte – ein langsamer Esser geblieben. Jetzt war er das Familienoberhaupt der Altenburgs und alle hatten sich seinem Tempo anzupassen. Während des Essens wartete der alte Diener hinter der Türe auf einem Stuhl sitzend. Sobald der Hausherr mit der Tischglocke läutete, betrat Herr Reitter den Raum und servierte den nächsten Gang – sofern es noch einen weiteren gab.

Herr Reitter hat meinen Vater sehr geprägt. Vieles, was er von ihm gelernt hatte, gab er an meine Geschwister und mich weiter. So brachte er uns bei, wie der Tisch richtig gedeckt und Speisen korrekt serviert wurden. Von der linken Seite nimmt man dem Gast den Teller ab, von der rechten reicht man den nächsten Gang. Als Mundschenk hat man darauf zu achten, dass jedes Glas, noch ehe es vollständig geleert ist, wieder gefüllt wird. Beim Einschenken des Rotweines ist es wichtig, die Flasche beim Absetzen zu drehen, um keinen Tropfen auf das weiße Tischtuch fallen zu lassen.

Jeden Sonntag putzte mein Vater am Balkon all seine Schuhe. Auch dieses Handwerk hatte ihm Herr Reitter beigebracht. Dabei achtete er auf das richtige Schuhwachs. Das Wichtigste war, den Nähten viel Wachs zu geben. Dadurch bleiben sie geschmeidig und die Schuhe halten ewig. Mein

Vater hat im Laufe seines Lebens kaum Schuhe wegwerfen müssen. Als Jugendlicher übernahm ich die sonntägliche Aufgabe des Schuhputzens. Dabei musste ich selbst die in dieser Woche nicht getragenen Schuhe bürsten, denn auch der Staub macht das Leder mürbe.

Nach dem Mittagessen mussten Peter und seine Geschwister sich zur Kinderfrau Tetta begeben und bekamen einen Löffel Lebertran. Dieses Öl enthalte viele Vitamine, die für die Kinder in diesen Tagen überlebenswichtig wären. So wurde ihnen erklärt. Aus einem Reflex heraus, den dieser penetrant ranzige Fischgeruch der braun-öligen Flüssigkeit in Peter auslöste, warf er Tetta mit aller Wucht den Löffel aus der Hand.

»So nicht, mein Lieber!«, schimpfte diese. Peter bekam einen weiteren Löffel. Mit großem Widerwillen und unter Würgegeräuschen schluckte er den Inhalt hinunter. Fast musste er sich übergeben. Danach händigte ihm Tetta ein Stück Brotrinde aus. Nur so konnte sie einen cholerischen Anfall des Buben verhindern. Bis ins hohe Alter konnte ich mitverfolgen, wie das Wort »Lebertran« bei meinem Vater Übelkeit auslöste.

Die Kinderfrau Tetta, die damals noch eine junge Frau war, kam uns in den 1970er und 1980er Jahren regelmäßig in Graz besuchen und sparte nicht mit Tipps für meine Mutter, wie sie mit Peter umgehen sollte: »Wenn er schlecht gelaunt ist, gib dem Peter ein Stück Brotrinde. Das hat immer geholfen. Außerdem muss er wie alle Männer immer recht haben. Wenn du willst, dass er bei einer Autofahrt nach rechts abbiegen soll, dann sag ihm, er soll die linke Straße nehmen. Aus Trotz wird er nach rechts abbiegen. Ganz nach deinem Wunsch.«

Jedes Jahr zum Geburtstag meines Vaters schickte Tetta per Post eine Linzertorte. Sehe ich heute eine solche Mehlspeise aus Mürbteig und Marmelade, muss ich unweigerlich an meines Vater Kinderfrau Tetta denken.

Bad Ischl hatte seit dem Anschluss an Hitler-Deutschland einen erschreckenden Wandel durchlebt. Diese Stadt war nicht nur Kurort vieler Menschen, es war auch die Stadt der Operette gewesen. Doch diese wurde im Nationalsozialismus verboten, denn die meisten Komponisten und Librettisten waren Juden. Bad Ischl war um die Jahrhundertwende nicht nur Ziel vieler Aristokraten, die dem Kaiser nahe sein wollten, es war auch Erholungsgebiet zahlreicher Industrieller, Intellektueller und Künstler der jüdischen Gesellschaft. Schon kurz nach dem Anschluss wurden über sechzig Villen »arisiert«, sprich die Nationalsozialisten hatten den Juden ihr Hab und Gut »legal« gestohlen. Sogar die berühmte »Villa Schratt«, in der einst die Freundin des Kaisers gewohnt hatte und die später von einer jüdischen Familie erworben wurde, wechselte auf diesen Weg seinem Besitzer. Die Menschen jüdischer Herkunft konnten entweder rechtzeitig fliehen oder sie wurden inhaftiert, gefoltert und ermordet. Nicht weit von Bad Ischl, in Ebensee, wurde ein Konzentrationslager errichtet.

Die österreichisch aristokratische Gesellschaft war während des NS-Regimes gespalten. Ein Spiegelbild dieser Zeit waren die Brüder von Mädy, Onkeln von Peter. Einer der Grafen Releguier war ein überzeugter Monarchist und Legitimist und wanderte nach Kanada aus. Ein anderer war Intellektueller, Österreicher durch und durch und Sozialdemokrat. Mitten im Krieg ging er nach Frankreich in den Widerstand. Und der jüngste der Brüder war überzeugter Nationalsozialist und wurde Berufsoffizier.

»Kinder, was für eine Aufregung! Eure Mutter bekommt das Mutterkreuz verliehen!«

Tetta klatschte begeistert in die Hände. Peter kannte sich nicht recht aus und fragte, was denn das für ein Kreuz sei und ob das ein Priester verleihe?

»Nein, nein. Das verleiht die NSDAP an Mütter, die viele Kinder auf die Welt gebracht haben. Kinder für's deutsche Volk. Und ihr seid ganze acht Stück, die eure Mami geboren hat.«

Herr Reiter reagierte gereizt und brummte etwas von »Kanonenfutter, noch mehr Kanonenfutter«. Peter wusste immer noch nicht so recht, was gemeint war. Am Verhalten seiner Eltern konnte er aber in keiner Weise Freude oder gar Stolz feststellen. Sie wirkten beide sehr angespannt.

Mädy flüsterte: »Es ist ja nur ein Kreuz. Ich werde die Familie nicht durch eine Ablehnung in Gefahr bringen.«

Peters Vater sagte nicht viel. Er nutzte die nächsten Tage vermehrt für ausgiebige Wanderschaft in den Bergen.

An einem Freitagnachmittag saßen Peter und seine Geschwister frisch gekämmt und so gut es ging elegant angezogen mit Tetta, die die beiden Kleinsten auf den Armen hatte, in einer Loge im Kurtheater. Da sie zu neunt waren, wurde es ziemlich eng und jedes der Kinder versuchte, einen guten Platz zu bekommen, von dem aus es gut sehen konnte. Ihre Mutter saß in der ersten Reihe, wurde auf die Bühne gebeten und nahm stoisch das silberne Kreuz entgegen. Noch am selben Abend landete das Kreuz in einer Kommodenlade. Einige Wochen später wollte sich Peter das Kreuz genauer anschauen. Doch es war weg und die Lade leer.

Mein Onkel, der jüngere Bruder meines Vaters, erzählte uns von einem Erlebnis, das mein Vater uns lange Zeit vorenthalten hatte. Vielleicht war ihm die Vorstellung unangenehm, als Held gesehen zu werden? Ich weiß es nicht. Für mich zeigt diese Geschichte den starken Charakter meines Vaters auf.

»Das ganze Zeug muss irgendwie weg«, meinte der Führer der Hitler-Jugend in Bad Ischl und deutete auf die Instrumente des Spielmannszuges. »Das HJ-Heim wird jetzt vorläufig aufgelöst.« Mit »vorläufig« meinte er eigentlich »endgültig«. Es war Herbst 1944 und das Ende des Krieges zeichnete sich ab. Die Alliierten gewannen mehr und mehr die Oberhand.

»Wo sind die zwei Pimpfe aus der Kaiservilla?« Damit waren Peter und sein jüngerer Bruder gemeint, die seit Kurzem bei der HJ verpflichtet waren. Da sie erst neun und sieben Jahre alt waren, wurden sie der Gruppe der Jüngsten mit der Bezeichnung »Pimpfe« zugeteilt. Brav meldeten sich die beiden bei ihrem Gruppenführer. »Passt auf. Ihr beiden kennt euch im Park der Villa aus. Ihr bringt die Instrumente, mit allem was dazu gehört, ins Marmorschlössl. Verstanden!«

Peter erbleichte. »Das werden wir nicht tun. Der Weg ist viel zu weit, und all diese Instrumente wie Trommeln, Pfeifen und Fanfaren können wir unmöglich alle auf einmal tragen. Da müssten wir ja mehrmals hin- und herlaufen. Unsere Eltern würden niemals zulassen, dass ins Marmorschlössl Sachen der HJ kommen. Der Spielmannszug geht uns sowieso schon lange auf die Nerven, weil er immer am Sonntag während der Heiligen Messe durch die Straßen zieht und die Andacht stört. Und wissen Sie eigentlich, was das Marmorschlössl für eine Bedeutung hat? Das ist das ehemalige Teehaus der Kaiserin Elisabeth. Dieses Schlössl wird nicht entehrt!« Das alles *wollte* er aus sich herausbrüllen, machte es aber nicht. Stattdessen sagte er »Zu Befehl« und überlegte fieberhaft, was nun zu tun sei.

Die beiden Brüder schulterten so viele Instrumente, Noten und Fahnen, wie sie tragen konnten, und zogen los. Als sie zur Brücke, die über die Ischl führte, kamen, bat Peter seinen Bruder stehen zu bleiben. Dann hob er seine Last über das Geländer und warf die Instrumente in den Fluss. Munter trug die Strömung die Pfeiferln und Trommeln hinweg.

»Jetzt bist du dran.«

Sein Bruder grinste, zögerte aber noch.

»Es ist kein Führer zu sehen. Schmeiß alles rein!«

Und jetzt warf auch der Bruder seine Last in den Fluss. Schweigend und sehr langsam, damit sich keiner wundern konnte, dass sie so rasch wieder in das HJ-Heim zurückkehrten, gingen sie zurück und wiederholten die Aktion.

Zum Glück hat nie jemand kontrolliert, ob das Material tatsächlich am Ziel im Marmorschlössl, dem Teehaus der Kaiserin Elisabeth, angekommen ist.

Im Jahr 1945 wurde das hektische, sinnlose Treiben der Soldaten immer chaotischer. Die Geschwister beobachteten die Szenen in den Straßen mit großer Neugierde, denn das Schauspiel, das sich ihnen darbot, war belustigend und erschreckend zugleich. Militärfahrzeuge, die von Nord nach Süd flohen, verkeilten sich mit Lastautos, die von Ost nach West flüchten wollten. Andere Fahrzeuge wie Militärbusse oder ein Werkzeugwagen wurden einfach stehengelassen, die Fahrer suchten das Weite und keiner fühlte sich mehr dafür verantwortlich.

Der Ortsgruppenleiter und SA-Mann Hollerwöger war nicht bereit, Bad Ischl kampflos aufzugeben. Es wurden alle Männer der Gegend, die noch zur Verfügung standen, als Soldaten verpflichtet. Der Schock war für die ganze Familie groß, als man den Vater nun doch zum Wehrdienst einberief. Auf das verhängte Wehrverbot für Mitglieder des Erzhauses konnte er sich nicht mehr ausreden. Man brauchte jeden Mann. Ihm wurde eine sandgelbe Afrikauniform der Rommel-Armee zugeteilt. Nach Dienst durfte er zu Hause schlafen.

In dieser Zeit machten Peter und seine Brüder bei ihrem Vater ein paar seltsame Beobachtungen. Über diese wurde nie gesprochen, aber sie ließen doch die Vermutung aufkommen, dass ihr Vater Kontakt zu Widerstandskämpfern in den Bergen aufgenommen hatte.

An einem Tag bekam Peter mit, wie sein Vater heimlich aus einem Versteck in der Wäschekammer Pistole und Revolver holte, die offensichtlich nicht zur Militärausrüstung der Wehrmacht gehörten. Hatte er diese Waffen noch aus der Zeit der Heimwehr? Ein andermal kam der Vater nach Hause, und anstatt einer Hakenkreuzbinde trug er eine rot-weiß-rote Binde am Oberarm und hoch oben auf dem Gipfelkreuz der Katrin wehte eine große rot-weiß-rote Fahne.

Die dritte Beobachtung machte sein nächstälterer Bruder. Außer Atem berichtete er seinen Geschwistern, dass er an diesem Tag seinen Vater zum Haus des Baumeisters Ziegler hatte begleiten dürfen. Am Eingang trug ihm sein Vater auf, er solle draußen warten. Doch der Sohn gab sich damit nicht zufrieden und neugierig wie er war, kletterte er zum Fenster hinauf, durch das er die Verschwörung der Männer belauschen konnte. Sie machten Pläne zur Verhinderung einer letzten Verteidigungsaktion des Ortsgruppenleiters. Wenn notwendig, sollten dabei auch Waffen eingesetzt werden. War es wirklich möglich, dass ihr Vater, der jeden Konflikt in der Familie scheute und sich am liebsten alleine in den Wald zurückzog, sich plötzlich am Widerstand beteiligte? Vielleicht trieb ihn die große Angst vor dem bevorstehenden, aussichtslosen und daher sinnlosen Kampf gegen die Alliierten dazu an?

Tatsache ist jedenfalls, dass der SA-Mann Hollerwöger nicht bereit war, sich zu ergeben, und in der Folge von Mitgliedern der Partisanengruppe, bevor er Schaden anrichten konnte, erschossen wurde.

Viele Jahre später, sein Vater Clemens war bereits verstorben, recherchierte mein Vater Peter zu diesem Fall und fand heraus, dass sein Vater offensichtlich zu einer Gruppierung rund um den Freiheitskämpfer Sepp Plieseis Verbindung aufgenommen hatte. Sepp Plieseis war ehemaliger Soldat beim Schutzbund und überzeugter Kommunist. Ihm gelang die Flucht aus dem KZ Dachau. In der Folge versteckte er sich mit einigen Deserteuren im Gebirge des Salzkammerguts.

Mir gefällt die Vorstellung, dass sich in dieser Zeit ein Kommunist und der Enkel des Kaisers gegenüberstanden. Ein ehemaliger Soldat des Schutzbundes bekam Unterstützung von einem ehemaligen Soldaten der Heimwehr. In der Zwischenkriegszeit waren sie Feinde gewesen. Jetzt hatten sie ein gemeinsames Ziel: das letzte Vorhaben der Nazis zu stoppen.

Es war April 1945, als Peter durch Geräusche mehrerer herannahender Autos aus den Gedanken gerissen wurde. Schnell rannte er vor die Tür, um zu sehen, was vor sich ging. Draußen standen schon die anderen Geschwister, um sich dieses Spektakel, das sich ihnen bot, anzuschauen. Um den Brunnen fuhren Jeeps, ausgestattet mit langen Antennen und voll besetzt mit Soldaten mit Stahlhelmen. Die Jeeps drehten ein paar Runden im flotten Tempo und dann fuhren sie, ohne zu stoppen, in die Stadt zurück. Eines der Kinder fand als Erstes die Sprache wieder: »Die Amerikaner sind da, die Amerikaner sind da!«

Ein paar Tage später kamen dic amerikanischen Soldaten wieder und bauten ein Zeltlager auf der Wiese vor der Kaiservilla auf.

Kurz nach dem Auftauchen der Amerikaner bot sich den Geschwistern ein zutiefst erschütterndes Bild. Bis auf Haut und Knochen ausgemergelte, kahlgeschorene Häftlinge des Konzentrationslager Ebensee kamen zu ihnen in den Park und suchten Unterschlupf. Diese Menschen hatten den Holocaust überlebt, waren zerstört, verstört und gezeichnet von Hunger, Folter und Angst. Schnell organisierte die Mutter Schlafstätten im Stall- und Küchengebäude und richtete ihnen einen täglichen Suppentisch ein.

In diesen Tagen wurde Peter durch laute Schüsse aufgeschreckt. Ehemalige Insassen des KZs hatten einen ihrer Peiniger entdeckt und wollten sich an ihm für all das Leid, das er ihnen und den längst Ermordeten angetan hatte, rächen. Es ging alles ganz schnell. Die örtliche Polizei – Gendarmerie genannt – schaltete sich ein und versuchte, für Ordnung zu sorgen. In diesem Kampf wurde einer der Gendarmen erschossen. Heute erinnert ein Gedenkstein an dieses Ereignis. Leider konnte ich nicht erfahren, was aus diesem unsäglichen KZ-Aufseher und Peiniger wurde.

Noch ein Erlebnis blieb Peter unvergessen. Er drehte gerade mit seinem Fahrrad einige Runden um den Brunnen, da fuhr ein Auto auf den Vorplatz und ihm entstieg ein Soldat in einer französischen Uniform.

»Sag mal Bub, wie heißt du denn?«

Dieser Mann sprach Österreichisch und hatte offensichtlich keinen französischen Akzent. Also konnte er unmöglich Franzose sein.

»Ich bin der Peter«

»Ach ja, dann bist du also ein Altenburg-Kind?«

»Ja.«

»Ist deine Mami da?«

»Nein, die ist gerade unterwegs.«

»Das ist schade. Richte ihr bitte aus, dass ihr Bruder Olivier hier war. Ich komme nächstes Wochenende wieder vorbei.«

Als Peter seiner Mutter am selben Abend die Grüße von dem unbekannten Onkel ausrichtete, musste Mädy sich erst einmal setzen und fing vor Glück an zu weinen:

»Dein Onkel Olivier, mein Bruder Putzi, ist in Österreich. Er hat den Krieg überlebt. Gott sei Dank!« Onkel Putzi war während der letzten Jahre Widerstandskämpfer in Frankreich gewesen.

Auch drei belgische Soldaten tauchten in dieser Zeit kurz nach Kriegsende in der Villa auf und wie sich herausstellen sollte, waren die drei Herrschaften Söhne von Kaiser Karl, dem letzten Monarchen der k. u. k. Monarchie. Den drei Erzherzögen Robert, Felix und Karl Ludwig wurde in der Villa schnell von Mädy drei Betten hergerichtet. Diese drei hohen Herren benutzten bei Clemens das familiäre »Du«, dessen Frau Mädy aber sprachen sie mit »Sie« und »Gräfin« an. Bei familiären Verbindungen war das ungezwungene »Du« auch zu den angeheirateten Familienangehörigen eigentlich üblich. Warum dem so war, sollte Peter erst Jahre später verstehen. Die drei Erzherzöge waren verunsichert, weil sie nicht wussten, ob sie Mädy aufgrund der nicht standesgemäßen Ehe nun als Familienmitglied ansehen sollten oder nicht.

Die Begegnung der drei Erzherzöge und meiner Großmutter zeigt, wie stark Familientradition und Erziehung auch trotz dramatischer Umstände weiterhin das Leben der ehemals herrschenden Gesellschaft prägte. Doch auch Teile der Bevölkerung waren noch stark in der Monarchie verhaftet, wie dieses Ereignis zeigt: Am heiligen Sonntag kamen die drei kaiserlichen Brüder mit in die Kirche. Ihnen war aber wichtig, inkognito und unerkannt zu bleiben, daher setzten sie sich nicht in die Kaiserbank in der ersten Reihe. Doch es ließ sich nicht vermeiden, dass ihre Herkunft aufgedeckt wurde. Die Ischler Bevölkerung erkannte die Kaiserbrüder sehr schnell und umringte sie voller Freude und Neugierde nach der Messe. Peter war stolz auf seine Familie, dass sie die ehrenvollen Gastgeber dieser drei Söhne des letzten Kaisers waren.

Mit dem Frieden wurde Bad Ischl wieder vermehrt Zentrum der aristokratischen Gesellschaft. Vielen Verwandten und Bekannten war ihr Zuhause zerbombt worden oder sie mussten aus ihrer Heimat fliehen. Ihre ehemaligen Ferienhäuser wurden zum ständigen Wohnsitz. Ein Luxus, der wahrlich nur den wenigsten in der Bevölkerung zur Verfügung stand.

Weitere Familien zogen in die Kaiservilla ein. Clemens baute Stockbetten und die Altenburgs rückten zusammen, um mehr Platz für neue Mitbewohner zu schaffen. Der Tisch im Speisezimmer wurde von Herrn Reitter von zehn auf rund zwanzig Personen erweitert und wie gewohnt fein säuberlich gedeckt. Das Essen war immer noch knapp, aber gemeinsam schafften sie es, über die Runden zu kommen. Für Peter gab es nichts Schöneres, als so viele Menschen um sich zu haben. Zu seinen sieben Geschwistern kamen nun zahlreiche weitere Spielgefährten.

Doch das Leben sollte sich für Peter ändern. Nach der Beendigung der Volksschule in Ischl kam er ins Internat in Kremsmünster in Oberösterreich. In diesem Institut herrschten Zucht und Ordnung. In riesigen Schlafsälen waren er und die Mitschüler untergebracht. Die Mönche und Lehrer waren streng und unbarmherzig im Umgang mit ihren Zöglingen. Nur zu den allgemeinen Ferientagen durfte Peter nach Hause. Die Zeiten dazwischen fühlten sich für ihn ewig lang und unerträglich an. Es kam ihm vor, als wäre er eingesperrt. Die Lehrer und Erzieher traktierten bei Ungehorsam ihre Schüler mit Schlägen oder ließen sie auf einem Holzscheit knien. Hinzu kam, dass Peter sich mit dem Lehrstoff schwertat und dass er von Mitschülern aufgrund seiner Herkunft als »Inzuchtschädling« beschimpft wurde.

Kurz vor Weihnachten 1949 saß er im Zug nach Hause und freute sich schon auf die schönen Festtage. Außerdem konnte er endlich wieder seinen jüngsten Bruder sehen, der im Jänner zur Welt gekommen war. Nach beinahe sieben Jahren hatte die Familie noch einmal Zuwachs bekommen und war nun mit neun Kindern komplett.

In einem Brief hatte ihn seine Mutter zudem informiert, dass es Neuigkeiten gäbe. Was mochte das sein? Dass Vater nun endlich Zugang zu seinem Vermögen hatte, weil die Zwangsverwaltung aufgehoben war, wusste er. Auch konnte nun endlich das Erbe der Großeltern Marie Valerie und Franz Salvator aufgeteilt werden. Die Kaiservilla sollte wohl nicht in den Besitz seines Vaters kommen, wie es noch zu Lebzeiten Franz Salvators Überlegungen gegeben hatte. Vielleicht traute sich der Vater eine Verwaltung eines solchen historischen Hauses nicht zu? Vielleicht sah es die Familie als unbedingt notwendig, dass der Hausherr Habsburg heißen sollte? Jedenfalls blieb die Verwaltung, und damit auch der Besitz der Kaiservilla, in den Händen von Onkel Hubert. Vater sollte, was die Kaiservilla und Schloss Persenbeug betraf, anteilig ausgezahlt werden.

Die Neuigkeit, von der seine Mutter schrieb, könnte aber auch sein, dass die Eltern einen Umzug in ein neues Haus planten. Wieder zurück nach Wien würde es aber zurzeit definitiv nicht gehen. Das Palais Rainer war seit Kriegsende ein Stützpunkt der russischen Besatzer und von diesen ziemlich heruntergewirtschaftet und geplündert worden.

Zu Hause angekommen freute Peter sich erstmal, seine Geschwister und Eltern wiederzusehen.

»Was euer Vater euch Neues zu berichten hat, werdet ihr morgen erfahren. Kommt erst einmal an, schlaft euch aus und morgen früh setzen wir uns zusammen.«

Peter und seine Geschwister gingen nun auf ihre Zimmer. Wie immer legten sie sich als Grafen und Gräfinnen in ihre Betten. Am folgenden Morgen aber sollten sie als Prinzen und Prinzessinnen erwachen.

Plötzlich Prinz

Am nächsten Morgen, es war der 23. Dezember 1949, traf sich nach dem Frühstück die Familie im Salon. In einem Stubenwagen lag das Baby, der jüngste Spross der nun elfköpfigen Familie Altenburg, und schlief tief und fest.

Peter erblickte die Weihnachtskrippe auf der Kommode, die der Vater geschnitzt hatte. Clemens hatte in den sorgenvollen Kriegsjahren dieses Handwerk in Hallstatt erlernt, sich ein gutes Werkzeug angeschafft und im Laufe der letzten Winter waren das Jesukind, Maria und Josef, Hirten, Schafe und die Heiligen Drei Könige entstanden. Die neu hinzugekommene Figur gefiel Peter besonders. Sie stellte einen weißbärtigen alten Hirten dar, der zum Stall eilte.

Peter nahm Platz in einem Fauteuil und von dort aus betrachtete er den Christbaum, der wie immer bis zur Decke reichte und den harzigen Duft der Tanne im ganzen Raum veströmte. In all den Jahren zuvor hatten sie diesen vorweihnachtlichen Tag genutzt, um gemeinsam den Christbaum zu schmücken. Vater hatte eine genaue Vorstellung davon, wo jedes einzelne Stück hinzuhängen war. An diesem Tag schien wohl etwas so Wichtiges zu besprechen zu sein, dass diese jährliche Tradition warten konnte. Das war höchst ungewöhnlich.

Die Mutter schaute stumm den Vater an, dem wohl die Aufgabe zufiel, das Wort zu ergreifen. Acht seiner Kinder starrten ihn ebenfalls erwartungsvoll an. Aus dem Stubenwagen waren vergnügte Schmatzgeräusche zu hören. Der Vater blickte nervös von einem zum anderen, zündete sich eine Zigarette an und beschloss, das Thema schnell hinter sich zu bringen: »Also, es ist so. Ich hab einen Brief erhalten von Seiner Kaiserlichen Hoheit Otto von Habsburg, dem Familienoberhaupt des Erzhauses, und er schreibt mir, dass er uns in den Prinzen- und Prinzessinnen-Stand erheben möchte. Dieses Angebot habe ich angenommen.«

An dieser Stelle möchte ich den Leserinnen und Lesern erklären, dass Erzherzog Otto mit dem Erreichen seiner Volljährigkeit im Herbst 1930 sich nun persönlich um die Familienangelegenheiten kümmerte. Kaiserin Zita hatte zuvor diese Aufgaben von ihrem verstorbenen Mann Kaiser Karl I. übernommen und ihren damals noch minderjährigen Sohn Otto vertreten.

Die Jugendlichen und Kinder hatten noch nicht verstanden, was ihr Vater meinte. Deswegen setzte er noch einmal nach: »Das heißt, in aristokratischen Kreisen wird man euch in Zukunft nicht mehr als Grafen und Gräfinnen ansprechen. Ihr seid ab heute Prinzen und Prinzessinnen.«

Die Kinder klatschten begeistert in die Hände, auch wenn noch überhaupt nicht zu verstehen war, wie es zu dieser Ehre einer »Beförderung« gekommen war.

»Ich möchte nun auch etwas dazu sagen«, die Mutter sprach leise, aber ihre Autorität brachte wie gewohnt alle zum Schweigen: »Geht bitte mit diesem Wissen nicht hausieren. Nicht bei allen wird diese Neuigkeit auf positive Resonanz stoßen. Haltet euch besonders bei euren Mitschülern und Lehrern zurück und erzählt nicht überall stolz herum, dass ihr jetzt Prinzen und Prinzessinnen seid. Wenn euch jemand fragt, was ihr für einen Titel habt, dann sollt ihr es erklären. In Adelskreisen müsst ihr euch keine Gedanken machen, da wird sich die Neuigkeit sowieso schnell herumsprechen. Aber auch da gibt es keinen Anlass für Prahlereien.« Die acht Geschwister nickten brav. »Jetzt habt ihr Freizeit. Um halb eins ist Essen, und danach trefft ihr euch mit eurem Vater zum Christbaumschmücken.«

Peter und seine älteren Geschwister blieben noch im Salon. Allen vieren schien noch etwas auf dem Herzen zu liegen. Früher als Kind hatte Peter sich nie gefragt, warum er mit Nachnamen Altenburg und nicht Habsburg hieß wie seine Cousinen und Cousins, den Kindern von Papis Brüdern. Es war für ihn selbstverständlich, ein Graf zu sein und kein Erzherzog. Außerdem gab es in all der Zeit viel schlimmere Sorgen und Probleme zu bewältigen – vor allem für die Eltern – das wusste er. Aber jetzt, als Jugendlicher von vierzehn Jahren, kamen doch einige Fragen in ihm auf, für die er Antworten suchte. Also fasste er den Mut und wandte sich an seine Eltern: »Warum habt ihr den Namen geändert?«

Clemens schaute Mädy an, die zuckte mit den Schultern und gab damit ihrem Mann zu verstehen, dass es an ihm läge, die Antwort zu geben. Und nun berichtete der Vater zum ersten Mal ausführlich seinen Ältesten von der unebenbürtigen Verbindung von Mädy und Clemens, von Kaiserin Zitas Entscheidung, diese Ehe für morganatisch zu erklären und von Clemens Entschluss, bei einer Änderung des Titels auch einen neuen Namen für sich und seine Frau annehmen zu wollen.

»So, nun wisst ihr, warum wir Altenburgs sind. Eines muss ich aber noch zur Verständlichkeit hinzufügen: Wir sind nun vom Grafen- in den Prinzenstand erhoben. Die Verbindung von Mädy und mir bleibt dennoch unebenbürtig. Wir gehören weiterhin nicht dem Erzhaus an. Und so wie es aussieht, werden wir nicht die einzige Familie mit dem Namen Altenburg bleiben. Wer will, kann gerne diesen Brief Seiner Kaiserlichen Hoheit durchlesen.«

Die Geschwister lasen nun, natürlich in der Reihe des Alters, einzeln das kaiserliche Schreiben. Peter kam als Letzter dran. Beim ersten Überfliegen des Textes las er wiederholt den Namen »Carl Albrecht« und konnte mit diesem Namen keinen Zusammenhang zu seiner Familie herstellen. Um den Brief verstehen zu können, musste er wissen, wer dieser besagte Mann war.

»Was hat es mit diesem Carl Albrecht auf sich?«

»Erzherzog Carl Albrecht ist eine beeindruckende Persönlichkeit.« Clemens zündete sich eine weitere Zigarette an, blies den Rauch aus und setzte seine Beschreibung fort. »Im Ersten Weltkrieg war Carl Albrecht ein vielfach ausgezeichneter Soldat. Eine Zeit lang gab es sogar Überlegungen, seinen Vater oder sogar ihn selbst zum König von Polen zu ernennen. Polen war – das muss ich vielleicht kurz erklären – kein eigenständiges Land, da es zu drei anderen Reichen gehörte: Deutschland, Russland und Österreich-Ungarn. Kaiser Franz Joseph und Kaiser Wilhelm II. waren sich einig, mit einem Königreich Polen könnte man das Land einen und so ein Zeichen gegen Russland setzen. Carl Albrecht war als erster König angedacht. Als mein Großvater Kaiser Franz Joseph 1916 starb, erübrigte sich die Frage. Sein Nachfolger Kaiser Karl wollte selbst das Amt des polnischen Königs übernehmen.«

»Ist es dazu gekommen?«, wollte Peter wissen.

»Nein. 1918 war der Krieg verloren und damit auch die Idee eines polnischen Königreichs. Aber Carl Albrecht blieb im Land auf seinem Schloss und nahm die polnische Staatsbürgerschaft an.« Es entstand eine Pause, in der der Vater einen Zug von seiner Zigarette nahm und die vier Jugendlichen ihn erwartungsvoll anschauten. »So, und nun fragt ihr euch, was hat das alles mit uns zu tun?« Clemens blickte in die Runde. »Das kann ich gern beantworten. 1920 hat Erzherzog Carl Albrecht Gräfin Alice Badeni aus Schweden geehelicht. Und diese Verbindung war – ihr könnt es vermuten – nicht standesgemäß. Aber im Gegensatz zu Mädy und mir blieben die beiden bei dem Entschluss, sich dem Hausgesetz der Habsburger nicht zu unterwerfen, weil dieses für das Land Polen nicht gelte. Kaiser Karl, der damals im Exil lebte, war nicht erfreut über diese Dreistigkeit. Doch die Geschichte geht noch weiter: Als die Deutschen 1939 Polen angriffen, verteidigte Carl Albrecht sein Land als polnischer General. Wie ihr wisst, hatte Polen keine Chance gegen die

Übermacht der deutschen Wehrmacht. Carl Albrecht weigerte sich, Deutschland anzuerkennen, er kam ins Gefängnis, man folterte ihn, und aufgrund dieses Martyriums ist er halbseitig gelähmt und auf einem Auge blind. Nach dem Zweiten Weltkrieg ging das Leiden für diesen Mann und seine Familie weiter. Die Sowjets haben ihm das von den Nazis enteignete Land nicht zurückerstattet, ließen ihn aber ausreisen. Ich vermute, er lebt jetzt mit seiner Familie in Schweden, in der Heimat seiner Frau. So, und nun komme ich zum Punkt: Er ist nun nach beinahe dreißig Jahren Ehe doch bereit, das Hausgesetz anzuerkennen. Erzherzog Carl Albrecht und Seine Majestät haben beschlossen, sich auf den Namen ›Altenburg‹ zu einigen. Da man einem solchen Helden und ehrenwerten Mann keinen Grafentitel verleihen möchte, bekommen er und seine Familie den Titel Prinz und Prinzessin. Und hier sind wir – vielleicht muss man das positiv sehen – mitgefangen, mitgehangen. Aufgrund unseres – Mädys und meinem – loyalen Verhalten dem Erzhaus gegenüber, dürfen nun auch wir uns in Zukunft als Prinz und Prinzessin titulieren.«

Aufmerksam hatten die Geschwister zugehört. Clemens dämpfte seine Zigarette aus. »Nun noch eins: So wie ich das verstanden habe, wird Otto von Habsburg in Zukunft allen Verbindungen, die von ihm als morganatisch erkannt werden, den Namen Altenburg geben. Wir werden also, davon könnt ihr ausgehen, nicht der einzige Familienzweig dieses Namens bleiben.«

Diese Vermutung meines Großvaters – das möchte ich hier anmerken – hat sich nicht bewahrheitet. Das Hausgesetz wurde mehrmals geändert, da es ansonsten heute mehr Altenburgs als Habsburger gäbe.

Clemens warf Mädy kurz einen Blick zu, dann stand er auf und zog sich zurück.

Peter nutzte nun die Gelegenheit, um den Brief noch einmal durchzulesen:

16 Rue de l`Elysée
Paris 8-e
Den 17. November 1949

Lieber Clemens,
Vor kurzer Zeit hat Carl Albrecht, der sich vorübergehend aus seinem ständigen Wohnort ins Ausland begeben durfte – was aber sonst nicht weiter bekannt werden soll –, sich mit der Bitte an mich gewendet, ich möge seiner Gemahlin und seinen Kindern einen Namen und einen Titel verleihen. Gleichzeitig hat Carl Albrecht vorgeschlagen, dass ich im Allgemeinen jenen meiner Verwandten aus morganatischen Ehen, welche sich einer solchen Verleihung durch ihr Verhalten würdig erweisen und welche bisher noch keinen Namen und Titel erhalten haben, einheitlich einen mit dem Erzhaus irgendwie in Verbindung stehenden Namen und Titel verleihe, damit deren Stellung klar festgesetzt werde.
Ich habe volles Verständnis für den Wunsch von Carl Albrecht und ich habe mich entschlossen, in diesem Sinne eine Regelung zu treffen.
Mit Rücksicht auf eventuelle Schwierigkeiten und eventuelle Empfindlichkeiten verschiedener Staaten habe ich den Namen Altenburg gewählt, der, wie Du es am besten weißt, unter den ältesten unseres Hauses genannt wird. Auch habe ich mich entschlossen, den Titel »Prinz und Prinzessin von Altenburg« zu verleihen, da mir dies

der Würde unseres Hauses zu entsprechen scheint.
Allerdings behalte ich mir vor, diesen Namen und diesen Titel nur in jenen Fällen morganatischer Ehen zu verleihen, wo ich ihn auf Grund vollkommen einwandfreien Verhaltens und der Familie der Gemahlin eines Erzherzogs für gut finde.
Ich wollte vor allem Dir davon Mitteilung machen, dass ich der Gemahlin und den Kindern von Carl Albrecht diesen Namen und Titel zu verleihen die Absicht habe und dir gleichzeitig sagen, dass ich selbstverständlich Dich und Deine Familie als in gleicher Lage befindlich ansehe. Daher bin ich gerne bereit, Dir und Deiner Familie den Titel Prinz bzw. Prinzessin von Altenburg zu verleihen, wie der Familie von Carl Albrecht, wenn Du hierzu den Wunsch aussprichst.
Wenn Du jedoch, mit Rücksicht auf die gegenwärtigen Verhältnisse in Österreich, es dabei vorziehst, dass eine solche Verleihung und Änderung des Titels, momentan noch nicht in der breiten Öffentlichkeit bekannt wird, so verstehe ich das vollständig.
Ich würde Dich bitten, mir ehebaldigst den Empfang dieses Briefes zu bestätigen und mitzuteilen, ob es Dein Wunsch ist, dass ich Dir und den Deinen, wie der Familie von Carl Albrecht, den Titel Prinz bzw. Prinzessin von Altenburg verleihe. Es ist dies auch insofern wichtig, da ich vor Erhalt Deiner Antwort nicht an Carl Alb-

recht schreiben möchte, er sich aber demnächst wieder an seinen gewöhnlichen Wohnort begibt.
Euch allen meine besten Grüße und Wünsche

Otto

Als Peter vom Brief aufblickte, meinte seine Mutter: »Ihr fragt euch wahrscheinlich, warum wir hier über alte und neue Adelstitel sprechen, wo doch das Tragen eines solchen Titels seit 1919 verboten ist. Eines dürft ihr aber nie vergessen: Aus dem Adel ist eine durch Geschichte, Lebensart und Weltbild geprägte Gesellschaftsschicht entstanden, deren historische Gewachsenheit auch ein Gesetz nicht ausradieren kann.

Hier leg ich euch noch eine Abschrift der Antwort eures Vaters vor. Die könnt ihr gerne durchlesen. Wundert euch nicht über die Ansprache ›Majestät‹. Auch wenn Otto von Habsburg derzeit vor dem Gesetz weder Kaiser noch König ist, ist es für euren Vater dennoch eine Selbstverständlichkeit ihn mit ›Majestät‹ anzuschreiben.«

Wallsee, den 24. November 1949

Euer Majestät!
Mit gehorsamstem Dank bestätige ich auftragsgemäß den Empfang des Schreibens Euer Majestät vom 17. November 1949. Dass Euer Majestät die Absicht haben, mir und meiner Familie den Titel Prinz von Altenburg zu verleihen, erfüllt mich mit besonderer Freude und Genugtuung und ich bin

selbstverständlich gerne bereit, denselben anzunehmen!
Dem Schreiben Euer Majestät glaube ich entnehmen zu dürfen, dass sowohl der Titel Prinz als auch der Name Altenburg nicht in allen Fällen von morganatischen Ehen im Erzhause zur Verleihung kommen soll.
Da nach dem österreichischen Gesetz die Führung von Titeln verboten ist, würde ich die Einführung dieses Titels der Zeit und der Gewohnheit überlassen, so wie es auch bei meiner seinerzeitigen Namensänderung der Fall war und glaube, dass dies auch den Intentionen Euer Majestät entsprechen würde.
Mit meinem nochmaligen aufrichtigsten und gehorsamsten Dank
verbleibe ich Euer Majestät stets treugehorsamster

Clemens

Als Peter abends in seinem Bett lag, kam ihm ein Satz in den Sinn, den Herr Reitter ihm einmal mitgegeben hatte: »*Kaiser Franz Joseph und seine Minister machten lange Zeit eine erfolgreiche Politik der ›wohltemperierten Unzufriedenheit.‹*« Erstmals verstand er, wie der Satz gemeint war. Das Volk, aber auch die Mitglieder der Familie sollten weder leiden noch zu verwöhnt sein.

Noch ein zweiter Spruch kam Peter in den Sinn: »*Noblesse obige – Adel verpflichtet.*« Er sah diesen eben verliehenen Titel »Prinz« als einen Auftrag an, den er mit Würde ein Leben lang erfüllen wollte. Und ich als sein Sohn kann bestätigen, dass er diesem Vorsatz immer treu geblieben ist.

Meinen Geschwistern und mir gab er folgenden Satz in einem Brief mit: »Ihr stammt von Kaisern und Königen ab und ihr könnt stolz darauf sein, auch wenn ihr nichts dafürkönnt. Die Menschen werden euch dafür Lasten auferlegen, Vertrauen vorschießen, mehr erwarten als von anderen und es wird an euch liegen, diese Erwartungen auszufüllen. Findet immer wieder den Weg, der euch, wie jedem Menschen, aufgetragen ist: Für eure Umwelt zu sorgen. Umwelt: Das sind Menschen, Natur, Tiere, Sachen. Ihr steht mitten drinnen, habt euren Platz und neben allen Freuden, die daraus erwachsen, auch eure Pflichten.«

In diesem Kontext steht das Wort »Adel« nicht für eine »sozial exklusive Gruppe mit gesellschaftlichem Vorrang«, sondern für eine innere Haltung.

Mythos Unterach

»Ich wünsche, dass wir das so machen wie in Unterach.«

Darauf bestand mein Vater des Öfteren, ohne dass wir, meine vier Geschwister und ich, genau verstanden, was er mit »Unterach« meinte.

Meine ganze Kindheit und Jugend in den 1970er und 1980er Jahren in Graz begleitete mich der Mythos »Unterach«. »Unterach«, was mag das sein? Ein magischer Ort, der viele Erinnerungen birgt? Ein Lebensgefühl, das man verloren hat, und das man wiedererlangen möchte? Für uns Nachfahren wurde »Unterach« zum Heiligen Gral oder zur blauen Blume, ein Ideal, das es zu finden galt, und das man nur erreichen konnte, wenn man die Regeln des Vaters genau beachtete:

»Ich möchte, dass der Tisch wie in Unterach gedeckt ist«, »Wir übernehmen die Sitzordnung von Unterach«, »Servieren bringe ich euch bei, wie ich es erlernt habe ...« Solche Sätze fielen häufig und inzwischen wussten wir Geschwister schon, worauf er hinauswollte, und ergänzten den Satz im fünfstimmigen Chor »... in Unterach«.

Passierte mir beim sonntäglichen Mittagessen aufgrund des erhöhten Kohlensäuregehalts des eingenommen Mineralwassers versehentlich ein Rülpser, erntete ich einen strafenden Blick meines Vaters. Als Entschuldigung für mein Verhalten gab ich ihm als Erklärung: »Das war ein Bäuerchen aus Unterach.« Auf diesem Weg wurde das »Bäuerchen aus Unterach« eine Persona non grata. Erst mit der Zeit, durch Erzählungen, die ich aufschnappte und unzählige Anekdoten, die ich wie Puzzleteile zusammenfügte, ergab sich für mich ein einheitliches Bild zu »Unterach«.

Unterach ist ein Ort am Attersee, zu dem der Berghof gehört. Und dieses Grundstück war für zwei Jahrzehnte im Besitz der Familie Altenburg. Als mein Großvater Clemens 1950 von seinem ausbezahltem Erbe dieses kleine Stück Land gekauft hatte, bedeutete das für ihn, seine Frau und seine neun Kinder, dass sie nun endlich ein Zuhause hatten, das ihnen gehörte. Die Prinzen und Prinzessinnen Altenburg fanden zu einem neuen Selbstbewusstsein. Sie hatten nun ihr eigenes Land, das für alle Ewigkeit zum Zentrum der Familie werden sollte, ein Ort der Begegnung, Erholung, Inspiration und großer Feste.

Nun geleite ich Sie zum Anfang der Unterachzeit meines Vaters, in den Sommer 1951. Peter war ein Junge von fünfzehn Jahren. Er und seine älteren Brüder mussten mithelfen, Beton zu mischen, denn eine Betonmischmaschine gab es nicht. Eine Reihe Schotter in einer Zeile auflegen. Zement gleichmäßig darauf verteilen. Sonnenhut abnehmen, Schweiß abwischen, Sonnenhut aufsetzen. Und schon geht's weiter. Zement und Schotter gut durchmischen. Die Blasen an den Händen ignorieren. »Wenn man neu in der Branche ist, gehört das dazu«, sagte der Achleitner Wilfried aus Bad Goisern: »Da heißt's Zähne zusammenbeißen.« Die Rinne am Scheitel der Zeile ziehen, ist der nächste Schritt. Da hinein kommt das herrlich kühle Wasser. Vorher aber schnell selbst einen Schluck nehmen. Die älteren Brüder müssen jetzt helfen.

»Hallo, ihr beiden, ich bin so weit!«

Zu dritt wird nun mit Schaufeln die Masse gleichmäßig im Takt durchmischt. Die Konsistenz hat zu stimmen. Vielleicht noch ein wenig mehr Zement? Oder Schotter? Oder doch Wasser? Perfekt. Schnell muss es gehen. Sonnenhut ab, Schweiß abwischen, Sonnenhut auf. Die Masse in die Scheibtruhe, bis diese fast übergeht, und geschwind damit zum Haus. Sie lässt sich kaum schieben diese blöde Scheibtruhe, kippt beinahe um, eine weitere Blase reißt auf, Ziel erreicht.

»Bravo, der Bursch wird immer besser. Man sieht schon, dass du immer mehr Saft in den Armen hast. Nur zu viel schwitzen darfst du nicht. Sonst versalzt du uns noch die Betonsuppe.«

Der Achleitner Wilfried blickt sich zu den anderen Bauarbeitern um. Diese lachten laut auf. »Jetzt aber rasch wieder runter zu deinen Brüdern. Und hupf mir ja nicht in den See zwischendurch. Wir brauchen noch mehr Beton. Euer Haus soll doch irgendwann fertig werden. Das wird ein schönes Haus. Das kann ich dir sagen.«

»Ja, das wird es«, dachte sich Peter »und es ist unser eigenes Zuhause.«

Im letzten Herbst, im November 1950 war es endlich so weit gewesen. Die Eltern konnten einen Kaufvertrag unterzeichnen für ein neues Zuhause. In der Kaiservilla war die Familie Altenburg nur zu Gast gewesen, aber dieses Grundstück in Unterach mit Wald und Feldern, Wiesen und einem Hof bestehend aus vier Gebäuden, das der Vater mit seinem Erbe finanzierte, war ihr eigenes Reich. Und das Beste war, dieses Paradies von 37 Hektar lag direkt am Attersee. In den kommenden Sommermonaten würden Peter und seine Geschwister Urlaub zu Hause machen können, Urlaub vom Internat, Urlaub bei den Eltern, Urlaub am Berghof.

Aber noch war an einen Einzug nicht zu denken. Die Gebäude mussten renoviert und auf einen modernen Stand gebracht werden. Ein Architekt plante und gestaltete ein Konzept, das der Baumeister Ziegler aus Ischl mit seinen Bauarbeitern umsetzte. In diesem Sommer 1951 standen Peter und seine älteren Brüder den Bauarbeitern als Gehilfen zur Verfügung. Auf dieser Baustelle waren die drei Prinzen in der Hierarchie weit unten und mussten den Bauarbeitern Folge leisten.

Diese körperliche Tätigkeit war für Peter, den jugendlichen Mann von fünfzehn Jahren, eine Erfahrung und Herausforderung, die er sehr ernst nahm und gewissenhaft erfüllen wollte.

Sobald es hieß »Burschen, macht's Pause«, stürzten sich die Brüder mit Gebrüll in den Attersee. Zu lange schon sehnten sich die erhitzen Körper nach dem kühlen, klaren Wasser. Wenn die Freizeit es erlaubte, schnappte sich Peter sein Brot mit Wurst und Käse und eine Flasche Wasser und spazierte vergnügt kauend durch die noch leeren Gebäude des Berghofs. Seine Eltern, seine acht Geschwister und er würden nächstes Jahr, wenn alles fertig sein sollte, im »Schwarz-Haus« einziehen. Benannt ist dieser alte Hof nach seinen ehemaligen Bewohnern, der Familie Schwarz. Besonders markant waren die verschiedenen Balkone aus Holz mit geschnitzten Jugendstilverzierungen.

Daneben lag das Landhaus, ein einstöckiges, langgestrecktes Biedermeierhaus. Wer vom See aus auf das Grundstück blickte, dem fiel sofort das »Schlössl« ins Auge. Dieses Bauwerk im Tudorstil mit seinem hohen Turm wirkte wie eine Villa aus der noblen Wiener Vorstadt, die sich versehentlich an den Attersee verirrt hatte, hier heimisch geworden war und Wurzeln geschlagen hatte. Zu guter Letzt gab es noch das »Brüll-Haus«, das Sommerhaus des um die Jahrhundertwende sehr bekannten Pianisten und Komponisten Ignaz Brüll.

Die Häuser, Räume und Wände erzählten Peter Geschichten von Bewohnern und Gästen vergangener Zeiten. Dieser Ort hier, das hatte Peter in den Gesprächen der Erwachsenen mitbekommen, hatte viel zu berichten. Der Berghof war zur Zeit der Monarchie die Sommerfrische einiger verwandter und befreundeter Familien des Wiener Großbürgertums. Berühmte Persönlichkeiten wie der Hofschauspieler Adolf von Sonnenthal, der Chirurg Theodor Billroth oder der Komponist Johannes Brahms gingen hier ein und aus. Im Saal des Brüll-Hauses veranstaltete Gustav Mahler seine 2. Sinfonie. In den leeren Räumen schien es Peter, als vernehme er die tiefen, bedrohlich wirkenden Töne der Streicher des ersten Satzes »Totenfeier«. Aber er »hörte«

auch das Gelächter und den Applaus, den Hugo von Hofmannsthal auslöste, bei seiner Rezitation der ersten beiden Akte seines »Rosenkavaliers«. Hier traf man sich, musizierte gemeinsam, entwickelte neue Ideen oder fand bei Tennisspiel und Sonnenbad am See Erholung. Peter stellte sich vor, wie einst der Arzt und Schriftsteller Arthur Schnitzler auf seinem Fahrrad vorbeikam, sich aber bald wieder verabschiedete, da er noch ein Rendezvous mit einer gewissen Risa hatte. Schnitzler war im Salzkammergut ein bekannter Schürzenjäger.

Peter hatte sein Brot aufgegessen und ging zurück zum Schwarzhaus, um sich zu erkundigen, wie lange die Mittagspause noch dauern sollte. Unterwegs traf er auf zwei Wanderer, die ungeniert über das private Gelände gingen und sich neugierig wie Touristen alles anschauten. »Kann ich Ihnen helfen?«, sprach Peter die beiden an.

»Ach ne«, antwortete die Dame mit hörbar norddeutschem Akzent. »Wir wollten uns nur mal die Wirkungsstätte vom jungen Rudolf Steiner anschauen.«

»Ist ja alles Baustelle hier«, stellte der Mann fest »Zieht ihr hier ein?«

»Ja«, meinte Peter, »wenn alles fertig ist.«

»Du musst wissen, für uns Anthroposophen ist dieser Berghof ein heiliger Ort. Das hier war ja ein Treffpunkt der meist jüdischen Elite aus Wien. Rudolf Steiner war kein Jude, aber er war Hauslehrer der vier Jungs der Familie Specht, und die hat er in den Sommermonaten des Öfteren nach Unterach begleitet. Man kann also davon ausgehen, dass Rudolf Steiner an diesem Ort anfing, seine anthroposophische Lehre zu entwickeln.«

Peter hatte von diesem Herrn »Rudolf Steiner« noch nie etwas gehört, und auch der Begriff »Anthroposophie« war ihm völlig fremd, aber er nahm sich vor, mehr über diesen offenbar berühmten Mann zu recherchieren.

»Wird man sich in Zukunft auch mal ein Zimmer mieten können?«, fragte die Frau.

»Ja, es wird Unterkünfte geben für zahlende Gäste, die hier ihre Sommerfrische verbringen wollen«, erklärte Peter eifrig.

»Das ist gut. Dann sehen wir uns wieder. Wir wandern jetzt mal weiter den Berg hoch. Tschüss.«

»Grüß Gott.«

»So hoch wollen wir nun auch wieder nicht.«

Die Rudolf-Steiner-Pilger drehten Peter den Rücken zu und setzten ihre Wanderung Richtung Hochplettspitz fort.

Da die Handwerker in ihrer wohlverdienten Pause noch ihren Kaffee einnahmen, nutzte Peter die Zeit, um sich mal wieder den Dachboden der Schwarz-Villa anzusehen. Hier roch es verstaubt und muffig und es gab einiges zu entdecken. Das spärliche Licht, das durch ein kleines Fenster strahlte, beleuchtete Möbel, Bücher, Kerzenleuchter und Lampen aus Messing – alles Gegenstände, mit denen die Nazis nicht viel anfangen konnten, und die sie hier gesammelt zurückgelassen hatten. Auch dieses dunkle Kapitel der österreichischen Geschichte war Teil dieses Berghofs. Die Vorbesitzer waren von den Nationalsozialisten enteignet, vertrieben oder eingesperrt worden. Die Gebäude und das Grundstück beschlagnahmte die Gestapo und in der Folge wurden die zurückgelassenen Einrichtungsgegenstände geplündert, verkauft oder zerstört. Die letzten noch erhaltenen Habseligkeiten waren auf dem Dachboden zu finden. Was aus den Erben dieses Grundstücks geworden war, wie deren Schicksal und Flucht verlaufen war, was sie alles erleiden mussten, das konnte Peter noch nicht in Erfahrung bringen. Darüber sprachen die Erwachsenen auch nicht so offen. Nur so viel konnte er herausfinden: Die Eltern waren befreundet mit einem Ehepaar, das Mitglied der Erbengemeinschaft vom Berghof war. Das Grundstück am Attersee war nach den Jahren der »Arisierung« den Erben rückerstattet wurde. Ein Großteil der Eigentümer waren inzwischen in alle Winde zerstreut, sie hatten kein Bedürfnis mehr nach Österreich, in das Land ihrer Peiniger zurückzukehren, und suchten für ihr Grundstück einen Käufer.

Nach den geregelten Besitzrechten vermittelte das befreundete Ehepaar für Clemens Altenburg diesen Erwerb des Berghofs.

Peter, der sich noch immer am Dachboden des Schwarzhauses befand, hob eine Deckenlampe aus Messing vom Boden auf und betrachtete sie. Diesem verwaisten Leuchtkörper wollte er irgendwann einen würdigen Platz zukommen lassen. Uns so kam es auch. Die Lampe vom Dachboden am Berghof begleitete mich die ganze Kindheit. Sie fand ihr Zuhause über unserem Esstisch in Graz und beleuchtete unsere Speisen.

Eine Lehre hat mein Vater meinen Geschwistern und mir mitgegeben: »Der Mensch erbt nicht nur die Biografien und Geschichten seiner Vorfahren. Mit dem Kauf eines neuen Zuhauses erwirbt man auch die Vorgeschichte des Grundstücks, das man bezieht. Jede Pflanze, jeder Stein, das Mauerwerk, die Räume, Gegenstände und kleinen ›Sacherln‹ tragen Geschichten in sich, die von Menschen erzählen, die hier gewohnt haben. Und diese Geschichten wollen entdeckt und gewürdigt werden.«

Diese Aufgabe des Entdeckens wollte damals mein Vater gerne übernehmen. In ihm festigte sich mehr und mehr der Gedanke, dass er Geschichte und Kunstgeschichte studieren wollte, wenn er die Schule erfolgreich mit der Matura abgeschlossen hatte. Dazu fühlte er sich berufen.

Am Nachmittag half er dem Ofensetzer Scheutz Hubert beim Renovieren eines alten Kachelofens. Auf diese Weise lernte Peter von dem erfahrenen Handwerker, der um die sechzig war, Vollbart trug und beeindruckend breite Hände hatte, das Innenleben eines solchen Heizkörpers kennen. Die Kacheln wurden zum Teil abgebaut, der Zugang zum Kamin musste überprüft und abgedichtet werden, der Ofeneinsatz wurde durch einen neuen ersetzt, und mit Lehmmörtel und Schamottesteinen fütterten der Meister und sein Lehrling die Kacheln der Verkleidung schlussendlich aus.

Scheutz Hubert sprach kaum ein Wort. Das musste er auch nicht. Peter lernte durch Beobachten und Handlangen eine Menge vom Meister zum Thema Ofensetzkunst. Auch abends, als der Vater alle Bauarbeiter und Handwerker ins Wirtshaus im Nachbarort einlud, blieb Scheutz Hubert still im Hintergrund. Im Gegensatz zu Achleitner Wilfried, der nun richtig in Fahrt kam und zusammen mit seinen Kumpels aus ihrer Zeit als Wilderer schwadronierten.

»Wie viel Gämse hast du denn schon g'schossen?« Diese Frage richtete Wilfried an Peter, der die Schultern zuckte und kleinlaut »keine« zur Antwort gab. Der Achleitner Wilfried lachte laut auf, und sein runder Bauch fing an zu beben. Seine Freunde stimmten in das Gelächter mit ein.

»Fünfzehn Lenze zählt du schon und bist noch immer ohne Abschuss? Herr Prinz Clemens!«, rief er über den Tisch Peters Vater zu: »Sie müssen Ihren Herrschaften Söhne das Jagen beibringen!«

Clemens winkte ab und meinte nur: »Das hat noch Zeit«, und bestellte einen weiteren Doppelliter Wein für die Runde.

»Mit vierzehn hab ich meine erste Gams geschossen.« Wilfrieds Augen fingen an zu leuchten. »Jagdschein hab ich dafür keinen gebraucht. Ich hätt als Bergbauernsohn eh nicht jagen dürfen. Die Jagd, das war das Privileg des Kaisers und seiner adeligen Gefolgschaft. Uns hat das Wild die Felder zerstört und kahlgefressen, wir, das niedrige Volk haben gehungert, aber die Herrschaften Gutsbesitzer hat das nicht interessiert. Da muss sich der Bauer selbst zu helfen wissen. Wildern heißt, sich die Freiheit nehmen, die einem zusteht.«

Seine Faust knallte auf den Tisch, und die Kumpels bestätigten seine Aussage mit einem lauten: »So ist es«.

»Du darfst dich halt nicht erwischen lassen. Sonst schlagt für dich schnell die letzte Stunde. Als Wildschütz bist du immer Jäger und Gejagter in einer Person. Das ist Adrenalin pur, mein Lieber. Der schlechteste Wilderer muss besser sein als der beste Jäger. Wenn ihr versteht, was ich mein. Als Wildschütz musst du zu den Stellen im Gebirge klettern, wo sich der geschickteste Jäger nicht mehr hintraut. Und du musst den Berg und das Gelände in und auswendig kennen, damit' du weißt, wo du gut jagen kannst, und damit du weißt, wie du gut flüchten kannst. Dieses Wildschützwissen ist bei uns von Generation zu Generation weitergegeben worden.«

Wieder brüllte der Achleitner Wilfried über den Tisch zu Peters Vater: »Wenn die Jäger von ihrem Herrn Großvatern, dem Herrn Kaiser, mich damals erwischt hätten, könnt ich heut nicht für Sie Häuserl bau'n.«

»Das wird schon so sein«, entgegnete Clemens und bestellte diesmal eine Flasche Schnaps für die Runde.

Angefeuert vom Alkohol erzählten die Männer ihre Wildschützerlebnisse. Jeder versuchte, den anderen mit seinen abenteuerlichen Anekdoten zu übertreffen. Peter fiel es immer schwerer zu erkennen, welche Geschichten wahr, welche übertrieben oder gar komplett erfunden waren.

»Eines müsst ihr wissen, Burschen, die Erfahrungen, die wir damals zu Zeiten des ehrwürdigen Herrn Kaisers gesammelt haben, sind uns dann später im Regime vom Herrn Adolf Schicklgruber zunutze gekommen. Es braucht keiner glauben, dass wir als Soldaten gedient hätten. Wir haben desertiert, uns in die Berg verschanzt und bis zum Ende des Krieges gewildert und dadurch überlebt. Und heute …«, nun folgte das Resümee, »… heute ist Schluss mit Wildern. Meine Gewehre ruhen im Gebirge. Ich könnt euch all meine Verstecke zeigen. Tu ich aber nicht – auch wenn's mich manchmal am ganzen Körper juckt, wenn ich so ins Gebirge schau.«

Spät in der Nacht wankten alle zurück zum Berghof. Auf dem Weg dorthin sangen die Männer vierstimmig das Lied »Der Wildschütz«. Peter beobachtete seinen Vater, der glücklich und zufrieden schien. Selten hatte Peter ihn so entspannt unter Menschen erlebt.

Die Nacht verbrachte die Truppe in den verschiedenen Räumen des Berghofs auf Betten, die schon vor Ort waren, oder einfach auf alten Matratzen. Der Vater nannte diese Form des Feldlagers: »Biwaken«.

Zwei Sommer verlebten Peter und seine Brüder auf diese Weise. Dann war das neue Zuhause endlich bezugsfertig. Clemens schrieb auf die erste Seite des Gästebuchs anlässlich der Hauseinweihung: »Nach eineinhalb Jahren Umbau und Biwakleben im Berghof zogen wir im November 1952 ein.«

So ein Gästebuch, das in vielen aristokratischen Familien Tradition hat, ist das Tagebuch – oder anders ausgedrückt – das Gedächtnis eines Hauses. Wenn die Gastgeber so ein Buch gewissenhaft führen, entgeht ihnen kein Besucher, ohne dass dieser einen solchen Eintrag getätigt hat.

Solch ein gewissenhafter Buchführer ist ein entfernter Cousin von mir. Wenn Juliane, unsere beiden Töchter und ich bei seiner Familie und ihm in seiner Villa für ein Wochenende zu Besuch sind, wiederholt sich regelmäßig folgende Szene: Wir unterhalten uns entspannt, zögern den Abschied hinaus, bis ich abrupt aufspringe und meine, wir müssen nun die Kinder einsammeln, denn unser Zug würde in einer halben Stunde fahren. In dem Moment kommt mein Cousin ins Spiel, der sich bis dahin bei der Konversation eher bedeckt gehalten hat und uns erinnert: »Ihr müsst euch noch ins Gästebuch eintragen.« Diese Worte lösen regelmäßig eine Kettenreaktion aus. Ich bekomme das besagte Buch in die Hand gedrückt, blättere es erstmal in Eile durch, werde dann aber von meiner Neugierde übermannt und gebannt betrachte ich Seite für Seite und studiere die unterschiedlichen Vermerke und Namen.

»Ach da schau her, der Fritzl war auch bei euch. Wie geht es ihm denn?« Eine neue Konversation droht anzufangen.

Diese aber wird von Juliane bald unterbrochen: »Wir müssen leider los. Könnt ihr uns zum Bahnhof bringen?«

Ich wiederum, der nun erkannt hat, dass das einfache Eintragen des Ankunfts- und Abreisedatums plus der Unterschrift nicht ausreichend ist, weil meine Vorgänger kleine Anekdoten zu den Tagen im Schloss hinzugefügt hatten, fange nun an, die markantesten Geschichten nicht nur niederzuschreiben, sondern das Ganze auch noch in Reimform zu verewigen. Sich so ein Gedicht nach dem Vorbild von Wilhelm Busch auszudenken, braucht seine Zeit. Zeit, in der Juliane von den Gastgebern in ein weiteres Gespräch verwickelt wird, Zeit, in der unsere Töchter ein neues Spiel anfangen und auf die Wiese, an den See oder gar in den Wald verschwinden. Kaum hat Juliane das Buch in der Hand, reicht auch ihr nicht mehr eine einfache Unterschrift aus. Ihr Ehrgeiz ist geweckt, und sie zeichnet wunderschöne Bilder in allen Farben, die mein Gedicht illustrieren. Schlussendlich tauchen die Kinder wieder auf und ihre Unterschriften sind absolviert – früher, als die beiden noch kleiner waren, wurde den Beobachtern bei jedem einzelnen Buchstaben sehr viel Geduld abverlangt. Der letzte Name ist gesetzt, das Werk ist vollbracht und die Pläne werden über den Haufen geworfen.

»Unseren Zug erreichen wir nicht mehr.«

»So bleibt doch noch zum Essen. Und wenn ihr wollt, könnt ihr euren Aufenthalt um eine Nacht verlängern.«

Ein solches Gästebuch studierte mein Vater ein Jahr nach dem Einzug in Unterach im Vorzimmer des Schwarz-Hauses. Es war im Sommer 1953, die Tage waren merkbar kürzer geworden, die Ferien gingen langsam dem Ende zu und die meisten Gäste waren abgereist.

Peter hatte Hunger. Eigentlich müsste bald die berühmte Kuhglocke zum Abendessen läuten. Auch diese Glocke vom inzwischen verstorbenen Diener Herrn Reitter, war mit auf den Berghof gekommen. Peter vermisste seinen väterlichen Freund sehr. Die unterschiedlichen Aufgaben, die früher der alte Diener innegehabt hatte – wie Tisch-Decken, Servieren, Tisch-Abdecken und als Mundschenk aufwarten – wurden von der Mutter täglich neu an die Kinder und Jugendlichen verteilt. So umschwirrten nun die kleineren und größeren Schüler des Herrn Reitters den Tisch und hielten dadurch die Erinnerung an diesen besonderen Menschen und die längst vergangene k. u. k. Zeit aufrecht.

Peters Aufgabe für diesen Tag, den Tisch zu decken, war schon erledigt. Sein Magen sehnte das Läuten der Kuhglocke herbei. Dieses Läuten aber blieb nach wie vor aus. In diesem Zustand, in dem ihn der Appetit auf etwas Essbares reizte, konnte er schnell die Geduld verlieren und es war besser, wenn ihm zu diesem Zeitpunkt keines seiner Geschwister über den Weg lief. Ein Streit war bei einem geringen Anlass schnell vom Zaun gebrochen. Peter hielt es für vernünftiger im Sinne des häuslichen Friedens alleine zu bleiben. Er schnappte sich das Gästebuch und zog sich damit in den Salon zurück.

Dort war keiner anzutreffen und was seine Laune augenblicklich verbesserte und gleichzeitig sein Gewissen herausforderte, war der Anblick von Keksen und Schokolade, die nach dem Nachmittagstee noch übrig geblieben waren. Ein wenig davon zu naschen, konnte doch nicht so verboten sein. Er setzte sich gemütlich auf ein Sofa, blickte sich noch einmal verstohlen um, nahm eine Handvoll Kekse und schlug das Gästebuch erneut auf. Ja, in diesem Sommer 1953 – das bezeugten die vielen Unterschriften in diesem Buch – war schon ein reges Kommen und Gehen am Berghof festzustellen.

Die Ersten, die hier eintrafen, waren die Schulheimkehrer, sprich seine Geschwister und er, deren strenge Internatszeit eine sommerliche Pause eingelegt hatte. Dann gab es internationale »Paying Guests« wie Austauschstudenten aus Amerika, Schweden, England und Frankreich. Mit ihnen kamen besonders die schon jugendlichen Altenburg-Geschwister in Kontakt. Tagsüber sagten sich Badegäste an, Verwandte und Freunde aus der Umgebung. Der eine oder andere kam aber auch spontan vorbei – meistens um die Mittagszeit, sodass noch schnell ein weiterer Teller aufgedeckt wurde. Jeder war hier willkommen, alle Generationen waren vertreten und wussten sich zu unterhalten. Die Kinder spielten auf der Wiese in der Nähe ihrer Eltern. Die Jugend traf sich auf der Fläche des ehemaligen Tennisplatzes. Auf dieser geraden Ebene, über die langsam Gras wuchs, ließ es sich hervorragend bei einer Zigarette über Literatur und Politik diskutieren, über berufliche Pläne reden oder über das erste Auto oder Motorrad, das man sich leisten wollte, schwadronieren. Zur Abkühlung stürzte man sich in den Attersee oder ruderte, um sich sportlich zu betätigen, eine Runde mit der großen Plätten, die der Vater mithilfe der Söhne höchstpersönlich gebaut hatte. Für den Abend verabredete sich die Jugend in der Toplichtbar in Litzelberg. Die Mutter wartete zu Hause besorgt und hoffte, dass ihre Söhne mit dem Auto des Vaters wieder heil zurückkommen würden.

Die Abende der Eltern fanden meist im Salon statt. Hier wurde Konversation geführt oder man spielte eine Partie Bridge. Die Mitspieler waren ein paar Onkeln und viele Tanten, Witwen oder unverheiratete Damen aus der Gesellschaft.

Peter stachen beim Durchblättern des Gästebuchs die unterschiedlichen Tanten-Signaturen ins Auge: Tante Maria, eine Gräfin von Wolkenstein, hatte eine sehr auffällige Unterschrift. Aber noch markanter war von dieser Tante aus Tirol die Hakennase, die besonders die kleinen Kinder immer mit großer Faszination betrachtet hatten. Auch Tante Tilly, die jüngere Schwester vom Vater, hatte sich in diesem Buch verewigt. Sie war in Begleitung ihres Mannes – Onkel Ernst

Hefel – gekommen. Die beiden lebten in Salzburg. Mathilde, die alle Tilly nannten, hatte – und das war mehr als ungewöhnlich – erst mit 41 Jahren geheiratet. Ihr Schwager, Graf Bernhard zu Stolberg, wusste schon eine frühere Verbindung von Tante Tilly, die laut Hausgesetz nicht standesgemäß war, zu verhindern – so erzählt man sich. 1947 aber blieb die jüngste Enkelin von Kaiser Franz Joseph ihrem Wunsch treu und heiratete Ernst Hefel, den ehemaligen Staatssekretär und Sektionschef im Unterrichtsministerium zu Zeiten der Regierung von Karl Renner. Ähnlich wie Vater Clemens sprach auch Tante Tilly nie über ihre Kindheit in der Monarchie. War es den beiden jüngsten Enkeln des Kaisers unangenehm, mit dieser Zeit in Verbindung gebracht zu werden?

Ganz im Gegensatz zu ihrer Tante Mitzi. Ja, diese Tante Mitzi, sie war schon ein Unikat. Ihre Unterschrift war schwungvoll und ausladend und nahm die halbe Seite ein. Peter musste schmunzeln bei der Erinnerung an ihren Aufenthalt hier.

Maria Immaculata war eine geborene Erzherzogin von Österreich-Toscana und die jüngere Schwester von Peters Großvater Franz Salvator. Alles an dieser Großtante war toskanisch. Sie rechnete, betete und träumte auf Italienisch und erzählte aufregende Geschichten aus ihrer Jugendzeit. Dabei geriet sie regelmäßig über einen gewissen Onkel Karl ins Schwärmen: »Ja, der Onkel Karl, das war ein Mann. Un uomo grande! Er war der Erste, der dem kleinen Korsen die Stirn geboten hat. Er war es, der Napoleon den Nimbus des Unbesiegbaren genommen hat. Ohne meinen Onkel Karl stünde das Europa des 19. Jahrhunderts ganz anders da.« Peter musste genau zuhören, bis er verstand, dass es sich bei diesem besagten »Onkel Karl« um den »Sieger von Aspern« handelte.

Durch diese Anekdoten von Tante Mitzi wurden historische Momente und Persönlichkeiten wie der Held Erzherzog Karl greifbar und unmittelbar – auch wenn diese Ereignisse wie die Schlacht von Aspern, in der Napoleon zum ersten Mal einen Verlust hinnehmen musste, schon weit über hundert Jahre zurücklagen.

Über die jüngere Vergangenheit wurde kaum oder nur unter vorgehaltener Hand gesprochen. Dennoch wusste jeder über das tragische Schicksal von Tante Marylka Rességuier Bescheid. Sie war Witwe und ihre zwei Söhne, Ernst und Gerhard, hatte sie im Krieg verloren. Der Ältere war als Soldat gefallen, der Jüngere ging in den Widerstand und wurde 1941 von den Nazis in Brandenburg verhaftet und enthauptet. Eva, die einzige Tochter von Tante Marylka, wurde Nonne und ging ins Kloster.

Peter schloss das Gästebuch wieder. Er dachte an Tante Marylka, deren Leid für ihn unfassbar war. Und er musste an seine Mutter denken, die all diese unterschiedlichen Persönlichkeiten den Sommer über unter einen Hut bringen musste. Dann und wann kam es zu kleineren oder größeren Konflikten unter den Kindern oder auch den Erwachsenen und um das »Tenue« – sprich die Ordnung im Hause – zu wahren, erinnerte sie an den Tagesablauf, den sie genau getaktet hatte: »So, das Frühstück ist nun zu Ende. Jetzt ist Zimmerruhe. Wer möchte, kann spazieren gehen oder Einkäufe im Dorf machen. Aber hier im Salon oder Speisezimmer hält sich keiner mehr auf.«

Sie sprach meist ruhig. Ihr strenger Blick verschaffte der kleinen Dame die nötige Autorität. Die Mutter war den ganzen Sommer zu hundert Prozent gefordert. Mit der Köchin besprach sie den Einkaufs- und Essensplan, den Stubenmädchen gab sie Anweisungen, welche Zimmer gereinigt und welche Betten frisch bezogen werden müssten und von Frau Maja Gelinek, der »Direktion« – wie die Kinder sie nannten –, erfuhr sie, wer in nächster Zeit abreiste und wie viele zahlende Gäste demnächst zu erwarten waren. Nebenbei führte sie mit allen Konversation und erkundigte sich nach dem Befinden jedes Einzelnen. Auch ihre neun Kinder verlor sie dabei nicht aus den Augen. Sie wollte alles Wissenswerte aus dem Internat erfahren, tadelte unmanierliches Benehmen, zeigte sich besorgt bei schlechten und zufrieden bei guten Noten. Außerdem war es ihr wichtig, dass jedes ihrer Kinder Freundschaften knüpfte und diese gut pflegte. Freunde der Kinder waren auch jederzeit am Berghof willkommen.

Der Vater wiederum überließ die Erziehung der Kinder seiner Frau. Ab und zu unternahm er mit dem einen oder anderen eine Segeltour oder half zusammen mit seinen Söhnen dem Bauern bei der Heuernte. Am liebsten aber begab er sich alleine mit Säge, Ast- und Gartenschere ausgestattet in den Wald, um dort den wilden Buchenanflug herauszuschneiden, um den Fichten Raum zu geben. »In ein paar Jahren werden wir einen herrlichen Mischwald haben. Ihr werdet es sehen«, teilte er am Abend der Familie mit.

In Gesellschaft wirkte er oft verloren. Warum nur? Vielleicht weil er sich in diesem immer wieder neu verändernden Österreich nicht wohl fühlte? Vielleicht weil er als Mann, der sein Maschinenbau-Studium nicht abgeschlossen hatte, keine Berufschancen sah? Schmerzte es ihn immer noch, dass die Verbindung mit seiner Frau nicht als ebenbürtig betrachtet wurde?

Die Salontür öffnete sich und Peter wurde aus seinen Gedanken gerissen. Vor ihm stand der Vater, an den er eben noch gedacht hatte: »Ach, hier bist du. Ich hab dich schon überall gesucht. Komm mit ins Arbeitszimmer. Ich muss mich, bevor wir abendessen, mit meinen drei Ältesten unterhalten.«

Der Vater hatte ihn überall gesucht? Und er wollte sich mit den drei ältesten Söhnen unterhalten? Peter fühlte sich geehrt. Es musste schon etwas sehr Dringliches sein, wenn man sich für dieses Gespräch sogar im Arbeitszimmer traf. Er folgte seinem Vater dorthin. Seine beiden älteren Brüder waren bereits im Büro eingetroffen.

»Also passt auf«, begann der Vater, »Ihr wisst ja, dass eure Mutter und ich im Mai 1951 zur Hochzeit von Seiner

Majestät Otto von Habsburg mit Regina Prinzessin von Sachsen-Meiningen in Nancy eingeladen waren. Für Mädy und mich war dieses Ereignis im vorletztem Jahr nicht nur ein wunderschönes Fest, es war für uns auch eine große Ehre und Anerkennung, dabei sein zu dürfen.« Clemens hielt in seiner Ansprache inne, um das eben Gesagte wirken zu lassen. Dann fuhr er fort: »Ich bin nun mit Seiner Königlichen Hoheit weiterhin in Kontakt geblieben. Das heißt, ich hab Otto von Habsburg in Briefen informiert, was sich in unserer Familie ereignet. Der Chef des Hauses Habsburg wird sich demnächst in München aufhalten und es ist mir ein Bedürfnis – und ich sehe es auch als meine Verpflichtung –, ihm meine drei ältesten Söhne vorzustellen. Ich habe nun um eine Audienz angesucht und erfreulicherweise eine Zusage und Einladung für nächste Woche erhalten.«

Wieder ließ der Vater eine Pause, in der keiner der Söhne es wagte, etwas zu sagen. Gebannt blickten sie den Vater an. Dieser beendete seinen Vortrag: »Genaueres werde ich euch demnächst mitteilen. Zieht für diesen Anlass die besten Anzüge, die ihr habt, an.«

In diesem Augenblick läutete die Kuhglocke. Peter hatte in der Aufregung völlig vergessen, wie groß sein Hunger war.

Ein paar Tage später machten sich Prinz Clemens mit seinen drei Söhnen auf den Weg nach München. Peters jüngere Schwester, das fünfte Kind, die zweite Tochter der Familie, durfte die Herren begleiten. So wie ihre Brüder musste sie erst Ende der Woche zurück ins Internat, das Sacre Coeur in Pressbaum. Mädy war es wichtig, dass bei diesem bedeutenden Treffen auch eine ihrer Töchter vertreten war.

Zu fünft nahmen sie nun im grünen »Wanderer« Platz. Vorne saßen der Vater und sein ältester Sohn, auf der Rückbank Peter und sein nächstälterer Bruder und in deren Mitte die Schwester. Der grüne »Wanderer« war ein richtig schöner Oldtimer mit einer langen Schnauze und seitlich Trittbrettern, die als Einstieg dienten. Der Vater, ein großer Technik- und Autoliebhaber, hatte sich dieses alte Vehikel geleistet, in dem sich Peter wie in einer Zeitmaschine vorkam. Denn eine Zeitreise würden sie nun wahrlich unternehmen. Einen Ausflug zurück in die k. u. k. Monarchie, in der es noch einen Kaiser gab, und dieser Monarch hieß: Kaiser Otto I. – denn wenn es zu der damaligen Zeit noch eine Monarchie gegeben hätte, so wäre Erzherzog Otto nach Kaiser Franz Joseph und Kaiser Karl der nächste legitime Kaiser in der Reihenfolge gewesen.

An der Grenze zu Deutschland fragte Clemens ein amerikanischer Soldat bei der Passkontrolle, was denn der Zweck ihrer Reise sei. Hier konnte der Vater schwerlich zur Antwort geben: »Wir haben eine Audienz bei unserem Kaiser von Österreich.« Mit einer solchen Aussage hätte er sich entweder als ein Verrückter zu erkennen gegeben oder als einer, der die demokratische Entwicklung in Österreich nicht akzeptierte und einen Bundeskanzler Julius Raab und seine Regierung nicht anerkannte. Also erwiderte er dem Besatzungssoldaten – was so ungefähr der Wahrheit entsprach: »Wir besuchen einen Neffen von mir, einen weitläufig verwandten Cousin meiner Kinder, Sir. Noch am selben Abend werden wir zurückfahren.«

Eine halbe Stunde vor dem vereinbarten Termin, der um vierzehn Uhr stattfinden sollte, parkte der grüne »Wanderer« in München elegant vor dem Gebäude, in dessen Räumlichkeiten sich das Büro der CEDI befand. Die CEDI (Centre Européen de Documentation et Information) war eine abendländisch-konservative Institution, deren Gründungspräsident Otto von Habsburg war.

Der Vater stieg aus dem Wagen, schaute auf die Uhr, war froh über die halbe Stunde, die sie noch hatten, zündete sich eine Zigarette an und kontrollierte die Anzüge seiner Söhne und das Kleid seiner Tochter. Durch die Fahrt waren die Hemden aus den Hosen gerutscht, das Kleid leicht geknittert, die Krawattenknöpfe gelockert und nicht mehr an den richtigen Stellen.

Kurz vor vierzehn Uhr betraten sie endlich das Gebäude, bekamen vom Pförtner erklärt, in welches Stockwerk sie mussten, und als sie dort ankamen, stellte sich ein Herr vor ihnen auf, machte einen Diener und sagte: »Hoch erfreut, seine Durchlaucht Prinz von Altenburg, die werte Tochter Prinzessin von Altenburg und die werten Söhne Prinzen von Altenburg begrüßen zu dürfen. Kurz ein paar Worte zu meiner Person: Ich bin der Generalsekretär des Präsidenten, sozusagen der Generaladjutant seiner Kaiserlichen Hoheit. Seine Majestät ist noch in einem Termin, müsste aber demnächst für Sie zur Verfügung stehen. Wenn die Herrschaften so lange im Wartebereich Platz nehmen?«

Peter riss die Augen auf. Er begegnete soeben dem ersten Adjutanten seines Lebens. Er war sich bis zu diesem Augenblick sicher gewesen, dass dieser Berufsstand mit dem Ende der Monarchie ausgestorben war.

Ein sehr gehetzter Kaiser schritt plötzlich durch den Warteraum: »Grüß Gott, Clemens, gut, dass ihr schon da seid.« Er wandte sich an seinen Adjutanten: »Sein Sie doch so gut, und führen Sie die Herrschaften zu mir«, und er stürmte vor in sein Büro, um dort seinen Besuch zu empfangen – diesmal offiziell.

»Bitte, wenn Sie mir folgen«, sagte der Adjutant, und vorsichtig betrat nun einer nach dem anderen den Raum. Der Parkettboden unter den Füßen knarrte unangenehm laut.

Otto von Habsburg, ein beeindruckend großer Mann mit Schnauzbart und zurückgekämmtem, ein wenig lichtem Haar, hatte sich vor dem Schreibtisch aufgestellt.

Clemens trat vor, reichte seinem um acht Jahre jüngeren Familienchef die Hand, verbeugte sich, und bedankte sich vielmals für die Gewährung der Audienz. Dann stellte er umständlich seinen Nachwuchs vor. Er fing mit dem Ältesten an: »Er ist der Stammhalter der Familie, 21 Jahre alt, hat in Kremsmünster maturiert. Mein zweiter, 19 Jahre alt, er ist unser Tischler. Ausgebildet wurde er in Hallstatt. Mein Dritter heißt Peter ist 18 …, nein 17. 18 wird er im September. Also demnächst.« Die Unsicherheit des Vaters übertrug sich auf Peter, der nun nicht wusste, wann der Zeitpunkt gekommen war, wo er vortreten sollte, um Seiner Kaiserlichen Hoheit die Hand zu geben. Der Vater nahm ein Taschentuch aus seiner Hosentasche und wischte sich die Stirn ab: »Er hat das Internat gewechselt, war erst in Kremsmünster und ist jetzt im Stift Seckau in der Steiermark.«

»Schön«, stellte Otto von Habsburg fest und reichte Peter die Hand. Mit der linken tippte er dabei leicht auf das Holz des Schreibtisches. Clemens erklärte zum Schluss dem hohen Herrn, dass seine Tochter bereits 14 Jahre zähle und das Sacre Cour besuche. Außerdem werde sie von allen »Sissy« genannt.

»Natürlich«, erwiderte der große Mann.

Peters Schwester trat vor und machte einen Hofknicks.

Eine peinliche Stille entstand, in der keiner so recht wusste, was man als Nächstes sprechen sollte. Der Vater hielt sich an das Protokoll, das nun einmal besagte, dass der Besucher keine Fragen an den Kaiser stellen darf. Die Themen werden von diesem vorgegeben. Nach einer Pause kam die rettende Frage: »Sag, hast du nicht noch mehr Kinder?«

»Ja«, Clemens atmete erleichtert auf und zählte nun seine restlichen fünf Kinder auf und beschrieb deren Ausbildung.

Wieder entstand eine Pause.

So viele Fragen lagen Peter auf dem Herzen, die ihn brennend interessierten und die er gerne stellen wollte: Wie hat Otto seinen Vater Karl, den letzten Kaiser von Österreich, erlebt? Wie ist es, am Hof als Thronfolger aufzuwachsen, und was für Erinnerungen hat er an die Königskrönung seines Vaters in Ungarn? Wie erlebte Otto die Verbannung in die Schweiz und später auf die Insel Madeira, wo Kaiser

Karl viel zu jung verstarb? Wie ist es, im Exil von der Mutter zum Kaiser erzogen zu werden, ohne zu wissen, ob man dieses Amt je ausüben wird können?

Gerne hätte Peter Seiner Kaiserlichen Hoheit seine Bewunderung ausgesprochen, weil dieser doch zweimal das Gespräch mit Adolf Hitler abgelehnt, und sich damit zum großen Feind des Führers gemacht hatte. Auch war Peter bekannt, dass Otto von Habsburg sich in Amerika bei Präsident Roosevelt für Österreich und seine Unabhängigkeit eingesetzt hatte. Weitere Themen wie das Habsburgergesetz, das Einreiseverbot für Mitglieder des Erzhauses, die die Verzichtserklärung nicht unterschrieben hatten, und die Meinung Ottos zur aktuellen politischen Lage in Österreich, das immer noch von den vier Besatzungsmächten eingenommen war und seit Februar eine neu gewählte Regierung hatte, interessierten Peter. Doch all diese Fragen und noch viele mehr blieben unbeantwortet, beziehungsweise wurden gar nicht erst gestellt. Stattdessen waren nun die Themen das Zuhause in Unterach der Familie Altenburg und das derzeitige Wetter am Attersee.

»Wie geht es denn deiner Frau Gemahlin, der Elisabeth?«, wollte Otto wissen und blickte dabei auf seine Uhr. Der nächste Termin stand bestimmt schon an.

»Mädy geht es gut. Sie ist sehr mit der Organisation des Berghofs und der Planung aller Schulen für die Kinder beschäftigt.«

Vielleicht würden die beiden Herren nun gleich über das Hausgesetz der Habsburger sprechen, das die Verbindung von Vater und Mutter als nicht ebenbürtig ansah. So wie Peter es verstanden hatte, wurde die Ebenbürtigkeitsbestimmungen vom Familienchef persönlich neu interpretiert. Anlass waren die Hochzeiten von seinen Brüdern Carl Ludwig mit Prinzessin Yolande de Ligne im Jahr 1950 und Rudolph mit Gräfin Xenia Tschernyschew in diesem Jahr, 1953. Nach dem alten Gesetz wären diese Verbindungen der Brüder von

Otto nicht standesgemäß gewesen. Das neue, aufgeweichte Hausgesetz erlaubte nun Verbindungen mit Ehepartnerinnen aus adeligen Familien, auch wenn diese keinem regierendem oder ehemals regierendem Haus entstammten. Nach dem überarbeiteten Gesetz könnte man doch rückwirkend die Verbindung von Erzherzog Clemens mit Gräfin Elisabeth anerkennen und die beiden samt ihren neun Kindern ins Erzhaus aufnehmen?

Bestimmt wird es einmal dazu kommen. Das loyale Verhalten der Eltern gegenüber dem Haus Habsburg musste irgendwann belohnt werden. Da brauchte es nicht viel Worte. Dessen war sich Peter sicher. Allein die Einladung zu dieser Audienz war doch ein positives Zeichen.

»Dein Besuch hat mich sehr gefreut, mein lieber Clemens. Euch, ihr großen Jugendlichen, wünsche ich alles Gute auf euren Lebenswegen. Haltet mich über eure nächsten Schritte weiterhin auf dem Laufenden und scheut euch nicht, mich zu kontaktieren, wenn ihr in meiner Nähe zu tun habt.« Mit diesen Worten leitete Otto die Verabschiedung ein.

Die vier Herren verbeugten sich, die Schwester machte ihren Hofknicks, und der Generaladjutant kam, um die Herrschaften hinauszugeleiten. Die Audienz beim Kaiser ohne Reich war zu Ende.

Kaum saßen die fünf wieder im Auto, rieb sich Clemens die Hände. Er wirkte erleichtert, wie einer, dem eine große Last von den Schultern genommen war: »Das war doch eine gelungene Zusammenkunft. Auch wenn das Gespräch etwas stockend verlief, und keine familiäre Stimmung aufkam, ein festliches Ereignis war es dennoch. Und nun entführe ich euch zu etwas ganz Besonderem.« Er startete den Motor des grünen Wanderers, und die Zeitmaschine setzte sich wieder in Bewegung. Diesmal ging die Reise in die Zukunft.

In München fand die »Deutsche Verkehrsausstellung« auf dem Messegelände statt, und die wollte der Vater, ein großer Freund der Technik, auf keinen Fall verpassen. In den riesigen Hallen standen Dutzende Autos, Schiffe, Flugzeuge und sogar Schienen waren aufgebaut und die Besucher durften einen Teil der Strecke mit der Lokomotive fahren. Der Vater erklärte seinem Nachwuchs, wie der Automotor funktioniert, warum die Flugzeuge fliegen, und worauf der Techniker bei einem guten Boot achten muss. Clemens war frei und ganz in seinem Element.

Auf der Rückfahrt nach Österreich wurden Peter die Gegensätze dieser beiden Erlebnisse bewusst: auf der einen Seite der Glaube an die reale Möglichkeit einer Wiederkehr der Monarchie und auf der anderen Seite die Realität der Technik und der zunehmenden Geschwindigkeit, die eine doch andere Zukunft erahnen ließ.

Und der neue Weg in die Zukunft sollte sich im Jahr 1955 weisen. Peter war zu dem Zeitpunkt das fünfte Jahr im Abteigymnasium in Seckau, die Matura stand unmittelbar bevor. Er fühlte sich in diesem Internat wesentlich wohler als in Kremsmünster, und er gewann hier Freundschaften, die bis an sein Lebensende halten sollten. Viele gemeinsame Erlebnisse schweißten diese Verbundenheit unter den Schulkollegen zusammen.

Es gab ein Ereignis, das alles übertraf, und das für Österreich die Befreiung bedeutete: Das war die Unterzeichnung des Staatsvertrages am 15. Mai 1955.

Peter erlebte diesen Moment zusammen mit seinen Schulkollegen, Lehrern und Mönchen der Abtei im großen Aufenthaltsraum. Gebannt blickten alle auf den neu erworbenen Fernseher, der den historischen Moment aus den Belvedere in Wien in Schwarz-Weiß-Bildern übertrug.

Die vier Außenminister der Siegermächte USA, Frankreich, Großbritannien und Sowjetunion hatten sich mit dem österreichischen Außenminister Leopold Figl an einen Tisch gesetzt und unterschrieben die nach langem diplomatischen Ringen ausgehandelten Vertragsbedingungen. Die handelnden Parteien einigten sich auf die immerwährende Neutralität Österreichs, die besagt, dass von diesem Land kein Krieg mehr ausgehen darf, und Österreich sich an keinem Krieg militärisch beteiligen soll. Weiters wurden die Wiederherstellung eines unabhängigen und demokratischen Österreichs, das Anschlussverbot an Deutschland und die Anerkennung der Menschenrechte und der Rechte von Minderheiten festgelegt. Die Siegermächte erklärten sich auf der anderen Seite bereit, noch in diesem Jahr all ihre Soldaten aus Österreich abzuziehen.

Der letzte der Außenminister, der den Stift ansetzte, war Leopold Figl. Als er seine Unterschrift geleistet hatte, legte er die Feder zu Seite, stand auf und sagte den Satz: »Österreich ist frei.« Dann setzte er sich hin, nahm ein Taschentuch, wischte sich die Augen und putzte seine Brille.

In Seckau sprangen in diesem Moment Peter und all seine Mitschüler von ihren Stühlen auf und feierten die Wiederauferstehung Österreichs. Sie tanzten und riefen: »Jetzt geht es aufwärts, jetzt geht es aufwärts.«

Die Siegermächte würden nun bald das Land verlassen, die Befreier und Besatzer in einem waren. Das kleine Land Österreich wollte nun selbstbewusst und eigenständig in die Zukunft schauen und hatte einen Vertrag in der Tasche, der den Frieden sichern sollte!

Der 15. Mai 1955 ist in meinen Augen für das Land Österreich der wichtigste Tag des letzten Jahrhunderts.

An diesen Tag und an die ausgehandelten Punkte im Staatsvertrag ist es wert sich immer wieder zu erinnern. Schade, dass nicht der 15. Mai zum Nationalfeiertag ernannt wurde.

Stubsi, Herbi und Designer-Joe

Ich werde des Öfteren gefragt, ob denn der Adel immer noch sehr unter sich bleibt? Heiraten Adelige nach wie vor beinahe ausschließlich ihresgleichen? Ist es ungern gesehen, dass Frauen arbeiten und Kariere machen? Kann man als »Nicht-Adeliger«, sprich als »Normaler«, bei dieser »feinen Gesellschaft« dazukommen?

Diese Fragen sind nicht so einfach und vor allem nicht so eindeutig zu beantworten, da auch diese Gesellschaft aus vielen unterschiedlichen Individuen besteht, die unterschiedlich denken und handeln. Dennoch versuche ich ein paar Antworten zu geben: Arrangierte Ehen gibt es spätestens seit meiner Generation nicht mehr. Die meisten Ehen bei den Aristokraten sind Liebesheiraten. Nur wenige werden von den Eltern zu einer übereilten Eheschließung überredet, weil ein Kind unterwegs ist und man mit einer Hochzeit die Ordnung und das gute Ansehen wiederherstellen möchte. Dass diese Ehen in den seltensten Fällen glücklich sind und am meisten die Kinder darunter leiden, hat inzwischen fast jeder in der noblen Gesellschaft erkannt.

In der Generation meiner Eltern und Großeltern war es noch undenkbar, dass eine Frau arbeitet und Geld verdient. Auf der anderen Seite konnte man sich nicht vorstellen, dass ein Mann Babys wickelt, die Kinder versorgt, für sie kocht und putzt. Die Rollenbilder waren zu der Zeit klar festgelegt. Auch hier hat die Welt des Adels sich sehr langsam, aber doch weiterbewegt. Manch einer sehnt sich heute nach der guten alten Zeit mit ihren klaren Rollenbildern, andere freuen sich auf die Gleichberechtigung von Mann und Frau und die gute neue Zeit.

Trotz der kleinen Schritte ins moderne Leben gewinnt manch einer, der von außen auf diese Gruppierung schaut, den Eindruck, dass diese Aristokraten doch am liebsten unter sich bleiben. Warum ist das so? Fühlen die sich als etwas Besseres? Sind sie arrogant, hochnäsig und großkotzig? Doch diese Pauschalisierung wäre zu einfach.

Man muss sich das so vorstellen: Die Aristokratie ist verbunden durch ein Netzwerk. Nun habe ich im Laufe meines Lebens verschiedene Netzwerke kennen gelernt: das Netzwerk der Klassengemeinschaft, des Freundeskreises, des Theaterensembles, der Clownkollegen, der Elternschaft im Kindergarten und viele mehr. Doch all diese Netzwerke existieren für eine bestimmte Zeit und sobald sie ihren Zweck erfüllt haben, lösen sie sich wieder auf. Das Netzwerk der Aristokratie überdauert ein Menschenleben und existiert schon seit Jahrhunderten. Diese Verbundenheit konnte weder das Ende der Monarchie noch das Adelsaufhebungsgesetz von 1919 beenden. Das erklärt vielleicht auch, warum die herrschaftlichen Titel inoffiziell in Österreich weiter existieren.

Aber abgesehen davon verbinden diese Menschen gemeinsame Traditionen, Rituale, Kleidung, Tischmanieren, die Art, sich vorzustellen, Konversation zu führen, Feste zu feiern und die gemeinsame Geschichte.

Bei neuen Bekanntschaften, die wir machten, erkundigte sich mein Vater regelmäßig nach den Nachnamen und den Namen der Eltern. Ich fand diese Befragung peinlich und unangenehm. Erst später wurde mir klar, dass mein Vater mit diesen Informationen Verbindungen rekonstruieren konnte, die bis in seine Jugend und darüber hinaus bis weit in die Vergangenheit reichten: »Deine Großmutter mütterlicherseits hat ihre Großmutter väterlicherseits nach der Flucht bei sich aufgenommen – wenn du die Eltern siehst, lass sie schön grüßen.« »Ein Vorfahre deines Bekannten dürfte der Außenminister von Kaiser Joseph I. gewesen sein. Frag ihn doch, ob meine Vermutung richtig ist.«

Schon sehr früh stellen die befreundeten Familien Kontakte zwischen den Kindern her, durch gemeinsame Erstkommunionsgruppen, Jungscharlager, Tennis- und Fußballcamps, Tanzkurse und das Engagement beim Malteserorden für sozial schwache Menschen. Diese seit Jahrhunderten existierende Vertrautheit gibt jene Sicherheit, in der sich die Leute geborgen fühlen. Wahrscheinlich ist auch aus diesem Grund bei vielen Aristokraten das Lieblingswort: »Gemütlich.« »So ein gemütliches Essen«, »Wie gemütlich dieser Ausblick«, »So gemütlich, dass wir uns sehen« – die Steigerung ist: saugemütlich.

Als Nichtaristokrat in eine solche Gesellschaft zu kommen, ist natürlich möglich. Gastfreundschaft ist innerhalb der Familien großgeschrieben und diese Offenheit für Menschen überträgt sich auch auf jede Frau, jeden Mann, welche oder welcher vertrauenswürdig erscheint. Die wenigsten Grafen, Prinzen oder Fürsten entsprechen dem Klischeebild des arroganten, unnahbaren Menschen. Im Gegenteil, viele sind sogar überbetont bescheiden. Denn natürlich steckt in uns allen der Wunsch, trotz dieser überpräsenten Familiengeschichten, auch als Normalbürger gelten zu wollen, die so wie jeder Schule und Ausbildung machen müssen und mit ihrem Beruf die Familie und das Leben finanzieren.

Als Kind bin ich mit dem Grazer und Steirischen Freundeskreis meiner Eltern aufgewachsen. Beinahe jedes Wochenende hatten wir Gäste zu Besuch und unter uns Kindern entstanden Freundschaften, die noch heute bestehen.

Mit sechzehn machte ich bei der Bühnenspielgruppe unserer Schule mit und ab dem ersten Auftritt war es um mich geschehen. Ich wusste nun, dass ich mich der Theaterleidenschaft hingeben möchte. Es gab für mich nichts Berauschenderes als das Publikum zum Lachen, Weinen und Applaudieren zu bringen. Ab diesem Zeitpunkt besuchte ich in den Sommerferien Theaterworkshops, spielte Straßentheater, lernte Pantomime und erlebte die Komik der Commedia dell`Arte. Meine Kontakte waren theaterinteressierte Menschen, die mit Aristokratie nichts am Hut hatten.

Nach Wien zog ich im Herbst 1991, um mein Schauspielstudium am Konservatorium zu beginnen. In den ersten Monaten nach meiner Ankunft hatte ich das Gefühl, diese Stadt wartete nur auf mich. Sie nahm mich Zwanzigjährigen mit offenen Armen auf und führte mich von einem feierlichen Event zum nächsten wie Abendessen, Geburtstagspartys, Bälle und Hochzeiten. In dieser Zeit erlebte ich die berauschende Oberfläche dieses Aristo-Netzwerkes. Denn Wien ist nicht nur die Hauptstadt der Politik, Wirtschaft, Wissenschaft und Kunst, sie ist auch der Schmelztiegel der adeligen Gesellschaft aus Österreich.

Nach dem Bestehen der Matura, einem Jahr beim Militär oder auf Weltreise kommt beinahe jeder junge Mensch aus der »noblen Gesellschaft« zum Studieren nach Wien. Ich fühlte mich schnell heimisch in diesem Umfeld.

Ein Schauspielschulfreund, den ich später regelmäßig zu solchen Events mitnahm, machte einmal folgende Beobachtung: »Deine Bekannten haben alle Titel wie Baron und Gräfin, Fürst und Prinzessin, Erzherzog oder nur das einfache ›von‹. Aber sowohl die Titel als auch die klingenden Familiennamen wie Hoyos, Trauttmansdorff, Auersperg, Czernin, Kammerlander, Mayr-Melnhof, Bubna, Liechtenstein, Kálnoky, Harnoncourt oder Herberstein scheinen keine große Rolle zu spielen. Die rufen sich alle bei ihren seltsamen Kosenamen.«

Mein Schauspielschulfreund hatte nicht unrecht. Die Noblesse nannte sich bei den jeweiligen Spitznamen, die man entweder in der Zeit des Studiums, der Schulzeit oder gar als Kleinkind erhalten hatte.

So wurde aus einem Grafik studierenden Johannes ein

»Designer-Joe«, aus Herberstein »Herbi« und Camilla hörte ausschließlich auf »Stupsi«. Als Kind hatte sie eine kleine, herzige Nase, die ihre Eltern dazu veranlassten sie »Stupsi« zu nennen. Die wenigsten kannten ihren tatsächlichen Taufnamen.

In Wien galt das Motto: »Kennst du einen, lernst du bald alle kennen.« Damals in der Anfangszeit meiner Wien-Jahre erhielt ich von einem Cousin die Information: »Pass auf Poldo« –, das war mein Spitzname, da »Poldi« schon von einem gemeinsamen Freund besetzt war – »Die Mausi macht ein Abendessen, da bin ich eingeladen und ich nehme dich einfach mit. Dann stelle ich dir alle vor: den Schani, den Wuppi, Schocko, Mini, die Backe, Hexe, Trauti, die Stupsi, den Designer-Joe, die werden alle da sein.«

Mir war die Vorstellung unangenehm, in eine Runde zu kommen, bei der ich niemanden kannte. »Aber ich kann doch nicht uneingeladen hingehen.«

»Doch, das kannst du«, war mein Cousin – den alle aufgrund seines Maschinenbaustudiums den »Ingenieur« nannten – überzeugt. »Ich sag der Mausi Bescheid und dann kommst du gemütlich mit.«

Und tatsächlich wurde ich am selben Abend wie ein alter Bekannter empfangen. Frauen in meinem Alter, die ich zuvor noch nie gesehen hatte, begrüßten mich mit Bussis links und rechts auf die Wange, die Herren gaben mir einen festen Händedruck, man kam gemeinsam ins Gespräch, aß zusammen Spaghetti Bolognese oder Frankfurter Würstchen, Wein und Bier wurden fleißig ausgeschenkt, und alle versprachen mir, bei meiner ersten Schauspielschulaufführung auf jeden Fall im Publikum zu sitzen.

Nach dem ausgiebigen Essen begaben wir uns in die Disco um die Ecke, denn der Adel liebte es, sein Tanzbein zu schwingen.

Schnell vergrößerte sich mein Freundeskreis, wir verabredeten uns für weitere Abendessen und am Wochenende folgten die großen Geburtstagsfeiern, die meist in einer anderen Stadt oder auf dem Land im Haus, einer Villa oder im Schloss der Eltern des Geburtstagskindes stattfanden. Diese Feiern liefen immer sehr ähnlich ab. Die Studierenden aus Wien zogen elegant-legere Kleidung an – oder wenn Tracht erwünscht war; Lederhose und Dirndl – taten sich zu verschiedenen Fahrgemeinschaften zusammen und machten sich auf den Weg zum Haus des Geschehens. Dort angekommen stellte man sich erst einmal geziemend den Gastgebern des Hauses vor mit einem Handkuss für die Frau Mama und mit Händedruck beim Herrn Papa. Hausherren, die ich bisher nicht persönlich kannte, sagte ich meinen Vor- und Zunamen und wie Vater und Mutter heißen. »Ah, jetzt weiß ich, wie ich dich einordnen kann«, war meist die Reaktion des Patriarchen. »Du schaust dem Peter eh sehr ähnlich.«

Damit war der kritischste und förmlichste Moment überstanden. Stürmisch begrüßten wir Gäste nun das Geburtstagskind und noch euphorischer unsere besten Freunde, die man seit der letzten Feier vor drei Tagen nicht mehr gesehen hatte. Mit Bier, Sekt oder Campari Orange brachten wir uns in Stimmung, bevor der Weg frei gegeben wurde fürs Buffet. Nach dem unterhaltsamen Essen, bei dem man sich über rauschige Erlebnisse bei der letzten Party austauschte, gab es kein Halten mehr, denn nun wurde getanzt bis in die Morgenstunden.

In meiner Erinnerung gab es bei all diesen Festen immer denselben DJ. Auch er war adeliger Herkunft, der sich mit diesen Jobs sein Studium finanzierte. Die Dramaturgie der Lieder veränderte sich kaum, und die Tanzenden freuten sich schon auf die persönlichen Hits. »We will rock you«, »Männer«, »99 Luftballons« kamen immer gut an.

Bei »I will survive« konnte man sicher sein, dass sich nun alle Mädeln kreischend von ihren Sitzen erhoben und auf die Tanzfläche stürzten. Textsicher sangen sie alle Zeilen mit und schleuderten die Worte des Protests ihren Tanzpartnern an den Kopf. Die Männer wiederum posierten bei »Thriller« und versuchten, die Bewegungen von Michael Jackson zu imitieren. Die Tanzfläche wurde zum Horrorfriedhof.

Ich konnte mit dem »Moonwalk« trumpfen, den ich bei einem Pantomimeworkshop gelernt hatte. Um Mitternacht erklang der Walzer »An der schönen, blauen Donau«, bei dem ich aussteigen musste, da ich in meiner Jugend doch zu oft die Tanzschule geschwänzt hatte.

Gegen vier Uhr früh erlaubte sich der DJ auch etwas Frivoleres und legte »Bobby Brown« von Frank Zappa auf. »I tell all the girls they can kiss my heine« brüllten die Männer im Chor. Die absolute Finalnummer im Angesicht der aufgehenden Morgensonne war stets ABBA mit »Thank you for the music«.

Die Paare, die sich gefunden hatten, lagen sich erschöpft in den Armen, der Rest schaute neidvoll zu – sofern er noch schauen konnte. Denn dass keiner sich nüchtern ins Matratzenlager am Dachboden begab, dafür sorgte der Herr des Hauses, der hier und da in den Partysalon kam, sich locker und jovial gab und nochmal ordentlich Schnaps, Whisky und Wodka zur Verfügung stellte.

»Ihr Jugendlichen erholt euch ja viel schneller vom Rausch«, erklärte er den Burschen und schenkte sich selbst ebenfalls noch ein Stamperl Schnaps ein.

»Aber eines dulde ich hier nicht! Dass mir hier keine flüchtigen Liebeleien, unverantwortliche Gspusis oder sonstige Unanständigkeiten passieren. Wenn sich Paare finden, sollen die sich der Konsequenz ihrer Handlungen bewusst sein. So wie meine Frau und ich. Behutsam sind wir es angegangen. Jetzt feiern wir bald silberne Hochzeit. Wo ist die Mucki überhaupt? Mucki!«, rief er laut, klopfte ein paar Jungs noch auf die Schulter, wankte aus dem Raum und überließ das Feld wieder der nächsten Generation.

Einmal im Monat fuhr ich für ein Wochenende nach Graz auf den Rosenberg, um mich bei meinen Eltern vom

Schauspielschulstress und den rauschenden Festen zu erholen. Nach dem Mittagessen begaben meine Eltern und ich uns in den Salonbereich des Wohnzimmers. Meine Mutter schenkte türkischen Kaffee ein und legte sich aufs Kanapee, um einen kurzen Mittagsschlaf zu halten. Das tat sie gerne, wenn keine Gäste zu Besuch waren. Auch wenn sie die Augen geschlossen hielt und in den Halbschlaf eintauchte, so hatte ich doch stets den Eindruck, dass sie alles im Raum wahrnahm.

»Wer hat Geburtstag gehabt?«, unvermittelt richtete mein Vater diese Frage an mich, dabei ließ er die Zeitung sinken, in der er gerade las, und sah mich über den Brillenrand hinweg an. Ich befand mich nun in einer mir bekannten Prüfungssituation und mir wurde schlagartig bewusst, dass ich wieder mal meine Hausaufgaben nicht wirklich gründlich gemacht hatte.

»Sie heißt Stupsi. Es war ihr 18. Geburtstag.«

»Mit Stupsi kann ich nichts anfangen. Wie ist ihr Tauf- und Familienname?«

Nun kam ich schon langsam in Bedrängnis. Ich nahm schnell einen Schluck vom viel zu heißen Kaffee. »Camilla heißt sie. Den Nachnamen hab ich vergessen. Irgendwas mit L, oder so. Ihre Eltern haben eine Villa irgendwo in Niederösterreich. Ein paar Kilometer hinter Stockerau. Genau weiß ich es nicht. Ich war nur Mitfahrer.«

»Leopold, das kann doch nicht sein. Du gehst zu einer Geburtstagsfeier und merkst dir die Namen der Gastgeber nicht?« Mein Vater wirkte ernsthaft enttäuscht. »Hast du dich den Eltern vorgestellt?«

Ich war erleichtert. Diese Frage konnte ich bejahen: »Sie lassen euch ganz herzlich grüßen.«

»Aha, wir kennen uns. Das hilft uns schon mal einen Schritt weiter.« Sein detektivischer Instinkt war nun geweckt. »Lieg ich mit meiner Vermutung richtig, dass du die Namen der Eltern nicht weißt?«

Meine Hände hinterließen feuchte Spuren auf der Holzarmlehne des Sessels. Ich nahm noch einen weiteren Schluck vom Kaffee, der bitterer schmeckte als sonst. »Der Mann nennt seine Frau Mucki. Seit 25 Jahren sind sie verheiratet.«

»Mucki? Das ist bestimmt die Ludmilla Castelnuovo.« Meine Mutter blieb unbeweglich auf dem Kanapee liegen und behielt dabei die Augen geschlossen. Es wirkte, als würde sie im Schlaf reden.

»Na, das ist doch ein Anhaltspunkt.« Mein Vater legte die Zeitung beiseite, sprang auf und holte aus dem Arbeitszimmer den Gotha – ein dickes Buch, in dem alle Aristokraten nach Namen, Rang und Titel geordnet waren. »Hier haben wir's doch.« Er hatte die richtige Seite gefunden. »Geborene Contessa Ludmilla Castelnuovo – aus einer italienischen Adelsfamilie – hat geheiratet im Jahr 1966 den Grafen Anton Lenzio.« Zufrieden legte mein Vater den dicken Gotha auf den Beistelltisch. »Den Toni hast du kennengelernt. Das war ein Studienkollege von mir. Wir haben uns völlig aus den Augen verloren. Ein lustiger Kerl.«

»Ein grässlicher Mensch«, kam der Kommentar vom Kanapee, »und furchtbarer Trinker.«

»So kann man das auch wieder nicht sagen.« Mein Vater mochte es nicht, wenn meine Mutter schlecht über nicht anwesende Personen sprach. »Er war halt gesellig, manchmal laut, aber immer heiter. Und – ich muss zugeben – erfolgreicher im Studium als ich.«

Meine Mutter setzte sich nun auf, richtete sich die Frisur und setzte die Brille wieder auf: »Ich würde es anders ausdrücken. Beim Erfolg vom Toni hat der Herr Schwiegervater im Hintergrund ganz geschickt die Fäden in der Hand gehabt. Das ist meine Vermutung.«

»So kann man das auch nicht sehen«, war erneut die Reaktion meines Vaters, und die beiden plauderten über eine Zeit, in der sie selbst Anfang-, Mitte zwanzig gewesen waren und Wien für sich entdeckten.

War die Musik Anfang der sechziger Jahre noch eine andere und wurden der Verhaltenskodex und die Kleidervorschrift strenger gehandhabt, so gab es doch Muster und Spielregeln, die bis heute beibehalten werden und die es jungen Menschen adeliger Herkunft ermöglicht, einander in entspannter Atmosphäre kennenzulernen und näherzukommen.

Viele Verbindungen ergaben sich in der Wiener Ballsaison. Und ein solcher Ball in der Faschingszeit 1963 – »Die silberne Rose« – sollte nun auch für Jani und Peter, und in der Folge für meine Geschwister und mich, schicksalshaft sein.

Der Ball der silbernen Rose

Wie geht es dem Papi?« – Peter musste laut in den Telefonhörer sprechen, da Unterach in Oberösterreich und Wien doch recht weit auseinander lagen und man Anfang der Sechziger bei Ferngesprächen seine Stimme erheben musste, um verstanden zu werden. In Wien hatte er für die Zeit des Studiums zusammen mit seiner jüngeren Schwester eine Wohnung gemietet.

»Er erholt sich langsam. Es geht aufwärts«, hörte er seine Mutter sagen »Das Meer, das wärmere Klima und die Luft an der Côte d'Azur tun ihm gut.«

In diesem Sommer hatte der Vater überraschend eine Blutvergiftung erlitten und wäre an dieser Sepsis beinahe in seinem 58. Lebensjahr verstorben. Die Ärzte konnten ihn retten und rieten ihm, eine Kur zu machen. Diesen Vorschlag nahm Clemens gerne an, und er entschied sich für einen Aufenthalt in Südfrankreich. Da seine Lunge geschwächt war, beschloss er, die kühlen und feuchten Wintermonate am Attersee zu meiden und die kalte Jahreszeit in Südfrankreich zu verbringen. Dort schien er sich wohl zu fühlen, vielleicht auch aus dem Grund, da sich sein Traum, Österreich zeitweise zu entfliehen, erfüllt hatte. In seinem Heimatland war ihm mit dem Ende der Monarchie der Teppich unter den Füßen weggezogen worden. Seither war es ihm nicht gelungen, sich in der veränderten Welt zu integrieren. Er fürchtete die Verachtung der Menschen auf die adelige Gesellschaft auf der einen Seite und die überschwängliche Verehrung aufgrund seiner Herkunft auf der anderen Seite. Auch in seiner

Familie und in seinen Kreisen empfand er sich nicht geachtet. Ihm war zu wenig geglückt im Leben. Im Studium war er gescheiter, Beruf hatte er keinen ergriffen und sein Vermögen, das er verwaltete, wurde weniger. Am Attersee zog er sich in den Wald zurück, kümmerte sich um den Mischwald oder segelte auf dem See. Die zahlreichen Gäste am Berghof bekamen ihn kaum zu sehen. Die Option, die kalte Jahreszeit in Südfrankreich zu verbringen, um seine Lungen zu schonen, war eine willkommene Einladung, um der Heimat zeitweise zu entfliehen.

»Und wie geht es dir, Mami? Bist du sehr einsam da draußen in Unterach?«

»Nein, ich hab ja Mamsell hier« – Mamsell war die treue Köchin und inzwischen eine Vertrauensperson und Freundin für Mädy. »Wenn der Winter vorbei ist, werden auch bald wieder die ersten Wanderer hier einkehren. Und dann folgt sowieso der Ansturm der Sommerfrischler. Ich genieße die Ruhe vor dem Sturm, erledige die ersten Vorbereitungen und freue mich auf die Rückkehr deines Vaters. Man muss das Schicksal annehmen, wie es kommt.«

Schicksal, das war ein gutes Stichwort: »Hat der Anwalt sich gemeldet?«, war die nächste Frage, die Peter brennend interessierte.

»Ja, er konnte eine Fristverlängerung erreichen, und er meint, die Chancen stehen nicht schlecht, dass er eine gute Entschädigung für uns aushandeln kann.«

Peter atmete auf. Das hörte sich doch erfreulich an. Bei seinem letzten Unterach-Aufenthalt war ihm bei der Durchsicht der Post ein Schreiben der Landesregierung aufgefallen, dem in der Abwesenheit des Vaters niemand recht große Beachtung geschenkt hatte. Es handelte sich um einen Grundabtretungsbescheid, da die Straße am See, die am Berghof vorbeiführte, erweitert werden sollte. Die Einspruchsfrist war äußerst knapp bemessen. Sollten sie diese nicht fristgerecht einhalten, bestand die Gefahr, dass diese Grundstücke ersatzlos enteignet worden wären. Peter war die Dringlichkeit bewusst, dass die Familie sehr schnell reagieren musste, wollte sie den Schaden geringhalten.

Zusammen mit seinem ältesten Bruder machte er einen guten Anwalt ausfindig, der nun, wie Peter eben erfahren hatte, eine Friststreckung erreicht hatte. Peter fiel ein Stein vom Herzen.

»Man kann deinem Bruder und dir gar nicht genug dankbar sein. Ihr habt mit eurem schnellen Handeln eurem Zuhause einen guten Dienst erwiesen. Es zeigt sich auch, dass für dich die Entscheidung, Jus zu studieren, die richtige war. Ich bin sehr froh darüber. Aber jetzt lass uns das Gespräch beenden, ich möchte deine Telefonkosten nicht zu sehr strapazieren. Ich wünsche dir und deiner Schwester viel Spaß auf dem Ball der silbernen Rose. Grüß sie herzlich von mir.«

»Richte ich ihr aus, liebe Mami, und vielen Dank für die Eintrittskarten, die du uns gesponsert hast.«

»Das ist doch eine Selbstverständlichkeit. Bei solchen Anlässen dürfen Eltern nicht sparen. Deinem Vater und mir ist es wichtig, dass ihr bei einem festlichen Anlass wie einem Ball in ungezwungener Atmosphäre Leute aus der Gesellschaft eures Alters kennenlernt. Also genießt den Abend. Auf Wiedersehen, Peter.«

»War das die Mami?« Die jüngere Schwester war eben zur Tür hereingekommen.

»Ja, ich soll dich schön grüßen«, erwiderte Peter.

»Frisch gewaschen und gebügelt. Ich hab dir dein Smokinghemd von der Putzerei abgeholt.«

»Herrlich, danke. Dann mach ich mich fertig für den heutigen Abend!« Und Peter zog sich zurück in sein Zimmer, um sich seinen Smoking anzuziehen. Im Wandspiegel kontrollierte er sein am Morgen rasiertes Gesicht. An der Stelle, an der ihm eine kleine Schnittwunde passiert war, ließ sich der Schorf leicht entfernen, sodass die Haut wieder gut gepflegt aussah. Er zog das frisch gereinigte Hemd an, an die Hemdsärmel steckte er die Manschettenknöpfe, schlüpfte in die Smokinghose, die perfekt saß und deren Bügelfalten man klar erkennen konnte und zog die schwarzen Hosenträger über die Schulter. Seine Schuhe hatte er eben noch frisch geputzt. Sie waren aus schwarzem, weichem Leder, das sich geschmeidig den Füßen anpasste. Die Sohle war spiegelglatt und eignete sich bestens, um damit geschickt über das Tanzparkett zu gleiten. Denn das hatte er für heute vor: Walzertanzen. Bei diversen Tanzkursen, zu denen befreundete Familien in den Sommermonaten einluden, hatte er schon als Teenager den perfekten Walzerschritt erlernt. Und er war einer der wenigen, der nicht nur den allgemein bekannten Rechtswalzer konnte, er beherrschte auch die Kür dieses Tanzstils im Dreivierteltakt: den Linkswalzer.

Wie der Name schon erahnen lässt, führt hier der Mann seine Partnerin nach links im Kreis. Während der Rechtswalzer oft plump wirkt, bei manchen sogar mehr an eine Polka erinnert, war der Linkswalzer grazil und elegant. Peter war schon längst über das rein technische Können der Schrittabfolge hinaus. Sein Tanz und die Musik waren ihm in Fleisch und Blut übergegangen. Was ihm fehlte, war die perfekte Partnerin für den Dreivierteltakt.

»Eine Frau, in die ich mich verlieben sollte, muss den Linkswalzer tanzen können«, dachte er bei sich und stellte den Kragen auf.

»Peter, wie weit bist du?«, fragte seine Schwester durch die Tür.

»Ich binde mir noch die Fliege«, rief er und legte sich das schwarze Band um den Hals. Das Fliegenbinden ist eine Kunst für sich. Was nutzt es, wenn der Walzerschritt perfekt war, das Mascherl aber schief saß?

Sechs Jahre zuvor, 1956, war er nach Wien gezogen. Sein Traum, Geschichte und Kunstgeschichte zu studieren, hatte sich nicht erfüllt. Stattdessen hatte er bei der Rechtswissenschaft immatrikuliert. Seine Mutter war überzeugt, dass dies der bessere Studiengang für ihn wäre. »Du bist ein belesener und intellektueller Kopf. So schwer wird dir das nicht fallen. Außerdem ist es nur von Vorteil, wenn wir in Zukunft einen Rechtsanwalt an der Seite haben, der dem Berghof in rechtlichen Belangen zur Seite steht. Wir stehen immer wieder vor juristischen Fragen, bei denen dein Vater und ich nicht weiterwissen. Ich kann mir gut vorstellen, dass du ein talentierter Jurist sein wirst.«

Dieses Kompliment schmeichelte Peter einerseits. Gerne wollte er einen Beitrag leisten, um den geliebten Berghof zu erhalten. Doch andererseits widerstrebte es ihm, seinen Traum, seine Berufung, aufzugeben. Daher sagte er kleinlaut: »Ich bin mir aber sicher, dass ich für Geschichte mehr Talent habe.«

»Davon bin ich überzeugt«, war die überraschende Antwort der Mutter »Nur, man wird dich nicht ernst nehmen. Du bist verwandt mit allen Königen und Kaisern der österreichischen Geschichte, die das Land seit dem dreizehnten Jahrhundert geprägt haben. Von den meisten stammst du sogar in direkter Linie ab. Man wird dich als befangen sehen, der die Geschichte im Sinne der Familie schönreden möchte. Damit tust du dir keinen Dienst.«

Vielleicht hatte die Mutter recht. Wie schwer es für ihn war, Abstand zur eigenen Familiengeschichte zu bekommen, zeigte sich besonders in Wien. An jeder Ecke wurde man auch 45 Jahre nach dem Ende der Monarchie an die habsburgischen Herrscher dieses großen Reiches erinnert. Die Statue von Kaiser Franz II /I steht aufrecht im römischen Gewande in der Hofburg umgeben von vier Engeln. Kaiserin Maria Theresia, die mächtigste Frau der Habsburger, sitzt unübersehbar auf einem Thron zwischen Natur- und Kunsthistorischen-Museum. Kaiser Leopold I hat sich mit seinem vorstehenden Unterkiefer in der Pestsäule am Graben verewigen lassen. Sie alle sind direkte Ahnen von Peter.

Sein Urgroßvater Kaiser Franz Joseph I. hat sich nicht nur mit dem Bau der Ringstraße für immer ein Denkmal gesetzt, sein Bild und diverse Büsten waren nach wie vor in vielen Kaffeehäusern zu finden. Der Bundespräsident der Republik hatte seinen Sitz in der Hofburg eingerichtet und empfing internationale Gäste unter dem Bild von Kaiserin Maria Theresia. Die Staatsgäste wurden zum Essen eingeladen, und man speiste von den Tellern und mit dem Silberbesteck der einstigen k. u. k. Monarchie.

Was für ein absurdes Schauspiel! Österreich präsentierte nach außen eine Welt, die es nicht mehr gab und was dazwischen war – der Erste Weltkrieg, die Zwischenkriegszeit und der Terror des »tausendjährigen Reiches« – versuchte man aus dem Bewusstsein zu löschen. Man deckte diese Zeit zu mit Monarchie-Nostalgie und Zuckerguss. Und ausgerechnet seine Urgroßmutter, die Kaiserin Elisabeth benutzte man für diese Geschmacksverwirrung.

Mitte der 1950er Jahre, in der Zeit, als Peter in die Hauptstadt kam, begann der Wirbel um die »Sissi-Filme«. Romy Schneider und Kaiserin Elisabeth wurden über Nacht weltberühmt. Peter weigerte sich damals, die Filme im Kino anzusehen, schon alleine des Titels wegen. Denn bereits da zeigte sich die historische Ungenauigkeit: Sissi mit zwei s – was für ein Unsinn. Wenn man schon die Kaiserin auf ihren Kosenamen reduzierte, dann sollte man diesen zumindest richtig schreiben: Sisi mit einem s.

Peter betrachtete sich im Spiegel. Die Fliege sah unmöglich aus. Wütend riss er an einem Ende des Bandes und zog dabei den Knoten versehentlich enger. Er fluchte laut über dieses Missgeschick.

»Alles in Ordnung, Peter?«, fragte seine Schwester, die bestimmt schon fertig angezogen in ihrem neuen Ballkleid geduldig wartete.

»Ja, ja. Das blöde Mascherl hat sich nur verknotet.« Vorsichtig löste er den Knoten und fing mit dem Binden der

Fliege von vorne an. Hatte die Mutter wirklich recht, dass er als Habsburg-Nachkomme zu befangen sei für die österreichische Geschichte? Beschrieb nicht jeder Historiker aus seiner subjektiven Sicht die Vergangenheit, selbst wenn er behauptete, äußerst objektiv bei der Recherche vorzugehen? Der Blickwinkel auf die Geschichte eines links-liberal eingestellten Wissenschaftlers ist ein völlig anderer als der eines konservativen. Und er, als Nachkomme, hatte den Wunsch, seine Ahnen und ihr Handeln zu verstehen, ohne sie zu beschönigen oder ausschließlich zu verurteilen. Man muss die Menschen nach der Zeit, in der sie lebten, und die ihre eigenen Gesetze und Regeln hatte, begreifen und bewerten. Man kann nicht mit der heutigen Sicht der Dinge auf die Geschichte schauen. Das führt zu einer Verfälschung der Ereignisse. Davon war er fest überzeugt – und diese Einsicht hat er wiederholt an meine Geschwister und mich weitergegeben.

Aber was nutzte das Nachdenken über das Was-wäre-wenn? Er hatte sich nun einmal dem Willen der Mutter gefügt und sich für das Studium der Rechtswissenschaft entschieden. Darin war er seiner Mutter sehr ähnlich, die in ihrem Leben nie aufbegehrt hatte und das Schicksal annahm, wie man es von ihr erwartete.

Zu Beginn der Studienzeit lief alles recht entspannt. Er genoss Wien, gewann neue Freunde, wurde zu Abendessen eingeladen und schaffte sogar die erste Staatsprüfung. Auch der Vater zeigte ihm bei einem Wienbesuch seinen Respekt und nahm ihn mit zu einem wichtigen Treffen mit Anwälten. Bei diesem Termin, der einen äußerst bitteren Beigeschmack hatte, wollte Clemens seinen Sohn, den angehenden Juristen, an seiner Seite haben. Der Hintergrund der Geschichte war der Verkauf des Palais Rainers, der zum großen Teil schon ausgehandelt war. Es gab aber noch ein paar offene Fragen, die die Anwälte der Gegenparteien in Gegenwart des Verkäufers geklärt haben wollten.

Das Palais Rainer in der Wiedner Hauptstraße, das

Haus, in dem Peter zur Welt gekommen, in dessen Kapelle er getauft worden war und wo er seine ersten drei Jahre verbracht hatte, sollte nicht mehr lange existieren. Es war zum Abriss freigegeben. Wie es dazu kam, ist für Peter eine mehr als schmerzliche Geschichte: Nachdem seine Familie nach Bad Ischl übersiedelt war, beschlagnahmte die Gestapo das Gebäude. Gegen Ende des Krieges schlug eine Bombe ein, die einen Teil zerstörte. Die russischen Besatzer requirierten das Palais bis zur Einigung des Staatsvertrages. Erst 1955 wurde das inzwischen völlig heruntergewirtschaftete und zum Teil zerstörte Gebäude der Erbengemeinschaft zurückgegeben.

Clemens und seine Schwestern hatten vor, das Gebäude wieder zu renovieren und zu erhalten. Clemens beschloss, das anliegende Reitschulgebäude wirtschaftlich zu nutzen und zu einer Servicewerkstatt mit Garage auszubauen. Diesem Plan aber stellte sich das Denkmalamt quer und erteilte für einen solchen Umbau keine Genehmigung. Clemens und seine drei Schwestern mussten nun schweren Herzens das Palais zum Verkauf anbieten. Die Firma Semperit kaufte die Gebäude und es gelang ihnen, das Denkmalamt von der Notwendigkeit eines Abrisses zu überzeugen. Kurz darauf ließ die Firma die Planierraupen auffahren.

Heute steht an dieser Stelle die Wirtschaftskammer Österreich, ein Kasten aus Beton, Stahl und Glas. Das Palais Rainer ist nun Teil des verschwundenen Wiens.

Als Peter mit seinem Vater zum Termin mit den Anwälten kam, musste er feststellen, dass bereits das Hauptgebäude komplett zerstört war und das Gartenpalais kurz vor dem Abriss stand. Worüber die Anwälte mit seinem Vater verhandelten, konnte er kaum verfolgen. So wie er es verstanden hatte, ging es wohl um irgendwelche Giebelfiguren, die das Denkmalamt kaufen wollte.

Peters Gedanken aber waren ganz wo anders. Vor seinem inneren Auge sah er nochmal, wie er als Kleinkind mit seinen Geschwistern durch den Garten gelaufen war. Er erinnerte sich an den Werkelmann, dem er einen Schilling in die Blechdose geworfen hatte und an den beleuchteten Rathausturm, den er vom Fenster aus sehen konnte, als Hitler am Heldenplatz empfangen wurde.

Er sah zu den verhandelnden Anwälten und am liebsten hätte er sie angebrüllt: »Wisst ihr denn nicht, was ihr hier vernichtet? Das Reitschulgebäude war von einem der großen Architekten des Barock erbaut worden: Fischer von Erlach. Der muss euch doch ein Begriff sein. Vielleicht sagt euch der Name Kaiserin Maria Theresia etwas? Die hat hier ihre Pocken auskuriert. Und wisst ihr, wer hier in der Biedermeierzeit ein und aus ging? Ferdinand Raimund! Der große österreichische Theaterautor war gern gesehener Gast. Er beobachtete das ausschweifende und dekadente Leben des damaligen Besitzers Baron von Geymüller – auch kein Unbekannter – und schrieb darauf hin ›Der Verschwender‹! So ein historisches Gebäude kann man doch nicht kaputt machen. Das, was den Nazis und den Russen nicht gelungen ist, das vernichtet nun der sogenannte wirtschaftliche Aufschwung!«

Das alles hätte er gerne ausgerufen, um zumindest den Abriss des Gartenpalais zu verhindern. Aber es gab nichts mehr zu retten. Die Entscheidungen waren längst getroffen. Da fiel sein Blick auf einen Putto, eine barocke Figur aus Sandstein, die ein rundliches Kleinkind darstellte mit gelocktem Haar. Seine rechte Hand hatte er nach oben ausgestreckt, wie als wollte er etwas erreichen, und mit den Augen schaute er ebenfalls Richtung Himmel. In dem Moment fasste Peter einen Entschluss. Diesen teilte er seinem Vater, sobald die Anwälte gegangen waren, sofort mit: »Papi, lass uns diesen Putto mitnehmen.«

Clemens zuckte mit den Schultern: »Ach, das ist doch Unsinn. So etwas können wir nicht machen.«

»Doch das können wir. Das müssen wir sogar«, insistierte der Sohn. »Hier wird alles zerstört, auch dieser Putto.

Also wird den keiner vermissen, wenn wir ihn mitnehmen. Du kannst ihn zu Hause aufstellen. Als Erinnerung an das Palais. Als ein Denkmal des Gehabten.«

Dieses Argument überzeugte Clemens, und sie trugen vorsichtig den Putto zum Auto. Dieser stand noch einige Jahre umrankt von Rosen im Garten vom Berghof. Heute ziert der Putto aus dem Palais Rainer den Garten eines meiner Onkeln.

Peter schüttelte sich ordentlich durch und betrachtete wieder sein Spiegelbild. Das alles war nun sechs Jahre her. Seitdem ist viel Wasser die Donau hinuntergeflossen. An diesem Abend wollte er nach vorne schauen. Er wollte feiern und die Nacht durchtanzen. Vielleicht würde er sich verlieben? Wer weiß das schon? Und wenn er Glück in der Liebe haben sollte, dann müsste es doch auch mit dem Studium wieder bergauf gehen.

Die Fliege war nun perfekt gebunden. So konnte er sich sehen lassen. Er zog seine Smoking-Jacke an und schlüpfte in den schwarzen Mantel. Nun war er bereit für eine rauschende Ballnacht.

Kurz vor sieben Uhr erreichten Peter und seine Schwester pünktlich das Ballhaus. Die ersten Freunde begrüßten sie.

»Servus. Ihr seid auch da. Na bravo. Lasst uns ins Geschehen stürzen!«

Peter entschuldige sich. Er wollte nachkommen und noch in Ruhe eine Zigarette rauchen. Er stieg von einem auf das andere Bein. Ein kalter Wind blies durch die Gasse und wehte den Rauch seiner Zigarette weg von ihm. Er fror und schleuderte die Zigarette von sich: »Ist doch alles Scheiße!«

»Na, wer wird denn so fluchen?«

Peter drehte sich herum. Es war Jani, die ihn angesprochen hatte. Jani war eine gute Freundin seiner Schwester. Er mochte sie, weil sie frech und fröhlich war und mit ihrem Humor in gesellschaftlichen Runden alle zum Lachen brachte.

»Ich bekomme langsam Hunger. Und wenn ich Hunger habe, folgt unweigerlich die schlechte Laune.«

»Dann würde ich an deiner Stelle reingehen und das Buffet stürmen.« Unter ihrem bunten Hut sah sie ihn keck durch die Brille an.

»Du hast zwei Möglichkeiten: Du kannst in der Kälte stehen bleiben oder du kommst mit mir ins Warme und wir tanzen Walzer.«

Ohne nachzudenken, aus einem Impuls heraus reichte Peter Jani seinen Arm, und sie schritten gemeinsam ins Ballhaus. Als sie kurze Zeit später den Tanzsaal erreichten, setzte wie auf Kommando der Walzer »An der schönen blauen Donau« ein, und Peter führte Jani nach links herum im Dreivierteltakt. Sie tanzten, als hätten sie nie etwas anderes gemeinsam getan. Alle Umstehen hielten den Atem an, betrachteten die beiden und hatten den Eindruck, hier sind zwei Menschen, die wie für einander geschaffen sind.

Jani ist das fünfte Kind einer neunköpfigen Familie. Im Amtsgebäude vom Schloss Buchberg in Niederösterreich war sie im Mai 1940 auf die Welt gekommen. Das Ende des Krieges und die Besatzungszeit durch die Russen erlebte sie im Schloss Karlslust im Waldviertel. In Bozen, Südtirol verbrachte sie ihre Jugendjahre und maturierte schlussendlich in Hollabrunn.

Das Interesse für historische Persönlichkeiten verband sie mit Peter. Besonders gerne forschte sie nach den Biografien und den psychischen Beweggründen dieser Menschen. Es ist daher nicht verwunderlich, dass sie sich für Psychologie begeisterte und für dieses Fach an der Universität in Wien immatrikuliert hatte.

»Jani« ist natürlich ein Spitzname. Der Geburtsname meiner Mutter war Juliane Gräfin von Waldstein. Nur »Juliane« gerufen zu werden, hatte ihr aber noch nie gefallen. Noch heute ist sie der Ansicht, dass diese Namensgebung nicht zu ihr passe.

Als ich mich mit Mitte dreißig ausgerechnet mit einer Juliane verlobte, musste meine Mutter sich erst an das Aussprechen ihres eigenen Namens gewöhnen. An dieser Stelle möchte ich Sie, liebe Leserinnen und Leser, bitten, mir keinen Ödipus-Komplex zu unterstellen. Die Namensgleichheit meiner Mutter und meiner Frau ist reiner Zufall.

Sei's wie's sei – meine Mutter wollte von Familienangehörigen und Freunden lieber Jani genannt werden. Ihr Nachname Waldstein bezieht sich auf ein uraltes nordböhmisches Adelsgeschlecht. Im Laufe der Historie sind daraus verdiente kaiserliche Generäle, staatliche und kirchliche Würdenträger hervorgegangen.

Auf manche Vertreter der jahrhundertealten Geschichte der Waldsteins ist die Familie besonders stolz, und wenn der Anlass passend ist, werden diese Personen wiederholt erwähnt und in Anekdoten zum Leben erweckt.

Ich muss sechzehn Jahre alt gewesen sein, da besuchte uns ein entfernter Waldstein-Onkel in Graz und ließ sich von mir das Haus zeigen. Am Ende blieb er am Flur vor einem kleinen Bild von Wallenstein stehen und meinte enttäuscht: »Ich möchte ja nix sagen, aber ich beobachte, dass im Haus viele Bilder mit Habsburgern zu finden sind, aber vonseiten Waldstein hängt hier nur der Wallenstein – als Miniaturausgabe. Dabei ist doch deine Mutter eine geborene Waldstein. Wenn ich jetzt eitel wäre, würde ich meine Koffer packen und wieder abreisen.« Verschmitzt blickte er mich an, dann wandte er sich wieder dem Bild zu und sah seinen Ahnherren Wallenstein aus der Nähe an.

»Na, erkennst du die Ähnlichkeit zu dem großen Feldherren?«

In der Tat. Beim genauen Vergleich konnte ich sehen, dass Wallenstein und mein Onkel beide diese Geheimratsecken hatten. Wenn mein Onkel zu seinem Schnurrbart noch einen Spitzbart trüge, hätte man meinen könnte, hier betrachtete der Porträtierte das Bild des Meisters.

»Als Sohn eines männlichen Waldsteins würdest du wissen, dass unsere Familie bereits im Jahr 1159 zum ersten Mal genannt wurde. Damit sind wir – so meine ich zu wissen – älter als die Habsburger.«

Auf dem Weg zum Salon fragte ich meinen Onkel: »Was gab es denn für berühmte Waldsteins?«

»Noch so eine Frage, und ich reise tatsächlich ab. Bin ich etwa da, um deine Bildungslücken zu füllen? Gut, pass auf. Ich zähle dir einmal die wichtigsten Grafen von Waldstein auf und dann musst du sie im Gedächtnis behalten.«

Inzwischen hatten wir es uns im Salon gemütlich gemacht und mein Onkel zündete sich eine Virginia-Zigarre an.

»Sagt dir der Name Skoda etwas? Emil Skoda?«

»Meinst du die Automarke Skoda? Der Emil Skoda war ein Waldstein?«

»Nein, natürlich nicht. Aber ein Waldstein hat seine Maschinenfabrik in Pilsen im 19. Jahrhundert an Emil Skoda verkauft und dieser hat daraufhin die Skoda-Werke gegründet. Also ohne Waldstein gäbe heute kein Skoda. Nun zu einem anderen Heroen aus unserer Familie: Ludwig van Beethoven …«

»… war ein Waldstein?«

»Unterbrich doch nicht deinen ehrwürdigen Onkel! Ludwig van Beethoven wurde gefördert von einem Waldstein. Aus Dankbarkeit hat Beethoven seine Klaviersonate Nummer 2 ›Die Waldstein-Sonate‹ genannt. Was lernst du daraus?«

»Ohne Waldstein kein Beethoven.«

»Richtig! Du wirst wahrscheinlich auch nicht wissen, dass der berühmte Frauenverführer Giacomo Casanova seinen Alterswohnsitz im waldsteinischen Schloss Dux hatte. Dort schrieb er seine Memoiren. War wohl ein unangenehmer Mensch, dieser Casanova, so erzählt man sich. Bestimmt hat es ihn gekränkt, dass er als mieselsüchtiger alter

Mann keine Anziehungskraft mehr auf das weibliche Geschlecht hatte. Der Hausherr Waldstein war aber ein geduldiger Mensch und setzte Casanova nicht vor die Türe. Wir lernen daraus: Ohne Waldstein gäbe es keine Memoiren von Giacomo Casanova und dieser Mann wäre vollkommen in Vergessenheit geraten.«

»Gab es auch berühmte Waldstein-Frauen?«

»Berühmte Frauen?« – er sah mich an, als hörte er zum ersten Mal diese beiden Worte »berühmte Frauen« im Zusammenhang. Er blies den Rauch der Virginia aus und meinte nach kurzer Gedenkpause: »Doch, ja. Da gab es eine im 13. Jahrhundert. Komplizierter Name: Zdislava von Krizanau. Die war wohl sehr wohltätig und hat den Reichtum ihres Mannes an die Armen verschenkt. So viel weiß man nicht über sie, weil es kaum schriftliche Aufzeichnungen gibt. Auf jeden Fall wurde sie Anfang des 20. Jahrhunderts seliggesprochen.«

Was mein Onkel damals noch nicht wissen konnte, ist, dass Zdislava elf Jahre später vom Papst sogar heiliggesprochen wurde. Doch anstatt weiter von der Seligen zu sprechen, kam er wieder auf den großen Kriegsherren zurück.

»Es gibt einen Waldstein, der über allem steht und aus dessen Schatten bis heute noch kein Familienmitglied treten konnte. Sein Name ist Albrecht Wenzel Eusebius von Waldstein – unsterblichen Status erreichte dieser Feldherr des Dreißigjährigen Krieges unter dem Namen ›Wallenstein‹ – eure Miniaturausgabe draußen am Gang. Dabei muss man doch festhalten, dass die Macht der Habsburger ohne Wallenstein schon im 17. Jahrhundert vorbei gewesen wäre!« Mein Onkel sah mich streng an, als hätte ich schuld an der Misere. »Der Wallenstein war ein geschickter Mann. Er heiratete eine reiche Frau und mit dem Vermögen finanzierte er ein Söldnerheer, dass dem Kaiser Ferdinand II. im Krieg zur Seite stand. So kämpfte er gegen böhmische Rebellen, gegen dänische Soldaten und wurde vom Kaiser geehrt und mit Ländereien versehen. Als Wallensteins Macht zu groß wurde, hat ihn der Kaiser kurzerhand entlassen. So etwas macht man doch nicht! Aber schon ein paar Jahre später kamen die Habsburger angekrochen. ›Die Schweden greifen an. Wir brauchen wieder den strategisch versierten Feldherren!'« – mein Onkel imitierte erstaunlich gut diesen winselnden Habsburger.

»Wallenstein hat in der Folge auf eigne Faust Friedensverhandlungen mit den Schweden unternommen. Das war dem Kaiser zu eigenmächtig, und er ließ Wallenstein in Eger ermorden – am 25. Februar 1634.« Bei diesem Datum verfinsterte sich sein Gesicht, hellte sich aber kurz darauf wieder auf: »Das kannst du aber alles nachlesen in der Wallenstein-Trilogie von Schiller. Friedrich Schiller hat sich wie ein Historiker mit unserem Ahnen befasst und zu diesem Thema drei seiner berühmtesten Stücke geschrieben. Was lernen wir daraus?«

»Ohne Wallenstein kein Schiller?«

»Richtig. Du willst doch Schauspieler werden. Falls du einmal Wallenstein spielst, kannst du dir sicher sein, dass das Theater gut besucht ist. Denn es ist Tradition, dass wir Waldsteins dann geschlossen in die Aufführung kommen.« – Noch warte ich auf meine Wallenstein-Besetzung.

Der Onkel stand auf und bevor er sich ins Gästezimmer zurückzog, beendete er seine Erzählung mit folgendem Satz: »Noch heute – über 350 Jahre nach dem Ableben des Feldherren – streiten sich Habsburgs und Waldsteins, wer nun der größere Verräter sei: Kaiser Ferdinand II., weil er seinen größten Feldherren ermorden ließ, oder Wallenstein, der seine gewonnene Macht mehr und mehr für seine eigenen Zwecke missbraucht haben soll. Als ausgerechnet deine Eltern, Peter und Jani sich in den 1960er Jahren ineinander verliebten und eine Verbindung von einem Vertreter der Familie Habsburg und einer Vertreterin der Familie Waldstein bevorstand, fühlte sich manch einer schon sehr an die

Tragödie ›Romeo und Julia‹ erinnert.« Langsam, wie ein erschöpfter Mann, verließ mein Onkel den Salon, drehte sich an der Tür noch einmal um und zwinkerte mir schelmisch lächelnd zu.

Bei all ihrer Ahnenverehrung muss man den Herren Waldstein zugutehalten, dass sie mit einer ordentlichen Portion Selbstironie ausgestattet sind. Ihr Traditionsbewusstsein, der Stolz auf die Familiengeschichte, ihr patriarchales Denken wird dadurch immer wieder auf den Arm genommen und mit Humor infrage gestellt.

Zurück ins Wien der 1960er Jahre, als ich noch nicht einmal eine Idee war. Sehr bald nach dem »Ball der silbernen Rose« fragte Peter seine Jani, ob sie ihn heiraten würde. Und zu seiner größten Freude bejahte sie diese Frage. Sie waren nun inoffiziell verlobt. »Inoffiziell« hieß: Sie hatten für sich beschlossen, den Bund der Ehe einzugehen. »Offiziell« würde die Verlobung erst durch die Erlaubnis ihrer Eltern werden.

»Du musst bald bei meinem Vater um meine Hand anhalten, damit wir schnell heiraten können.«

Und Peter versicherte Jani: »Ja, das mache ich – versprochen.«

Zu wenig Noten

Im Laufe der Karriere hatte ich mehrmals das Glück, mich mit Mozart und seiner Musik auseinandersetzen zu dürfen. Wolfgang Amadeus forderte mich als Schauspieler, Regisseur und Sänger. Die erste Begegnung mit dem Werk des Meisters als Kleinkünstler ergab sich im Mozartjahr 2006.

Die ganze Welt feierte den 250. Geburtstag des Genies und ich tourte mit einem kabarettistischem Solostück mit dem Titel »Die Entzauberflöte« durch Deutschland und Österreich. Als Papageno, der nach über zwei Jahrhunderten kurz vor dem Burnout stand, beschloss ich zu streiken und die heutige Vorstellung platzen zu lassen. Dem Publikum erzählte ich im Federkostüm und mit Vogelmaske von meinem Leben als Vogelfänger, der nicht erklärbaren Handlung der Zauberflöte und der Überpräsenz von Mozart, der über allem schwebt wie eine Fermate. Ich sang die Papageno-Arien und imitierte Sopranisten und Tenöre. Der Theaterabend endete mit dem Ertönen der Ouvertüre. Die Musik von Mozart zieht Papageno magisch an. Er hat keine andere Wahl – er muss zurück auf die Bühne.

Ein paar Jahre später rief mich eine Freundin aus Graz an, die ich bereits aus der Volksschulzeit kannte, und die inzwischen eine begnadete Pianistin und Opernsängerin war, ob ich Lust hätte, im großen Garten ihrer Villa »Bastien und Bastienne« mit ihr in der weiblichen Titelfigur zu inszenieren. Mozart hatte dieses kleine, verspielte Singspiel bereits mit zwölf Jahren geschrieben. Ich nahm die Einladung zu den Sommerserenaden gerne an, auch aus dem Grund, weil ich nun nach langer Zeit wieder in meiner Geburtsstadt Graz inszenieren und sogar auftreten konnte. Denn ich übernahm in diesem Drei-Personen-Stück die Rolle des Zauberers Colas.

Ich hatte mich immer wieder intensiv mit Gesang beschäftigt und von guten Lehrerinnen weiterbilden lassen, sodass ich mir die recht einfache Basspartie zutraute. Die größte mozartianische Herausforderung, die mir viele schlaflose Nächte besorgte und die mich an den Rande der Erschöpfung brachte, ergab sich 2012 mit »Don Giovanni«. Erneut kam der Auftrag von den Sommerserenaden Graz, und wie schon bei »Bastien und Bastienne« war ich als Darsteller und Regisseur engagiert. Mir gefiel diese Geschichte um einen skrupellosen Frauenverführer aus Sevilla, der leidenschaftlich und ohne Moralvorstellungen alle Frauen, in die er sich verliebt, versucht zu verführen. Im furiosen Finale erscheint Don Giovanni der Geist des Komturs, der ihn mit in den Tod nimmt, und der gewissenlose Verführer landet in der Hölle.

Während der ganzen Oper ist die Rede von den Tausenden Frauen, die Don Giovanni in der Vergangenheit besessen hatte. Aber im Laufe dieser Handlung, die das Publikum erlebt, kommt der Verführer kein einziges Mal bei den Frauen zum Zuge. Kurz bevor es für ihn zum erhofften Schäferstündchen kommt, schaltet sich ein zorniger Vater ein, die eifersüchtige, verschmähte Geliebte erscheint oder die Begehrte selbst erkennt, was für ein Schuft Don Giovanni ist und jagt ihn mit Geschrei vors Haus.

Was für ein großartiger komödiantischer Einfall von Lorenzo da Ponte, dem Librettisten des Werkes. Das Stück hat alles, was die Commedia dell'arte zu bieten hat: einen schrulligen alten Mann, leidenschaftlich Liebende, Derbheiten und sexuelle Anspielungen, betrogene Ehemänner und einen Diener, der trotz seiner großen Ängste treu an seines Herren Seite bleibt und sich damit in größte Komplikationen bringt. Hinzu kommen Verkleidungs- und Verwechslungsszenen und es gibt Platz für jede Menge Slapstick. Ein richtiges Volkstheater auf höchstem Niveau.

Und genauso wollten wir es umsetzen. Jedermann sollte an diesem Abend Spaß haben und berührt werden, egal ob jung oder alt, reich oder arm, Opernexperte oder Nur-ins-Sommertheater-Geher.

Da dies eine freie Produktion war, wurde ein Arrangement für sechs Musiker erarbeitet und auf der Bühne standen ausschließlich vier Darsteller: zwei Sänger und zwei Schauspieler. Die gesamte Inszenierung durfte nicht länger als zwei Stunden in Anspruch nehmen, da das Publikum nach der Vorstellung noch mit einem Drei-Gänge-Menü versorgt werden sollte. Also nahmen wir uns in der Vorbereitung einige Striche vor: Die Rezitative wurden durch Dialoge – die ich für diese Fassung schrieb – ersetzt. Arien, die für die Handlung abkömmlich waren, wurden gestrichen. Und große Chorszenen fielen auf Grund des Personalmangels sowieso völlig raus. Dennoch drohte der Abend, trotz der vorgenommen Striche, zu lang zu werden. Also taten wir etwas, was besonders für die musikalische Leiterin sehr schmerzhaft war: Wir kürzten einige Takte aus der Partitur der Ouvertüre aus vereinzelten Arien und Duetten. Damit hatten wir etwas Unerlaubtes gewagt, was schon fast an Gotteslästerung grenzte: Wir ließen einige Noten von Mozarts Musik unter den Tisch fallen. Damit aber stand das Konzept. Juliane und ich nahmen in Berlin monatelang Gesangsunterricht, um uns musikalisch und stimmlich fit zu machen, wir lernten die Texte für die unterschiedlichsten Rollen, und Anfang Juli fuhren wir mit unseren zwei kleinen Töchtern per Zug nach Graz. Dort quartierten wir uns bei meiner Mutter im Haus meiner Kindheit ein.

In den nächsten drei Wochen wurde geprobt, gesungen, wurden Kostüme entworfen, Requisiten gebaut, neue Ideen geboren und wieder verworfen. Der Don-Giovanni-Darsteller, der das Zentrum des Stückes war, konnte sich ausschließlich auf diese Figur konzentrieren. Die anderen drei wechselten ihre Rollen permanent. Für manche »Massenszenen« ersetzten die fehlenden Figuren Puppen mit Klappmündern, die wir auf unsere Hände setzten.

So spielte und sang ich den Diener Leporello, Don Ottavio, Masetto und hatte zwischendurch die Handpuppe Donna Anna, der ich im Falsett meine Stimme lieh. Als Regisseur koordinierte ich die anderen drei Darsteller, gab Anweisungen an den Techniker und fügte meine drei Rollen in das ganze Geschehen mit ein.

Die Probezeit war anstrengend und intensiv. An manchen Tagen gelang uns alles, an anderen sahen wir kein Licht am Ende des Tunnels. Doch wie so oft am Theater, kurz vor Schluss, fügte sich alles wunderbar zusammen.

»Es wird sich schon alles aufwickeln.« Mit diesem Satz motivierte mich meine Mutter zum Weitermachen.

Die Generalprobe, die wir vor Testpublikum aufführten, kam gut an und machte uns hoffnungsfroh. Der Tag vor der Premiere war zur Schonung der Stimmen frei gegeben. Den freien Abend nutzten Juliane, meine Mutter und ich für ein Filmereignis, das der Entspannung diente, uns aber auch auf den großen Premierentag einstimmen sollte: Wir sahen uns »Amadeus« von István Szabó an. Dieses Filmerlebnis fesselte mich und zog mich in seinen Bann. Doch dann kam es zu einer Szene, die mir beinahe das Blut in den Adern stocken ließ. In dieser Szene fragt Amadeus nach einer Opernaufführung vor Seiner Majestät den Kaiser Joseph II., wie er denn die Musik fand. Dieser zögert und sagt nach einigen Überlegungen: »Gut, aber, … wie soll ich sagen? Zu viele Noten, Mozart. Streich er ein paar Noten und das Werk ist gut.« Bis zum Ende des Films war ich mit meinen Gedanken ganz wo anders. Ich konnte mich kaum noch auf die Handlung konzentrieren.

Ich weiß nicht, ob der Satz »Streich er ein paar Noten« wirklich historisch ist oder ob der Autor des Films Kaiser Joseph II. diese Worte angedichtet hat. Wissenschaftlich belegt ist auf jeden Fall, dass die Habsburger der damaligen

Zeit Mozarts Genie nicht erkannten, ihn wenig förderten und viele Stolpersteine in den Weg legten. Man kennt zwar die niedliche Geschichte, in welcher der sechsjährige Wolferl der Kaiserin am Klavier vorspielte und er danach auf ihren Schoß sprang und ihr ein Busserl geben durfte. Die Kaiserin aber interessierte an diesem Buben nicht die Musik, die er hervorzauberte. Sie sah in diesem Knaben ein Kuriosum, ein Schaustück, das vom eigenen Vater dressiert wurde. Auf Geheiß erfüllte das Äffchen alle Wünsche: »Spiele er die Violine«, »Nun das Klavier«, »Etwas schneller«, »Kann er das auch mit verbundenen Augen?«, »Und jetzt spiele er bitte vierhändig zusammen mit seiner Schwester«. Und das kleine Wolferl erfüllte alle Wünsche ausnahmslos. Wie wenig aber Maria Theresia den Künstler, den Musiker und das Genie in Mozart erkannte, zeigte sich zehn Jahre später, als sie ihrem Sohn Kaiser Joseph II. abriet, diesen jungen Mann zu fördern. Mit solchen unnützen Leuten solle er sich nicht abgeben. Mozart hatte keine andere Wahl. Er schlug sich als vielgeachteter, hoch bezahlter, dann wieder als geschmähter freischaffender Musiker durchs Leben. Von den Allerhöchsten Herren des Staates erfuhr er weiterhin wenig Anerkennung.

Und nun, Jahrhunderte später sollte ausgerechnet ein Nachkomme der Habsburger – diesen Kunstverhinderern – Mozart inszenieren? Und was tat dieser Sprössling? Er war mitverantwortlich an Kürzungen der Partitur die Ouvertüre betreffend und einzelner Arien und Duetten. Mit diesem Einschnitt in die Musik inszenierte er im Sinne seines Ahnen Kaisers Joseph II. und nicht im Sinne des Komponisten dieses Werkes: Wolfgang Amadeus Mozart.

Mit schlechtem Gewissen legte ich mich zu Bett. Noch in derselben Nacht hatte ich einen Albtraum. In diesem erschien mir erst Kaiser Joseph II., der unerbittlich den Satz »Streiche er ein paar Noten« wiederholte. Aus dem Nichts erschien Mozart mit ausladender Perücke und buntem Rokokokostüm – genau wie im Film. Er schleuderte den Kaiser beiseite, kicherte vergnügt, und schwor mir, er werde mit einer neuen Komposition sein Werk wieder auf die Originallänge von drei Stunden ausdehnen. Und mit einem diabolischen Lachen verschwand er. Ich wachte schweißgebadet auf. Juliane, die nun auch wach war, erklärte ich, sie brauche sich keine Sorgen machen. Mein unruhiger Schlaf sei Ausdruck meiner Nervosität vor dem morgigen Premierentag.

Pünktlich um halb acht Uhr abends stand ich tags darauf im Kostüm hinter der Bühne und fieberte dem Beginn entgegen. Die Vorstellung war ausverkauft, die Abendsonne schien in den Garten, und die hundertachtzig Zuschauer hatten auf ihren Stühlen, die rund um den zierlichen Gartenpool aufgestellt waren, Platz genommen und schauten erwartungsvoll Richtung Laube, vor der die Hauptbühne aufgebaut war.

Die Ouvertüre setzte ein, ich eilte als Leporello auf die Bühne, um in der ersten Szene meinem flüchtenden Herren Don Giovanni zur Hilfe zu kommen. Schon bald stellte sich heraus, dass unser Stück so ankam, wie wir es erhofft hatten. Das Publikum lachte an den richtigen Stellen, ließ sich überraschen von all den Auftritten, die aus unterschiedlichen Richtungen kamen, applaudierte nach gelungenen musikalischen Nummern und war bei den schönsten Arien zu Tränen gerührt. Bei mir wich die Nervosität einer reinen Spielfreude.

Zum Finale des ersten Aktes, kurz vor der Pause, passierte nun das Unerwartete. Gewaltige Gewitterwolken in allen Farben bauten sich am Himmel hinter uns Darstellern auf. Die riesigen Wolkentürme wechselten ihre Farbe von Feuergelb in Giftgrün und Blutrot und erinnerten an ein apokalyptisches Ölgemälde. Dieses Naturschauspiel blieb für uns Darsteller die längste Zeit unentdeckt. Aber das Publikum starrte wie gebannt auf das Naturereignis, das unsere Dramatik auf der Bühne wie von Geisterhand unterstützte.

In dieser Szene wird bei einem Maskenball Don Giovanni von Zerlina mit einem lauten Schrei zurückgewiesen. Donna Elvira, Don Ottavio und Donna Anna – zwei davon als Puppen im Stück – eilen Zerlina zur Hilfe, und gemeinsam wollen sie sich am Schuft rächen. Don Giovanni versucht mir, dem Leporello, die Schuld in die Schuhe zu schieben, doch keiner glaubt ihm und eine bedrohliche Wand von fünf Personen – inklusive der Puppen – baut sich vor dem schändlichen Verführer auf.

Wir singen die Zeilen:

»Hör des Donners Rachestimme.
Sieh des Himmels Blitz und zage,
Weh dir, noch an diesem Tage
Treffe dich sein Feuerstrahl.«

Hinter uns am Himmel unterstützen dieses Schauspiel die bedrohlich näherkommenden und schwerer werdenden Wolken, die den fehlenden Chor zu ersetzen und unsere Worte zu bebildern schienen.

Don Giovanni gelingt die Flucht, das Publikum applaudierte und ein gewaltiger Donner beendete den ersten Akt. Schnell flüchteten die Zuschauer in die wenigen Partyzelte und suchten auf engstem Raum Schutz vor dem Regen, der nun bald folgen sollte. Ein weiterer Donner verjagte die Musiker von ihrer Orchesterbühne, sie eilten ins Haus und brachten Geigen, Bratsche, Cello, Akkordeon und den sperrigen Kontrabass in Sicherheit. Auch wir Darsteller hatten geschwind die wichtigsten Requisiten mit Planen überdeckt, schnappten Kostümteile und retteten uns ins Trockene.

Auf den dritten Donner folgte der Regen. Er zeigte sich vorerst von seiner behutsamen Seite. Im punktierten Vierviertelrhythmus fielen die Regentropfen auf die Zeltplanen. Ein leichter Wind, der sich langsam, aber unablässig steigerte, lenkte die Flugbahn der Tropfen einmal in die eine, dann wieder in die andere Richtung. Ein gewaltiger Blitz, der sich über den ganzen Himmel zu verteilen schien, drängte sich ins Geschehen. Kurz darauf folgte ein Donner und nun goss es wie aus Eimern auf den Garten hernieder.

Die Zuschauer in den Zelten waren vom lauten Prasseln umgeben, der Sturm tat sein Übriges und ließ die Fensterläden laut gegen die Hauswand krachen. Blätter wirbelten durch die Luft, und die Bäume wiegten sich im Takt vor und zurück. Dicke Regentropfen landeten auf der Wasseroberfläche des runden Gartenpools und ließen wie auf einem Trampolin andere Tropfen in die Höhe schnellen.

Den Höhepunkt dieses Crescendo löste ein überraschendes Piano ab. Die Regentropfen landeten leicht verspielt, fast zärtlich anmutend auf dem Dach des Zeltes. Die Wassertropfen vereinigten sich leidenschaftlich und rannen die Plane hinunter. Wasserpfützen bildeten sich, die ritterlich vor den feinen Schuhen der Damen haltmachten. Als alle Zuschauer schon dachten, das Schlimmste sei vorüber, öffnete die gigantische, schwarze Wolke ihre Schleusen und ergoss all ihr Wasser auf diesen einzigen Garten, und der Wind zog noch einmal all seine Register. Dann wurde es still. Die Wolke verschwand so schnell, wie sie gekommen war, und der Himmel leuchtete in einem klaren, dunklen Blau, auf dem die ersten Sterne zu sehen waren. Für ein paar Sekunden hielten alle die Luft an und wagten nicht, sich zu rühren. Dann folgten ein donnernder Applaus und laute Bravorufe. Das Publikum bedankte sich für dieses Naturereignis.

Unmittelbar danach wurden die Stühle von Helfern trockengewischt, die Zuschauer setzten sich, auch die Musiker nahmen wieder ihre Positionen ein und stimmten die Instrumente. Wir Sänger und Schauspieler machten uns bereit für den zweiten Akt. Dieser ging nun ohne weitere Überraschungen über die Bühne.

Beim Schlussapplaus waren wir Künstler erleichtert und glücklich. Wir ließen uns vom Publikum feiern, mit dem wir uns in dieser Nacht wie noch nie zuvor verbunden fühlten.

Zurück in der Garderobe sah ich auf die Uhr: Es war 22:30 Uhr. Drei Stunden hatte diese Aufführung gedauert, die ursprünglich auf zwei Stunden angesetzt war.

Mozart hatte seine Drohung wahr gemacht.

Verschnupft in Mozarts Wohnung

Ich war nicht der erste Altenburg, der Mozarts Geist zu spüren bekam. Im Jahre 1965 hatte mein Vater ein kleines Zimmer in der Domgasse 5 im ersten Wiener Gemeindebezirk gemietet. Dieses Kabinett war Teil einer großen Wohnung, in der Wolfgang Amadeus Mozart höchstpersönlich in der Zeit von 1784 bis 1787 mit seiner Familie residiert hatte.

Heute ist diese Wohnung renoviert, die Wände sind hell gestrichen, Bilder hängen an den Wänden, die Mozarts Stationen zeigen. In beleuchteten Vitrinen kann der Besucher Noten, Briefe und Gedichte vom Meister studieren. Es gibt wechselnde Ausstellungen und immer wieder Mozart-Konzerte an der original Mozart-Wirkungstätte. Auch das kleine Zimmer, in dem sich mein Vater einquartiert hatte, ist heute Teil der Ausstellung. Der Glanz von heute lässt nicht erahnen, in welchem Zustand dieses Zimmer Mitte der Sechzigerjahre des letzten Jahrhunderts war.

Peter sah wie schon so oft das Schild »Spedition Sacken« am gegenüberliegenden Haus. Viel mehr konnte er von seinem Bett aus, wenn er durch das Fenster blickte, nicht sehen. Die paar steil einfallenden Sonnenstrahlen, die ihren Weg ins Zimmer schafften, beleuchteten den delabrierten Fußboden, dessen Holz faserig zersplittert war.

»Seit Mozart hier ausgezogen ist, hat man den bestimmt nicht behandelt, geschweige denn erneuert«, dachte er sich.

In der Ecke stand eine alte Ofenheizung, die Peter selten benutzte. Auch die Wanne ohne Abfluss war nicht wirklich brauchbar. Nach einem einzigen Bad, das er sich einmal gegönnt hatte, musste er das ganze Wasser mit einer Schüssel ausschöpfen. Diesen Zeitaufwand wollte er sich nicht noch einmal antun. Das Waschbecken mit fließendem Wasser reichte völlig aus. Obwohl er sich an diesem Tag in seinem erkälteten Zustand nichts sehnlicher wünschte als ein entspannendes, heißes Bad.

Er setzte sich in seinem Bett auf, putzte sich kräftig die Nase und nahm einen Schluck Kamillentee. Dieser schmeckte grässlich und war außerdem noch kalt geworden. Kaum vorstellbar, dass dieses Kraut gesund machen konnte.

Ausschließlich Sessel, Tisch, Kasten, eine Kochplatte und das Bett hatte Peter für dieses Zimmer beigesteuert. Dieses Apartment mit Toilette am Gang war eine Substandard-Schlafstelle in bester Lage. Ein Freund war hier vor ein paar Monaten ausgezogen, und Peter nutzte die Gunst der Stunde und mietete das eben frei gewordene Zimmer.

»Wie Gott in Frankreich wohnt man dort nicht, dafür haust du hier wie Mozart in Wien und das kommt dem doch schon recht nahe, oder?«, hatte sein Freund gemeint.

Peter reichte dieses bescheidene Zuhause völlig aus. Denn er genoss die Vorteile: Die Miete war gering, seine Praktikumsstelle – die er gerade beim Domverlag absolvierte – war um die Ecke und das Beste in diesem Haus war die »Pfaffstättner Weinstube« im Erdgeschoss. Ab sechs Uhr abends hatte sie geöffnet. Es gab dort täglich nur ein Gericht zur Auswahl – frisch und gut zubereite Hausmannskost, die besonders preisgünstig war. Dazu schenkte der kleine dicke Wirt ein Viertel vom trockenen Hauswein ein. Das Publikum war gemischt. Hier trafen sich Schauspieler, Operetten- und Opernsänger, Musiker und jede Menge Studenten. Diese Gaststätte war immer gut besucht. Man setzte sich an den Tischen dazu, stellte sich vor, kam ins Gespräch und lernte einander kennen. Bald waren die meisten Stammgäste Peter vertraut. Besonders gern unterhielt er sich mit dem Triangel-Spieler der Wiener Philharmoniker.

»Ich beneide dich«, sagte dieser einmal zu ihm. »Du haust in der original Mozartwohnung. Was für ein Geschenk.«

Peter winkte ab: »Der Großteil des Stockwerkes ist Ausstellungsbereich. Mir steht nur ein winziges Zimmer zur Verfügung.«

»Das würde mir schon reichen«, fuhr der nicht mehr ganz nüchterne Philharmoniker ihn an. »Als Triangel-Spieler weiß ich, was es heißt, ein winziger Teil von Mozart zu sein.« Er gab dem Wirt ein Zeichen: »Noch ein Glaserl Wein für den Herrn und mich.«

An diesem Tag würde Peter nicht hinunter in die Weinstube gehen. Er fühlte sich zu krank, zu verschnupft und bestimmt fieberte er auch. In der Früh hatte er sich beim Domverlag entschuldigt und freibekommen.

Er stand von seinem Bett auf, um sich noch einen weiteren grässlichen, aber vielleicht hilfreichen Tee zu kochen.

In den letzten zwei Jahren war sein Leben fürchterlich durcheinandergeraten. Kurz nachdem Peter Jani zugesichert hatte, dass er bald bei ihren Eltern um ihre Hand anhalten werde, hatte er das Versprechen wahr gemacht. Er lieh sich ein Auto von einem Bekannten und machte sich damit auf den Weg zum Schloss Karlslust, den Wohnsitz von Janis Eltern. Er war guter Dinge und zuversichtlich, dass er das Einverständnis der Schwiegereltern in spe erhalten würde und schon bald Jani an den Traualtar führen könne. Seinen besten Anzug hatte er angezogen, dazu eine Krawatte, wie es sich gehörte, und handgemachte, genagelte Schuhe. Das musste doch Eindruck machen.

Peter fuhr von Wien durch Niederösterreich bis an die tschechische Grenze ins Waldviertel. Kurz nach Niederfladnitz bog er von der Hauptstraße nach links auf eine Forststraße ab und folgte dem Plan, den Jani ihm aufgezeichnet hatte. Nun ging es über holprige, erdige Wege immer tiefer in den Wald hinein.

Nach unzähligen Schlaglöchern, die Peter so gut es ging

mit dem geliehenen Auto zu umfahren versuchte, tauchte auf einer Lichtung das Schloss mit seinen fünf Wirtschafts- und Wohnhäusern auf. Die Sonne beschien die schönbrunngelb-gestrichenen Gebäude, deren Farbe schon so langsam abblätterte – welch ein märchenhafter Anblick!

Maria Elisabeth und Eugen, Janis Eltern, erwarteten ihn schon vor dem Haus der Familie. Bestimmt hatten sie in diesem ruhigen Wald, das Auto schon von Weitem kommen hören.

Er stieg aus dem Fahrzeug und wurde freundlich, ja fast herzlich von beiden empfangen und ins Haus und in den Salon gebeten. Peter kannte die beiden von früheren Aufeinandertreffen, aber diesmal fielen ihm noch mehr die Ähnlichkeiten von Gestik und Mimik zu deren Tochter Jani auf. Eugen machte Scherze, lachte vergnügt und Peter sah seine unzähligen Lachfalten. Die liebevolle Art von Marielies – wie Janis Mutter Maria Elisabeth gerufen wurde – wirkte sehr wohltuend auf den jungen Gast, und er entspannte mehr und mehr.

In dem Moment, als er gerade Luft holte, um die entscheidende Frage zu stellen, stand Marielies auf und sagte: »Ich lass euch Männer ein wenig alleine« und verließ den Salon.

Kaum war die Tür verschlossen, verfinsterte sich die Mimik von Eugen, seine Lachfalten verschwanden und mit einem ernsten Unterton sagte er: »Wir können erahnen, warum du zu uns gekommen bist. Du möchtest unsre Tochter Jani zur Frau nehmen. Doch ich kann dir gleich sagen, das wird nicht möglich sein.«

Peter hatte mit so einer Attacke nicht gerechnet. Es gefror ihm das Blut in den Adern und es war ihm unmöglich zu reagieren. Daher fuhr Eugen fort: »Du kannst dir vielleicht denken, warum wir diese Verbindung nicht zulassen können. Wir wissen, dass du seit Jahren im Studium der Rechtswissenschaft feststeckst. Das zweite Staatsexamen hast du immer noch nicht bestanden. Solange deine Ausbildung nicht zu Ende ist und du keinen Beruf ergriffen hast, geben wir dir Jani nicht zur Frau!«

Peters Herz klopfte bis zum Hals. Er blickte auf seine Tasse Kaffee und sagte kaum hörbar: »Aber ich liebe Jani.«

»Das glaub ich dir auch. Aber Liebe alleine ist nicht ausreichend. Du musst auch in der Lage sein, deine Frau und deine zukünftigen Kinder versorgen zu können. Du darfst mich nicht falsch verstehen. Ich will hier kein Tugendbold sein, der jede Leidenschaft an sich schon als verwerflich ansieht. Aber wir Herren der Schöpfung dürfen in der Frau nichts anderes sehen und suchen als die lebendige Verkörperung reinster und größter Liebe, als die Hüterin des Lebens, als die Mutter unserer Kinder. Für diese Liebe muss der Mann Verantwortung übernehmen. Wo ausschließlich Leidenschaft und Leidenschaft zueinander drängen und sonst nichts Gemeinsames und Erhaltendes da ist, gibt es früher oder später eine Ehetragödie.«

In Peter regte sich langsam der Widerstand: »Du kannst mir vertrauen. Ich bin vollkommen deiner Meinung. Lass mich Jani heiraten und schon sehr bald wird sich auch beruflich für mich etwas ergeben.« Es klang beinahe schon trotzig, was er von sich gab.

»Nein Peter, so geht das nicht. Beweise mir erst, dass du einen Weg, den du begonnen hast, auch zu Ende gehen kannst und dann sehen wir weiter. Du wirst dich im Studium ein wenig mehr anstrengen müssen. Echtes Herrentum äußert sich nicht in vornehmen Passionen, in der Scheu vor Arbeit und Schweiß, in der Sorge um Bügelfalten.«

Dieses Argument saß tief. Jeder, der Peter kannte, wusste, dass er jegliche Form der Arbeit nie gescheut hatte. Elegant gekleidet zu sein und harte Arbeit zu leisten, war für ihn kein Widerspruch. Das Scheitern am Jusstudium lag nicht am mangelnden Fleiß, war er überzeugt. Seine Talente lagen nun mal ganz wo anders.

Beide Männer verabschiedeten sich kurze Zeit später. Eine Einigung konnten sie nicht erreichen.

»Lass mich Peter hinausbegleiten.« Marielies wollte diese Aufgabe alleine übernehmen. Am Auto sah sie ihn freundlich an und sagte: »Du darfst meinem Alten nicht böse sein. Alles was du jetzt durchmachst, hat Eugen auch durchleiden müssen. Vielleicht sieht er in dir ein Spiegelbild seiner eigenen Jugend. Eugen und ich sind uns zum ersten Mal bei einem Faschingsball begegnet. Es war Liebe auf den ersten Blick. Wir waren jung und glücklich und beide 21 Jahre alt. Doch bis zu unserer Hochzeit sollten sieben Jahre vergehen. Das ist eine lange Zeit. Er wollte eigentlich Landwirtschaft studieren, da er sich der heimatlichen Scholle verbunden fühlte. Nur die beruflichen Möglichkeiten für diesen Weg waren in seinem Fall aussichtslos. Also hat er in Wien und später in Innsbruck Rechtswissenschaften studiert. Erkennst du die Gemeinsamkeit? Es dauerte lange, bis er nach seinem Abschluss die Stelle in Wien gefunden hatte, die es ihm ermöglichte, mich von Buchberg wegzuholen und zu ehelichen.« – Ein eigener Beruf war für die Frauen dieser Zeit und dieser patriarchalischen Gesellschaft undenkbar.

Beide schwiegen. Sie hörten die Vögel, die laut um die Wette pfiffen, und den Wind, der durch die Bäume rauschte. Peter musste an seinen Vater Clemens denken, dessen Weg zu seiner Liebe auch mit Stolpersteinen gepflastert war. Sollte ihn nun ein ähnliches Schicksal erwarten?

»Ich weiß, dass du Geschichte studieren wolltest. Für einen Wechsel ist es zu spät. Du bist schon 28 Jahre alt. Aber überleg dir, was du noch für Talente und Leidenschaften hast. Es findet sich immer eine Lösung. Und wenn du eine sichere Anstellung hast, heiratest du mein Janal. Davor machst du aber den Jagdschein. Denn wer zu uns in die Familie möchte, muss Jäger sein.«

Peter hustete kräftig. Die Erinnerung an diesen gescheiterten Tag schmerzte ihn. Er nahm schnell einen Schluck vom frisch gebrühten Tee, dabei verbrannte er sich die Zunge und fluchte laut vor sich hin.

Inzwischen ging er schon auf die dreißig zu. Und er hatte wahrlich versucht, sein Leben neu zu gestalten. Eine Ausbildung zum Bankangestellten hatte er begonnen, diese Idee aber schnell wieder verworfen und nach erneuter Suche war er nun bei den Büchern gelandet. Zum ersten Mal hatte er das Gefühl, dass er mit dieser Entscheidung richtig lag. Denn Bücher waren neben Geschichte seine zweite große Passion. Für dieses Praktikum, das er seit einem halben Jahr bei diesem katholischen Verlag machte, bekam er tausend Schilling Verdienst. »Viel zu wenig, um eine Familie zu ernähren!«, war die erwartete Reaktion von Eugen gewesen.

Nun hatte er sich bei verschiedenen Verlagen um eine Festanstellung beworben und sehnte eine Zusage herbei. Doch bis jetzt war eine solche ausgeblieben. Unlängst hatte er in München ein Bewerbungsgespräch mit dem Leiter der Werbeabteilung vom Oldenbourg Verlag geführt. Das Gespräch war nach seinem Eindruck sehr gut verlaufen. Der Leiter der Werbeabteilung meinte, er spräche noch mit anderen Bewerbern und werde sich bald melden. Doch bisher gab es weder eine Zu- noch eine Absage.

Peter setzte sich an den Tisch und sah das Bild mit Jani an, die ihn aus dem Rahmen fröhlich anlächelte. Sie hatte in der ganzen Zeit versucht, ihn aufzuheitern und ihm Mut zugesprochen. Sie war sogar bereit, ihr Studium der Psychologie abzubrechen, wie es sich für eine zukünftige Ehefrau der damaligen Zeit gehörte. Doch irgendwann war sie mit ihrem Latein am Ende. Sie war es müde, immer zwischen dem Vater und ihrem Verlobten zu stehen und beschloss, Wien für eine Zeit den Rücken zu kehren.

»Ihr beide müsst das untereinander aushandeln. Ich

gehe nach Paris und mache dort eine Französischausbildung. Und damit basta.«

Diesen Entschluss hatte sie in die Tat umgesetzt. Um sich diesen Sprachkurs zu finanzieren, nahm sie eine Dienststelle als Au-pair-Mädchen bei einer noblen Familie an.

Erneut verbrannte sich Peter die Zunge. Mit Wucht stellte er die Tasse ab. »Lern ich denn nie dazu!«

Peter nahm ihren letzten Brief zur Hand, in dem sie schrieb, dass es ihr sehr gut ginge in Paris. Sie spaziere gerne durch die Straßen. Diese lebendige Stadt werde ihrem Ruf gerecht. In französischer Sprache mache sie Fortschritte. Das herrschaftliche Kind, das sie betreue, sei lieb, brav, manchmal auch lustig. Nur die noble Madame, die Mutter des Kindes, bekomme sie kaum zu Gesicht. Und wenn, dann wäre diese höchst arrogant und herablassend zu ihr.

Weiters konnte Peter aus diesem Brief erfahren, dass Jani im Dachgeschoss der Stadtvilla in einem kleinen, ungeheizten Zimmer ohne warmes Wasser wohne. Der Dienstbotenbereich sei über einen eigenen Treppenaufgang zu erreichen. Über diesen gelange sie von der Herrschaft ungesehen direkt in den Trakt, in dem auch das Kinderzimmer sei. Wie die Dienerschaft in diesem Haushalt behandelt werde, das habe sie noch nicht erlebt. Im Schloss Karlslust erfahre sie ja die Seite der Herrschaft. Und den Eltern wäre es immer wichtig, vertrauensvoll mit dem Personal zusammenzuarbeiten. Aber hier werde sie als Au-pair-Mädchen behandelt wie der letzte Dreck.

Zum Schluss des Briefes hatte sie hinzugefügt: »Aber mach dir keine Sorgen. Der Blick von meinem Dachfenster geht über ganz Paris und ist besonders bei Sonnenaufgang wunderschön. Am Ende meines Aufenthalts werde ich der Madame erklären, dass ich nicht ›nur‹ die Tochter eines Grafen bin, sondern auch die Tochter einer Prinzessin Croy und die Enkeltochter einer Prinzessin Auersperg. Bei so viel Prinzessinnenblut wird sie versuchen, meine Freundin zu sein, aber dann kann sie mir den Buckel runterrutschen. Ich küsse dich, Jani.«

Peter faltete den Brief ordentlich zusammen und legte ihn zu den übrigen auf den Stapel.

»In allem Unglück findet sie noch etwas Komisches. Ein winziger Teil ihres Humors würde mir schon helfen«, dachte Peter und schneuzte sich noch einmal kräftig in sein Stofftaschentuch. »Es wär so gut, wenn ich bald eine Zusage von einem Verlag bekomme. Wer weiß, wie lange Janis Geduld noch reicht.«

Aus dem Nebenraum vernahm er Schritte und Leute, die sich zu unterhalten schienen. Hatten sich mal wieder Touristen in diese eher bescheidene Mozartausstellung verirrt?

»Mozart soll durchschnittlich zweitausend Noten am Tag geschrieben haben«, hatte der Triangel-Spieler Peter beim letzten Besuch in der Pfaffstätter Weinstube erzählt. »Zweitausend Noten am Tag. Kannst du dir das vorstellen? Ich nicht. Außerdem hatte er die Musik schon komplett im Kopf und brauchte die Noten nur noch in einem Rutsch zu Papier bringen. Das kann man daran erkennen, dass es kaum Korrekturen in den Partituren gibt. Dieser Mann war besessen. Und nebenbei hat er noch gefeiert, Glücksspiel betrieben, sein Geld großspurig verschleudert und reihenweise Weiber verführt. Das hält kein Körper lange aus. Deswegen ist er schon mit 35 Jahren verstorben. Vor Erschöpfung. Ich selbst gehe davon aus, dass ich als Triangel-Spieler sehr alt werde – auch wenn ich bei den Philharmonikern bin und mehr gefordert werde als andere Triangel-Spieler.«

Peter wurde schwindlig und das Firmenschild »Spedition Sacken« auf der gegenüberliegenden Häuserwand sah für einen kurzen Moment verschwommen aus. Es war ihm nicht klar, ob diese Kreislaufprobleme durch das Fieber kamen oder durch die Vorstellung, dass in dieser Wohnung ein Mann gelebt hatte, der täglich zweitausend Noten schrieb.

In dieser Wohnung war seine Hauptkomposition »Figaros Hochzeit« entstanden. Mit dieser Oper soll sich Mozart mithilfe der Komödie gegen die Herrschenden gestellt haben, die schamlos und ohne Skrupel das Volk ausnutzten und deren Würde mit Füßen traten – so denken viele Experten. Doch Peter war davon nicht überzeugt, denn in keinem seiner Briefe hatte Mozart sich politisch geäußert. Mit Figaros Hochzeit wehrte er sich gegen seinen übermächtigen Vater, von dem er sich zu befreien wünschte – da war sich Peter sicher.

Und er musste an seinen eigenen Vater denken und die Enttäuschung, die er durch ihn erlebt hatte. Diese Unstimmigkeit hing mit der Straßenerweiterung in Unterach und der Entschädigung, die Peter mithilfe eines Anwaltes erreichen wollte, zusammen. Der Anwalt, den Peter für diesen Fall verpflichtete, hatte nicht nur eine Fristverlängerung ausgehandelt, es gelang ihm schlussendlich auch, in Absprache mit Peter, eine ordentliche Summe mit der Landesregierung auszuhandeln. Als Peter von diesem Triumph über die Landesregierung erfuhr, war er im Siebten Himmel. Er hatte mit seiner Initiative einen Erfolg erreicht. Noch dazu einen Erfolg, der in den Fachbereich Juristerei fiel. Bestimmt würde ihn nun der Vater mit Lob überschütten – davon war er ausgegangen – und die Zukunft vom Berghof, der in letzter Zeit kaum noch zu finanzieren war, wäre gerettet.

Doch was musste Peter erfahren? Bei seinem Vater Clemens siegte die Sehnsucht, die ihn schon immer ans Meer gezogen hatte, und statt das Geld in den Berghof zu stecken, kaufte er sich ein großes Segelschiff. Mit dem Erwerb dieses Schiffes hatte der Vater nun einen Zweitsitz im glanzvollen Ort Cannes in Südfrankreich.

Peter war so verzweifelt über diese Niederlage und die Enttäuschung, die der Vater ihm, aber auch seiner Mutter angetan hatte. Jedoch zu Peters Überraschung reagierte seine Mutter ohne Groll. Sie nahm den vor Wut bebenden

Peter bei einem Aufenthalt in Unterach beiseite, und unterhielt sich mit ihm in einem Vieraugengespräch.

»Peter, du darfst deinem Vater nicht böse sein. Ich bitte dich, nimm seine Entscheidung, das Schiff zu kaufen, auf keinen Fall persönlich. Er hat sich damit einen großen Traum erfüllt. Einen Traum, den er schon zu Beginn unserer Verlobung hatte. Sein Fernweh war all die Jahre stark, und die Sehnsucht nach dem Meer ist nie in ihm erloschen. Er ist halt doch ein Enkel der Kaiserin Elisabeth. Was soll man machen. Aber solange ihr Kinder wart, war es für ihn und für mich selbstverständlich, euch durch diese turbulenten Jahre zu führen. Ihr habt nun alle die Schulen besucht, Ausbildungen erhalten und seid in der Gegenwart angekommen. Und auch du wirst einen Beruf, der dir Freude macht, finden und dann wirst du deine Jani heiraten. Ich mag sie übrigens sehr – das sollst du wissen. Aber deinem Vater musst du diese gewonnene Freude gönnen.«

Peter sah mit großen Augen seine Mutter an: »Fühlst du dich denn nicht verlassen?«

»Nein. Wenn ich Clemens nicht ziehen lasse, dann habe ich ihn verloren. Was hab ich davon, wenn ich das ganze Jahr einen unzufriedenen Mann an meiner Seite habe? So ist er in den Wintermonaten auf dem Meer und in den Sommermonaten bei mir am Attersee in Unterach. Weißt du übrigens wie er sein Boot getauft hat? Er nannte es nach seinem Geburtsort: Wallsee. Dort verbrachte er bis 1914 eine unbeschwerte Kindheit und dort haben wir uns kennengelernt und verlobt.«

Die Türklingel riss Peter aus seinen Gedanken. Wer mochte das denn sein? Besuch konnte er in seinem kränklichen Zustand wirklich nicht gebrauchen. Erneut klingelte es. Unwirsch stand er vom Tisch auf und ging zur Tür. Draußen stand ein Postbote: »Grüß Gott, ich hab ein Einschreiben für Sie. Wenn Sie bitte hier unterschreiben.«

Peter unterschrieb, bedankte sich und schloss die Tür wieder. Erst jetzt fiel sein Blick auf den Absender: Verlag Oldenbourg München.

In aller Eile riss er den Brief auf und las ihn hektisch durch: »Sehr geehrter Herr Peter Altenburg, vielen Dank für ihre Bewerbung und ihr überzeugendes Gespräch, das wir mit Ihnen führen durften. Wir freuen uns, Ihnen hiermit zusagen zu können. Gerne möchten wir Sie bei uns in der Werbeabteilung des Schulbuchverlages Oldenbourg verpflichten. Mit freundlichen Grüßen …«

Peter sprang im kleinen Mozartzimmer auf und ab. Vergessen war all sein Groll auf Vater und Schwiegervater. Vergessen waren Schnupfen und Fieber. Er war voller Euphorie und wiedergewonnener Energie.

Eilig setzte er sich an seinen Schreibtisch und schrieb an Jani: »Ich hab die Zusage für eine feste Anstellung. Nun steht einer Heirat nichts mehr im Wege. Komm bald zurück! Ich kann dich kaum noch erwarten!«

Der Hirschkäfer seiner Majestät

Und Jani kam zurück!

Ihr Vater Eugen gab seine Einwilligung und die Hochzeit wurde für Ende September 1965 in der Kirche von Niederfladnitz mit anschließendem Fest im Schloss Karlslust geplant. Die Trauung fand mitten in der Zeit der Hirschbrunft statt, was die Brüder von Jani weniger freute. »In der Hoch-Zeit der Jäger sollte man keine Hochzeit feiern!« – war deren feste Überzeugung. Aber all der Protest half nichts. Meine Eltern hatten nicht vor, noch länger zu warten.

Die kleine Kirche von Niederfladnitz war mit Eltern, Geschwistern und deren Ehepartnern, den vielen Tanten und Onkeln und den unzähligen Cousinen und Cousins und ein paar Freunden voll bis auf den letzten Platz.

Am Kirchplatz hatten sich viele Dorfbewohner versammelt, die mit Neugierde beobachteten, wie ihr Janal, das sie schon seit Kindesbeinen kannten, von ihrem Vater vor den Traualtar geführt wurde. Die Schaulustigen konnten nicht genug davon bekommen, diese feine Gesellschaft in ihren Anzügen, Kleidern und Hüten zu beobachten und deren Aussehen flüsternd zu kommentieren.

Nach der Trauung spielte die Feuerwehrkapelle einen Marsch und unter lautem Jubel und mit hupenden Autos, die so manchen brünftigen Hirsch aufschreckten, ging es in den Wald zum Schloss Karlslust.

Noch im selben Jahr zog das frisch vermählte Paar in die bayerische Hauptstadt – in die Geburtsstadt von Peters Urgroßmutter, der Kaiserin Elisabeth. Peter und Jani richteten sich in einer kleinen Mietwohnung in der Mozartstraße ein. Ob Zufall oder nicht, auf diese Weise begleitete das Genie Mozart meinen Vater auch nach München.

Peter trat seine neue Stelle beim Oldenbourger Verlag an, und »learning by doing« eignete er sich das Handwerk des Verlagskaufmannes an. Sein Vorgesetzter war Lehrer und Verehrer in einer Person. Er war angetan von der Vorstellung, dass er einen Prinzen, den Urenkel von Kaiser Franz Joseph anlernen durfte. Hochachtungsvoll und respektvoll gab er sein Wissen und seine Anweisungen an Prinz Peter weiter.

Im Sommer 1966 kam mein Bruder auf die Welt, und drei Jahre später folgte meine ältere Schwester. Mit den beiden Kindern zogen meine Eltern im Herbst 1970 nach Graz. Ich reiste im Bauch meiner Mutter mit zur nächsten Station. Meinem Vater war beim Verlag Styria der Posten des Verlagskaufmannes angeboten worden, und er nahm diese Offerte gerne an. Beruflich ging es für ihn weiter bergauf.

Er erwarb das Haus am Rosenberg, das in den 1930er Jahren erbaut worden war. Die Straße, in der die Familie Altenburg einzog, hatte den standesgemäßen Namen: »Schönbrunngasse«. Das Haus wirkte warm und sonnig durch seinen ockergelben Anstrich. Die Fenster waren weiß umrandet. Am Eingangsbereich lud ein Rosenbogen zum Eintreten ein.

Und dieser Einladung wollte ich gerne folgen. Kurze Zeit nach dem erfolgreichen Umzug erblickte ich in Graz am 17. März 1971 das Licht der Welt. Schon einen Monat nach meiner Geburt wurde ich im Kreise der Großfamilie und einiger Freunde getauft.

Bei dieser Feier kam es zu einer sehr berührenden Begegnung zwischen meinem Großvater Clemens und einem Hirschkäfer. Dieser besagte Hirschkäfer war aus Silber, etwa zwanzig Zentimeter groß, aus seinem Kopf wuchsen kräftige Zangen, den Körper trugen zarte, dünne Beine und das Beste war: Den Rückenpanzer konnte man auf- und zuklappen.

Meine Eltern hatten diesen Hirschkäfer zu ihrer Hochzeit von Mani Trauttmansdorff, einer Tante meiner Mutter, geschenkt bekommen. Mein Vater Peter kam auf meinen Großvater Clemens zu, hielt seine Hand auf, in der dieses Tier lag und fragte ihn: »Sag, kennst du dieses Ungetüm?«

Clemens betrachtete den Hirschkäfer und in seinem Kopf öffnete sich die Tür zu einer längst vergessen geglaubten Begebenheit in seiner Kindheit. Er sah sich, wie er als kleiner Bub zu Füßen seines Großvaters, des Kaiser Franz Joseph unter dem Schreibtisch spielte. Auf dem Schreibtisch entdeckte er einen solchen Hirschkäfer. Er reckte sich in die Höhe und versuchte mit seiner kleinen Hand den Käfer zu erreichen. Der Kaiser nahm das Insekt und gab es dem kleinen Clemens: »Du darfst damit spielen, Clemens. Aber sei vorsichtig mit dem Panzer. Mach ihn mir nicht zu weit auf. Sonst geht er kaputt.«

Clemens sah seinen Sohn Peter an und meinte: »Einen solchen Hirschkäfer hatte mein Großpapa auf seinem Schreibtisch im Schloss Schönbrunn.«

Diese Reaktion hatte mein Vater erhofft. Er reichte den Hirschkäfer an Clemens weiter und meinte: »Dreh das Tier um!«

Mein Großvater schaute sich die Unterseite an. Dort entdeckte er die Aufschrift: »Schreibtisch seiner Majestät«.

Clemens konnte seine Verblüffung nicht verheimlichen: »Damit hab ich vor über 60 Jahren spielen dürfen. Wie kommt dieses Stück zu euch?«

»Dieser Hirschkäfer hat wahrlich eine lange und weite Wanderschaft hinter sich«, meinte mein Vater. »Nach dem Tod des Kaiser Franz Josephs im Jahr 1916 wanderte dieser Käfer in den Haushalt seiner Enkelin Erzherzogin Elisabeth Marie, der einzigen Tochter von Kronprinz Rudolf.«

»Natürlich, meine wilde Cousine«, wusste mein Großvater Bescheid. »Damals befand sie sich in einem fürchterlichen Scheidungskrieg mit ihrem Mann Fürst Otto von Windisch-Graetz. Es ging in diesem unschönen Streit auch um das Sorgerecht der vier gemeinsamen Kinder. Schreckliche Geschichte. Vielleicht ist dieser Käfer Zeuge dieses Streites.«

»Möglicherweise«, Peter zuckte mit den Schultern. »Er kann es uns leider nicht erzählen.«

»Ist vielleicht besser so. Und wie ging seine Reise weiter?« Mein Großvater zeigte auf seinen alten Bekannten in seiner Hand.

»Das Tier blieb im Besitz des nun geschiedenen Fürsten Otto Windisch-Graetz«, fuhr mein Vater fort. »Und als er verstarb, gelangte das Insekt in den Besitz seines Kammerdieners. Dieser vermachte das Stück wiederum an seine Frau. Und als nun die Witwe Czekansky alt wurde, ging sie ins Altenheim und nahm den Käfer mit. Dieses Heim wiederum leitete die Tante Mani. Eines Tages schenkte Frau Czekansky aus Dankbarkeit für die gute Pflege Tante Mani dieses silberne Ungetüm. Und jetzt schließt sich der Kreis: Als Jani und ich heirateten, meinte Tante Mani, dass wir den Hirschkäfer bekommen sollten, damit er wieder in die Familie zurückkehre. Und heute zeig ich dir den Käfer, den du dem Schreibtisch deines Großpapas zuordnen kannst. Ist das nicht schön?«

»Ja, das ist schön.«

Clemens reichte nun den Hirschkäfer an seinen fünfjährigen Enkel und sagte zu meinem Bruder: »Du darfst damit spielen. Aber sei vorsichtig mit dem Panzer. Mach ihn mir nicht zu weit auf. Sonst geht er kaputt.«

NACHWORT

Nach meiner Geburt und Taufe im Jahr 1971 lebte mein Großvater noch drei Jahre.

1970 hatte sich schon abgezeichnet, dass der Berghof in Unterach nicht mehr zu halten war.

Im Laufe der Jahrzehnte war das beträchtliche finanzielle Erbe, das mein Großvater von seinen Eltern Marie Valerie und Franz Salvator zugedacht war, immer kleiner geworden. Inflation, Börsenstürze, schlechte Anlageberater, aber auch Betrüger, denen er vertraute und die sich an seinem Geld bereicherten, minimierten sein Vermögen. Hinzu kamen die Kosten für Internate und Ausbildungen seiner neun Kinder und aufwendige Renovierungsarbeiten an den Gebäuden am Attersee.

Kurzum, es war still geworden am Berghof, das Haus zu groß und zu kostspielig.

So fassten meine Großeltern Mädy und Clemens schweren Herzens den Entschluss, den Besitz am See zu verkaufen und in Salzburg eine Neubauwohnung zu erwerben.

Die nächsten Jahre pendelte mein Großvater weiterhin zwischen der Wohnung in Salzburg und seinem Schiff »Wallsee« in Südfrankreich. Geschwister meines Vaters besuchten ihn dort, wie Fotos belegen. Auch meine Großmutter Mädy kam einmal mit auf das Schiff. Mein Vater fand leider nicht die Zeit, seinen Vater auf dem Meer zu begleiten.

Ende 1973 wurde Clemens eine große Ehre zuteil: Erzherzog Otto von Habsburg nahm meinen Großvater in den Orden des Goldenen Vlieses mit auf. Dieser Ritterorden existiert seit 1430. Für besondere Verdienste bekam man von seiner Majestät einen solchen Orden verliehen, auf dem ein goldenes Widderfell zu erkennen ist, das an einer Ordenskette – der »Collane« – hängt. Mein Großvater bekam jene Collane zugewiesen, die vor ihm sein Großpapa Kaiser Franz Joseph bei den Ordensfeierlichkeiten getragen hatte.

Meine Großmutter Mädy machte sich aufgrund seiner Kurzatmigkeit mehr und mehr Sorgen um ihren Mann. Es gelang ihr, ihn für eine Untersuchung beim Arzt zu überreden. Die Diagnose des Arztes war für alle ein Schock: Lungenkrebs. Meinem Großvater sollten nur noch wenige, sehr qualvolle Monate bleiben.

»Muss ich jetzt ein bißl sterben?«, fragte er seinen ältesten Sohn.

Und dieser erwiderte: »Ja, Papi, jetzt musst du ein bißl sterben.«

Im Juli 1974 fand im Schloss Wallsee ein großes Familientreffen statt. Onkel Theodor, ein Bruder meines Großvaters, feierte seinen 75. Geburtstag und lud aus diesem Anlass alle Nachkommen seiner Eltern Marie Valerie und Franz Salvator ein – Kinder, Enkelkinder und Urenkelkinder.

Rund 200 Menschen kamen zu diesem Ereignis. Meinen Großeltern war es nicht gegönnt, bei diesem Fest dabei zu sein. Clemens konnte das Krankenhaus in Salzburg nicht mehr verlassen.

Bei diesem Großereignis waren alle Geschwister meines Vaters und ihre Angehörigen anwesend. Wie es Tradition war bei solchen Zusammenkünften, stellten sich die neun Geschwister für ein »Orgelpfeifen-Foto« auf. Das heißt: Sie positionierten sich dem Alter nach von rechts nach links in einer Reihe. Im Laufe der Jahrzehnte sind unzählige solcher Bilder entstanden.

An diesem Tag im Schloss Wallsee waren mein Vater, seine zwei Schwestern und seine sechs Brüder gerade dabei, ihre Position für den Fotografen zu finden, da tauchte auf einmal der Gastgeber Onkel Theodor auf, und reichte dem ältesten Bruder meines Vaters ein Bild: »Dieses Porträtbild gehört zu euch und muss in eure Familie.«

Auf diesem Gemälde sieht man einen Buben mit blondem Haar, in seiner Hand hält er ein Holzpferd, auf dem ein

Soldat sitzt. Der Blick des Kindes ist freundlich dem Maler zugewandt. Es ist das Bild, das bei Kaiser Franz Joseph im Schloss Schönbrunn im Schlafzimmer über dessen Bett hing. Der Bub auf dem Bild ist der kleine Clemens, der Lieblingsenkel des Kaisers.

Wenige Wochen nach diesem Fest im Schloss Wallsee am 20. August verstarb mein Großvater im Krankenhaus in Salzburg im Beisein von meiner Großmutter Mädy und seinen beiden ältesten Söhnen.

Clemens Altenburg hatte diese Welt verlassen.

Doch sein »Sonnenschein« sollte weiter strahlen. Seine vielen Talente, die er selbst zu wenig nutzen konnte, sollten bei seinen Kindern zum Blühen kommen.

So studierte einer seiner Söhne Maschinenbau und übte den Beruf des Technikers aus. Ein anderer erbte das handwerkliche Können seines Vaters und wurde Tischler. Ein weiterer übernahm die Aufgabe des Raumgestalters. Die künstlerischen Fähigkeiten von Clemens, die sich bei ihm in den Schnitzarbeiten zeigten, gingen an zwei Söhne weiter: Der eine wurde ein vielgeachteter Keramiker und der andere Goldschmied. In diesem Goldschmied und Lebenskünstler verwirklichte sich auch das starke Fernweh meines Großvaters: Er verließ Österreich und zog auf die andere Seite der Erdkugel – nach Australien. Die selbstverständliche, unkomplizierte Gastlichkeit, wie sie die Altenburg-Geschwister im Berghof in Unterach erlebt hatten, zeigte sich in einem meiner Onkeln, der ein sehr bekannter Wirt in Salzburg wurde.

Mein Vater Peter blieb dem Thema Geschichte treu – wenn auch nicht als Historiker, so doch als Verlagskaufmann eines Verlages, der neben Romanen, Gedichtbänden und Büchern zum Thema Religion auch sehr viele wissenschaftliche Werke zur österreichischen Geschichte herausbrachte. Er war zuständig für die Werbung der Bücher, welche die Biografien seiner Vorfahren detailliert beschrieben. Doch sein Forschungsdrang war damit bei Weitem nicht gestillt. Zusammen mit meiner Mutter studierte er die biografischen Bände und machte am Rand der Seiten Kommentare zu Fehlern, die den Autoren unterlaufen waren. So strich er an einer Stelle »Herzog« durch und schrieb daneben »Erzherzog«. Auch falsche Jahreszahlen wurden mit einem Federstrich korrigiert. War ein Fehler besonders markant, unterstrich er mit Rot die Stelle. Bei Kaiser »Franz Joseph I.« durfte einfach das Wort »Joseph« nicht fehlen, denn »Kaiser Franz I.« war ein früherer Monarch und lebte zu einer anderen Zeit als »Kaiser Franz Joseph I«. Dass sowohl Historikern als auch dem Lektorat solche Fehler unterlaufen waren, brachte ihn zur Weißglut.

Falls er mir nun vom Himmel aus beim Schreiben dieses Buches über die Schulter schaut, hoffe ich inständig, dass er bei den möglichen Fehlern und Ungenauigkeiten milde darüber hinwegblicken wird.

Mein Vater beschäftigte sich jedoch mit Geschichte nicht nur vom Intellekt her, er lebte die Traditionen seiner Familie mit allen Sinnen weiter. So fasste er gerne die alte Möbel, Bilderrahmen, Skulpturen an, genoss ein gutes Mahl am perfekt gedeckten Tisch und hörte am liebsten klassische Musik, zu der er mit seinen Händen ein imaginäres Orchester dirigierte.

Er war im besten Sinne des Wortes ein Bewahrer der vergangenen Zeit. Und wie ich herausgefunden habe, heißt bewahren auf Lateinisch: conservare. Sprich: Mein Vater war ein konservativer Mensch. Er bewahrte auch Schuhe, Krawatten, Anzüge und sogar Hemden. Er brachte es kaum übers Herz, ein Hemd mit kaputtem Kragen wegzuschmeißen. Die Wegschmeiß-Gesellschaft, die auch keinen Respekt vor der Bewahrung der Umwelt hatte, war ihm zuwider.

Im Laufe der Jahre konnte ich beobachten, wie sich sein Blick mehr und mehr für die neue Zeit öffnete. Als ich ihm mit neunzehn Jahren mitteilte, dass ich Schauspieler werden möchte, meinte er: »Es ist nicht einfach, vom Beruf des

Schauspielers zu leben. Aber wenn es deine größte Sehnsucht ist, diese Kunst zu erlernen, dann geh diesen Weg.«

Vielleicht hatte er sich daran erinnert, dass er seinen persönlichen beruflichen Weg nicht gehen durfte? Vielleicht wollte er, dass mich dieses Schicksal nicht auch ereilt.

Und als ich ihm Jahre später meine Schauspiel- und Clown-Kollegin Juliane als meine zukünftige Frau vorstellte, empfing er sie mit offenen Armen.

Die Welt hatte sich verändert.

Und manch Aristokrat veränderte sich vorsichtig mit.

Dass ein österreichischer Prinz Schauspieler und Clown wird und eine protestantische Pastoren-Tochter aus Norddeutschland heiratet, deren Mutter aus einer Künstlerfamilie kommt, wäre nur zwei Generationen früher undenkbar gewesen.

Wie dankbar bin ich für diese Entwicklung und diese Freiheit. Der Sinn des Lebens ist es doch, sich den Herausforderungen zu stellen, daraus zu lernen, und das Erlernte der nächsten Generation weiterzugeben. Damit ist in meinen Augen bewiesen, dass »Konservativ-«, »Liberal-« und »Sozial-Sein« kein Widerspruch ist.

Mein Vater schrieb in seiner Chronik über seine Eltern einen Satz, der durchaus auch auf meine Mutter und ihn zutrifft: »Weder gesellschaftlicher Ehrgeiz, noch wirtschaftlicher Erfolg machte ihr Leben aus. Es ist ihnen aber gelungen, ihre Kinder in der Gegenwart landen zu lassen, loyal der Vergangenheit gegenüber und offen für die Zukunft.«

Nach seiner Pensionierung betätigte sich mein Vater nun endlich als Historiker und forschte nach seinen Ahnen mütterlicherseits. Im Zuge seiner Recherchen machte er Verwandte aus der Rességuier-Familie ausfindig, bei denen viele nichts voneinander wussten. Mein Vater organisierte ein Treffen, bei dem die vergessen geglaubte Geschichte der Grafen und Gräfinnen Rességuier wieder lebendig wurde.

Zu dieser Zeit war mein Vater bereits an seiner Leukämie erkrankt.

Im Sommer 2008 kam er mit meiner Mutter zur Hochzeit von Juliane und mir nach Berlin. Dort tanzten die beiden zum letzten Mal gemeinsam den Linkswalzer zu den Klängen von »An der schönen blauen Donau«.

Am 9. Dezember 2008 verstarb er in einem Grazer Krankenhaus im Beisein meiner Mutter und meiner Schwester.

Noch zu Lebzeiten hatte er alle Möbel, Bilder und das Geschirr gerecht seinen fünf Kindern zugedacht. Bei vielen Gegenständen hatte er Kurzbiografien notiert, die den genauen Weg der Dinge und »Sacherln« beschrieben.

Dazu gehörte auch die Biografie des Hirschkäfers. Im Jahr 2016 führte ich den silbernen Käfer für die Dokumentation »Auf den Spuren des Kaisers« zurück an seinen Ursprungsort. Die Schlussszene des zweiten Teils wurde im Arbeitszimmer des Kaisers im Schloss Schönbrunn gedreht.

Dort setzte ich das Insekt auf dem Boden zu Füßen des Schreibtisches ab. Dem Ort, an dem mein Großvater Clemens, der Sonnenschein, vor beinahe hundert Jahren mit dem Hirschkäfer seiner Majestät spielen durfte.

DANKE

Wann immer es mein Beruf und meine Familie es mir in den letzten zwölf Monaten erlaubten, habe ich mich in ein Hotel zurückgezogen oder ein Ferienapartment im tiefsten Brandenburg gemietet, um völlig ungestört von äußeren und alltäglichen Eindrücken schreiben zu können.

Erfahrene Autoren gaben mir den Tipp: Zum Schreiben muss man allein sein.

Doch ich musste auch erkennen, dass ein Buch sich nicht von alleine schreibt. Ich suchte den Dialog zu Menschen, die mich mit ihren Gedanken, Geschichten und Ideen inspirierten und mir den Mut gaben, Schritt für Schritt weiter zu gehen.

So möchte ich nun diesen besonderen Wegbegleitern Danke sagen:

Marco Ammer, der die Idee hatte, unseren Besuch beim Musical »Elisabeth« der Produktion bekanntzugeben. (Viele Namen von Personen meines Lebens in diesem Buch habe ich weggelassen oder verändert. Marco war mit seiner Nennung einverstanden.)

Natalie Tenberg, für den ersten Impuls, meine Familiengeschichte zu Papier zu bringen.

Den Leserinnen und Lesern meines ersten Manuskriptes, die mit Lob und konstruktiver Kritik mir notwendige Hinweise für die Überarbeitung des Buches gaben. Erwähnen möchte ich den Theaterautor Martin Heckmanns, den Schauspielerkollegen und Buchautor Mathias Kopetzki, den begeisterten Leser vieler Bücher, Helmut Krähe, und den Maler und »Designer-Joe« Johannes Herberstein.

Mein besonderer Dank gilt der freien Fernsehredakteurin Annette Walther, die mir nach dem Lesen des ersten Manuskripts mit ihrer Sorgfalt und Genauigkeit als Lektorin zur Seite stand.

Weiters half mir die Autorin Gabriele Hasmann, die den Kontakt zum Goldegg Verlag herstellte.

Dem Filmregisseur Stefan Ludwig, der das Foto für das Coverbild zur Verfügung stellte.

Erwähnen möchte ich auch die Geduld vom Team des Verlages, die mir die notwendige Zeit gönnten, dieses Buch zu entwickeln. Auch das Lektorat von Verena Minoggio-Weixlbaumer inspirierte mich und forderte mich noch einmal zu Überarbeitungen heraus.

Weiters danke ich Sabine Wolfgang (Österreich) und Cornelia Thomas (Deutschland), die mir helfen werden, dieses Buch zu bewerben.

Schlussendlich möchte ich meiner Familie meinen Dank aussprechen:

Meiner Mutter, die in vielen Telefonaten und Treffen Fragen beantwortete und meine Recherchen enorm bereicherte.

Meinen vier Geschwistern Friedrich, Hemma, Franziska und Liesi, die meinen Weg sehr genau verfolgten und mit mir ihre Erinnerungen teilten.

Meinen Tanten und Onkeln; ihr historisches Wissen und ihre persönlichen Schilderungen ihrer Erlebnisse mit meinem Vater und ihrem Bruder ließen vor meinem inneren Auge Bilder, Geschichten und Eindrücke entstehen, die mich zu dieser Erzählung inspirierten.

Meinem Schwiegervater Pastor Erich Zschau – der leider nicht mehr unter uns ist –, der aber noch meine ersten Textideen mitbekommen hat und mich anfeuerte, weiterzuschreiben.

Meiner Schwiegermutter Gundel Zschau-Buchwald, mit der ich stundenlang über Themen wie Familie, Herkunft, mystische und archaische Gestalten philosophierte.

Meinen beiden Töchtern, die mich mit Notizblöcken versorgten.

Und natürlich meiner Frau Juliane, die stets meine erste Leserin war, und mit vielen Tipps und Ideen mich inspirierte und zum Gelingen dieses Buches enorm viel beigetragen hat.

ORIGINALDOKUMENTE

M E M O R A N D U M

über die Gründe die mich anlässlich meiner bevorstehenden Verehelichung mit Gräfin Elisabeth Rességuier bewegen, Euer Majestät, die Bitte vorzulegen mir eine Namensänderung zu gestatten bezw. mir einen andern Namen und Titel zu verleihen.

Eure Majestät!

Ende September haben Eure Majestät über mein Ansuchen mir meine Verlobung mit Gräfin Elisabeth Rességuier gestattet und da meine Heirat eine nach dem A. H. Familienstatut unebenbürtige ist, meiner zukünftigen Frau die Verleihung eines gräflichen Namens und Titels in Aussicht gestellt. Nun ist es aber nach dem bürgerlichen Gesetz unmöglich, dass Frau und Kinder einen andern Namen führen, als den des Mannes. Es würde also meine Frau, bezw. eventuelle Nachkommen vor dem Staate und auch in der Öffentlichkeit (z.B. im gesellschaftlichen Verkehr) offiziell meinen Namen führen müssen und daher von der grossen Mehrzahl der Menschen als Mitglied des Kaiserhauses angesehen und tituliert werden.

In erster Linie widerspricht letzteres nun den Bestimmungen der A.H.Familienstatuten und den seit Jahrhunderten in unserer Familie bestehenden Gepflogenheiten und könnte eventuell im Laufe der Geschichte zu Schwierigkeiten in der Legitimität der Erbfolge führen. Es wäre nun meines Erachtens nach gerade in der heutigen Zeit, wo Traditionen vergessen, wenn nicht mit Absicht über Bord geworfen werden, von grösster Wichtigkeit, dass gerade das Erzhaus an säinen Traditionen insbesondere an denen der legitimen Erbfolge festhält und dies auch vor aller Öffentlichkeit zeigt. Diese Gefahren, bezw. Schwierigkeiten, wären durch eine Namensänderung auch meinerseite, xxxxxx am einfachsten behoben.

In zweiter Linie möchte ich nun Eurer M Majestät darlegen, warum ich auch aus Gründen meines Berufes und des gesellschaftlichen Verkehrs zu diesem Entschluss komme.

Wie Eure Majestät wissen, studiere ich auf der Technik und möchte nach Beendigung meiner Studien auch diesen Beruf, wahrscheinlich sogar im Ausland, praktisch ausüben. Hieduch werde ich gezwungenermassen mit Kreisen ganz anderer Art und Lebenseinstellung in Berührung und Verkehr kommen, welche sich in unsere Anschauungen nicht so leicht hineindenken können und daher nicht wissen werden, wie sie sich uns, besonders meiner Frau gegenüber benehmen sollen.

Ferner möchte ich noch erwähnen, dass speziell auch im ausländischen Geschäftsleben, mir mein bisheriger Name und Titel als kaiserlicher Prinz u. Erzherzog von Österreich, eine Anstellung, bezw. mein Fortkommen sehr erschweren, wenn nicht sogar unmöglich machen könnten.

Doch auch in der Gesellschaft würden sich im Verkehr Schwierigkeiten und peinliche Situationen in Fragen der Titulierung oder auch des Ranges ergeben. Ich fürchte nun, dass es uns vielfach recht schwer werden wird in Kontakt und Verkehr mit der Gesellschaft zu bleiben, nicht so sehr aus schlechter Absicht seitens dieser Kreise, sondern weil dieselben solche Schwierigkeiten zu vermeiden trachten werden. Hieraus könnte nun der Anschein enstehen, als ob wir unkorrekt oder gar unrecht gehandelt hätten. Diesen Anschein zu vermeiden ist doch meiner Frau und auch meinen Kindern gegenüber meine unbedingte Pflicht und liegt auch vollkommen im Interesse des Kaiserhauses. Aus diesen Gründen würde eine Namensänderung <u>auch meinerseits</u> grössere Klarheit schaffen. Hier möchte ich an Eure Majestät eine Bitte einschalten, dahingehend, dass Eure Majestät die Gnade hätten nach Erledigung meiner Angelegenheit, bezw. anlässlich meiner Hochzeit, in geeigneter Form (z.B. durch ein Schreiben Eurer Majestät an die Mitglieder des A. H. Kaiserhauses, sowie an die Vereinigung der kath. Edelleute Österreichs) die Namens- und Titelverleihung sowie die Allerhöchste Einwilligung zu meiner Ehe bekannt zu geben.

Anlässlich meiner schon oben erwähnten Audienz im September haben mir Eure Majestät den Auftrag gegeben über einen geeigneten Namen nachzudenken, falls ich mich jedoch zu keinem Entschliessen könnte, die Absicht geäussert, selber einen solchen aussuchen zu wollen.
Mir selber wäre es natürlich sehr erwünscht einen mit der Geschichte des Hauses im Zusammenhang stehenden Namen zu erhalten. Ursprünglich dachte ich an den Namen eines Grafen von Bar, da aber Eure Majestät ihn jetzt selber benützen, dürfte dieser Name wohl nicht mehr in Frage kommen. Ein Bestandteil des <u>kaiserlichen</u> Titels, wie z.B. Sonnenberg, ist wohl auch nicht möglich. Am liebsten wäre es mir, wenn Eure Majestät die Gnade hätten mir Namen und Titel eines Grafen von Kyburg,- eventuell von Altenburg,-

Linien waren , zu verleihen. Sollten Eure Majestät meine bisherigen Vorschläge nicht billigen, dann würde ich um den Namen eines Grafen von Burgau bitten, der, soviel ich weiss, von einer alten Tiroler Grafschaft stammt und den die Söhne von Philippine Welser führten.

Ich bitte nunmehr diese meine Ausführungen sowie die mündlichen Ergänzungen hiezu, welche mit Erlaubnis Eurer Majestät mein Schwager Graf Stolberg Eurer Majestät vorbringen wird, gnädig aufnehmen zu wollen und verbleibe Eurer Majestät stets treu gehorsamster

Clemens Salvator

m. p.

Wallsee, am 4. Januar 1930.

Euer Liebden,

Erzherzog Clemens Salvator !

Ihre, vom 4. Jänner datierte Bitte, anlässlich Ihrer Vermählung mit Gräfin Elisabeth Rességuier Ihren Namen und Titel zu ändern, also aus dem Erzhaus auszuscheiden, habe Ich erhalten. Ich willfahre dieser, nur der grössten Loyalität und der ängstlichen Sorge um die Hochhaltung der Ehre des Kaiserhauses entspringenden Bitte in einer bedingten Weise.

Als stellvertretender Familienchef des Allerhöchsten Erzhauses verleihe Ich, im Namen Seiner Majestät des Kaisers und Königs Otto, Ihnen und Ihrer zukünftigen Gemahlin sowie den eventuell aus dieser Ehe entspringenden Kindern den Namen und Titel von Grafen respective Gräfinen von A l t e n b u r g .

Falls aber, was Gott geben möge, der Kaiser wieder in Seine Rechte eingesetzt wird, so soll Ihnen die Möglichkeit offen stehen, auf Grund dieses Handschreibens in das Allerhöchste Haus wieder aufgenommen zu werden, und zwar in Ihrer bisherigen Rangsordnung. Ihre Ehe würde in diesem Fall zugleich als morganatisch erklärt und Ihre Gemahlin sowie Ihre Kinder die Ihnen mit diesem Handschreiben verliehenen Namen und Titel weiter führen.

Das Gleiche könnte sich ereignen, wenn Seine Majestät einen Ruf an Sie ergehen lassen sollte in einer Angelegenheit, in der es notwendig oder wünschenswert erschiene, dass der Gerufene Mitglied des Allerhöchsten Hauses wäre. Falls Sie dann gesonnen wären diesem Rufe Folge zu leisten, würde der nämliche Vorgang wie oben erwähnt eingehalten werden: Ihre Ehe würde als morganatisch erklärt, Ihre Gemahlin sowie Ihre Kinder würden den Namen und Titel der Grafen von Altenburg weiter tragen, während Sie in die Kaiserliche Familie wieder aufgenommen und in Ihre bisherige Rangsordnung eingesetzt würden.

Von diesem Handschreiben, welches Euer Liebden streng geheim zu behandeln haben, bestehen zwei von Mir unterschriebene und mit Meinem Siegel versehene Kopien. Das eine Exemplar wurde in das Familienarchiv hinterlegt, das andere dem Geheimen Rat Grafen Heinrich Clam mit der Bestimmung übergeben, es als Reservatstück in dem Archiv der Vereinifung katholischer Edelleute zu verwahren.

Gegeben in

Steenockerzeel, am 19. Februar 1930.

16 Rue de l'Elysée,
Paris 8-e.
den 17.November 1949.

Lieber Clemens,

Vor kurzer Zeit hat Carl Albrecht, der sich vorübergehend aus seinem ständigen Wohnort ins Ausland begeben durfte - was aber sonst nicht weiter bekannt werden soll - sich mit der Bitte an mich gewendet, ich möge seiner Gemahlin und seinen Kindern einen Namen und einen Titel verleihen. Gleichzeitig hat Carl Albrecht vorgeschlagen, dass ich im Allgemeinen jenen meiner Verwandten aus morganatischen Ehen, welche sich einer solchen Verleihung durch ihr Verhalten würdig erweisen und welche bisher noch keinen Namen und Titel erhalten haben, einheitlich einen mit dem Erzhaus irgendwie in Verbindung stehenden Namen und Tite verleihe, damit deren Stellung klar festgesetzt werde.

Ich habe volles Verständnis für den Wunsch von Carl Albrecht und ich habe mich entschlossen, in diesem Sinne eine Regelung zu treffen. Mit Rücksicht auf eventuelle Schwierigkeiten und eventuelle Empfindlichkeiten verschiedener Staaten habe ich den Namen Altenburg gewählt, der, wie Du es am Besten weisst, unter den ältesten Titeln unseres Hauses genannt wird. Auch habe ich mich entschlossen, den Titel "Prinz und Prinzesin von Altenburg" zu verleihen, da dies mir der Würde unseres Hauses z entsprechen scheint. Allerdings behalte ich mir vor, diesen Namen und Titel nur in jenen Fällen morganatischer Ehen zu verleihen, wo ich auf Grund vollkommen einwandfreien Verhaltens und der Familie der Gemahlin eines Erzherzogs dies für gut finde.

Ich wollte vor allem Dir davon Mitteilung machen, dass ich der Gemahlin und den Kindern von Carl Albrecht diesen Namen und Titel zu verleihen die Absicht habe und Dir gleichzeitig sagen, dass ich selbstverständlich Dich und Deine Familie als in gleicher Lage befindlich ansehe. Daher bin ich gerne bereit, Dir und Deiner Familie den Titel Prinz bezw. Prinzessin von Altenburg zu verleihen, wie der Familie von Carl Albrecht, wenn Du hiezu den Wunsch aussprichst.

Wenn Du jedoch, mit Rücksicht auf die gegenwärtigen Verhältnisse in Oesterreich, es dabei vorziehst, dass eine solche Verleihung und Änderung des Titels, momentan noch nicht in der breiten Öffentlichkeit bekannt wird, so verstehe ich dies vollständig.

Ich würde Dich bitten, mir ehebaldigst den Empfang dieses Briefes zu bestätigen und mitzuteilen, ob es Dein Wunsch ist, dass ich Dir und den Deinen, wie der Familie von Carl Albrecht, den Titel Prinz bezw. Prizessin von Altenburg verleihe. Es ist dies auch darum wichtig, da ich vo Erhalt Deiner Antwort nicht an Carl Albrecht schreiben möchte, er aber demnächst wieder an seinen gewöhnlichen Wohnort sich begiebt.

Euch allen meine besten Grüsse und Wünsche

Otto

Wallsee den 24.November 1949.

Euer Majestät !

Mit gehorsamsten Dank bestätige ich auftragsgemäss den Empfang des Schreibens Euer Majestät vom 17.November 1949.Dass Euer Majestät die Absicht haben mir und meiner Familie den Titel Prinz von Altenburg zu verleihen erfüllt mich mit besonderer Freude und Genugtuung und bin ich selbstverständlich gerne bereit denselben anzunehmen ! Dem Schreiben Euer Majestät glaube ich entnehmen zu dürfen,dass sowohl der Titel Prinz,als auch der Name Altenburg nicht in allen Fällen von morganatischen Ehen im Erzhause zur Verleihung kommen sollen.

Da nach den oesterreichischen Gestzen die Führung von Titeln verboten ist,würde ich die Einführung dieses Titels der Zeit und der Gewohnheit überlassen,so wie es auch bei meiner seinerzeitigen Namensänderung der Fall war und glaube ich,dass dies auch den Intentionen Euer Majestät entsprechen würde.

Da ich hier in Wallsee eben erfahre,dass Theodor ~~eben~~ im Begriffe ist mit Euer Majestät zusammenzutreffen,habe ich ihn gebeten über diese Angelegenheit mit Euer Majestät zu sprechen.

Mit meinem nochmaligen aufrichtigsten und gehorsamsten Dank

Verbleibe ich Euer Majestät stets treugehorsamster